Capítulos de história do Império

FSC
www.fsc.org
MISTO
Papel produzido a partir de fontes responsáveis
FSC® C019498

A marca FSC é a garantia de que a madeira utilizada na fabricação do papel deste livro provém de florestas de origem controlada e que foram gerenciadas de maneira ambientalmente correta, socialmente justa e economicamente viável.

Sérgio Buarque de Holanda

Capítulos de história do Império

Organização

Fernando A. Novais

•

COMPANHIA DAS LETRAS

Grafia atualizada segundo o Acordo Ortográfico da Língua Portuguesa de 1990, que entrou em vigor no Brasil em 2009.

Capa:
Victor Burton sobre D. Pedro II, *óleo sobre tela de Raymond Auguste Quissac Monvoisin, 1847. Museu Imperial/ IPHAN/ Ministério da Cultura. Reprodução: Jaime Acioli*

Preparação:
Isabel Jorge Cury

Índice remissivo:
Luciano Marchiori

Revisão:
Ana Maria Barbosa
Daniela Medeiros

Dados Internacionais de Catalogação na Publicação (CIP)
(Câmara Brasileira do Livro, SP, Brasil)

Holanda, Sérgio Buarque de, 1902-1982.
Capítulos de história do Império : Sérgio Buarque de Holanda ; organização Fernando A. Novais. – São Paulo : Companhia das Letras, 2010.

ISBN 978-85-359-1666-9

1. Brasil - História 2. Brasil - História - Império, 1822-1889 3. História política 4. História social I. Novais, Fernando A.. II. Título.

10-04491 CDD-981.04

Índice para catálogo sistemático:
1. Brasil : Império : História política e social 981.04

2010

EDITORA SCHWARCZ LTDA.
Rua Bandeira Paulista 702 cj. 32
04532-002 São Paulo SP
Telefone (11) 3707-3500
Fax (11) 3707-3501
www.companhiadasletras.com.br

Sumário

Nota introdutória

OS ORIGINAIS DE SÉRGIO BUARQUE DE HOLANDA, cerca de 150 páginas datilografadas, inacabados, trazem as marcas do perfeccionismo do autor, que redigia várias vezes o mesmo texto, e quase nunca o considerava definitivo. Versam todos a história política do Império, e podem ser descritos em três partes:

Primeira: 104 páginas, divididas em quatro capítulos. 1) "Para uma pré-história do Império do Brasil", 19 páginas; 2) "A nação e os partidos", páginas 19-44; 3) "Entre a Liga e o Progresso", páginas 45-75; 4) "Por graça de Deus...", páginas 77-104.

Segunda: 14 páginas intituladas "Crise do regime", antecedido o título pela indicação "Capítulo I".

Terceira: 37 páginas de anotações sobre os mesmos temas da política nos tempos do Império.

Nenhum desses textos deixa entrever ser a forma acabada dos trabalhos do autor, não só pelas numerosas correções à mão (que não visam apenas questões de datilografia), mas também e sobretudo por repetições, sequência nem sempre clara, numeração às vezes obscura etc. Tampouco foi possível apurar a sequência temporal de sua elaboração. Isso, naturalmente, nos leva a optar pela publicação na ordem acima descrita, que remete às características intrínsecas de cada conjunto.

Contudo, podemos – e devemos – considerar que todos esses textos referem-se diretamente à obra em que Sérgio Buarque se empenhava nos últimos tempos de sua intensa atividade. De fato, ele se mostrava insatisfeito com o seu último trabalho de história do Brasil – *Do Império à República*, quinto volume de *O Brasil monárquico*, segundo tomo da *História geral da civilização brasileira*, que vinha dirigindo e coordenando desde 1960. Para os que conhecem o livro, essa insatisfação dá uma ideia do que queríamos dizer ao referirmo-nos ao perfeccionismo do historiador, pois trata-se, simplesmente, de uma obra-prima.

Sérgio Buarque – lembro-me bem – referia-se às vezes às dificuldades de coordenação da *História geral*, inerentes, é claro, àquele tipo de empreendimento, de larga envergadura e grande variedade de colaboradores, mantendo a autonomia dos autores e das partes, sem perder um mínimo de unidade e coerência; isso o obrigava a intervir mais do que desejava, escrevendo vários capítulos em cada volume. Se na parte relativa à colônia o esforço resultara satisfatório, no que diz respeito ao Império o resultado deixava a desejar – o que o levou a redigir todo o volume de término e conclusão. Mas, daí também a insatisfação acima referida. E mais: o propósito de reescrever o trabalho, que envolveria dois volumes, denominados o primeiro "O pássaro e a sombra", o segundo "A fronda pretoriana", dois belos títulos de partes do volume publicado na *História geral*. Os originais aqui considerados referem-se, já se vê, a essa obra em andamento. O outro trabalho em que se empenhava refere-se a projeto mais antigo, com o editor José Olympio, de uma "Era do barroco no Brasil"; os originais foram publicados por mestre Antonio Candido, com o título de *Capítulos de literatura colonial.*[1]

Como os bons vinhos, as grandes obras se engrandecem com o tempo. Nos últimos anos, a obra de Sérgio Buarque de Holanda, nas suas várias dimensões, vem sendo valorizada por análises e leituras que ampliam a compreensão e revelam sua riqueza.[2] Nos domínios da historiografia, os estudos têm se voltado dominantemente para as suas "fontes" de inspiração teórica (por exemplo, Max Weber), ou para a sua temática variegada (como a identificação dos "motivos edênicos" da colonização, em *Visão do Paraíso*), explicitando suas implicações e desdobramentos.[3] E isso é muito significativo porque atesta a consagração da obra nas suas várias facetas e a sua crescente influência. Mas gostaríamos de assinalar, retomando considerações anteriores,[4] que importa igualmente reler o conjunto da obra do ponto de vista de sua *unidade*:

> a persistente e quase obsessiva indagação do mesmo objeto, genialmente fixado em *Raízes do Brasil* – entender por que nos sentimos "desterrados em nossa própria terra" –, isto é, sondar as estruturas mais profundas de nosso modo de ser, para visualizar as possibilidades de modernização que nos reserva o futuro. De vários ângulos, com vários recortes, em vários níveis, é sempre esse fugidio objeto que é assediado para se render à transparência da análise.

E, mais ainda, essa perspectiva permite, tanto quanto podemos compreender, visualizar de forma articulada o conjunto da vasta obra de Sérgio Buarque, para além do *corpus* estritamente historiográfico.[5] É que ele foi sempre e permanentemente, antes de tudo, um "intérprete do Brasil"; mas, nessa linha, caminhou crescentemente para a história, como a via de acesso mais abrangente para a realização de seu projeto. Mesmo quando aborda temas aparentemente distantes, deixa transparecer os nexos com o objeto jamais abandonado; se estuda, por exemplo, a Arcádia italiana, tem em mira os árcades mineiros, essenciais para compreender a formação de nossa cultura. Se aprofunda os estudos da economia clássica ou da fisiocracia – é para situar o pensamento do bispo Azeredo Coutinho; se esmiúça o parlamentarismo inglês ou os mecanismos políticos do Segundo Império napoleônico – é para aclarar o funcionamento extremamente complexo de nosso século XIX político. Senhor de prodigiosas cultura e erudição, dispunha de espaço praticamente ilimitado para esses excursos, e o resultado é que sua obra apresenta a realização em mais alto grau das articulações entre o geral e o particular, um equilíbrio raríssimo mesmo nas melhores obras no campo das humanidades. Inserir o particular no geral, sem perder sua especificidade; mobilizar o geral para a compreensão do particular, sem dissolvê-lo no seu interior – esse o modelo ideal, talvez inatingível, de toda obra de reconstrução histórica.

Podemos, agora, tentar descrever o *percurso* intelectual de Sérgio Buarque de Holanda no seu conjunto: partícipe do movimento modernista, inicia sua abordagem do tema (Brasil) pelos estudos de literatura, que estavam no centro do modernismo; inflete, em seguida, para uma análise mais direta de nossa formação histórica, nas suas estruturas fundantes, onde a temática geral aparece explicitamente formulada; diversifica, então, suas análises em temas mais tópicos, que se vão concentrando em São Paulo; retoma, na coordenação da *História geral da civilização brasileira*, a tentativa de balanço global – para finalmente reescrever o último volume do Império, em que trabalhava nos últimos tempos. É claro que esses passos não são estanques, nem excludentes; o autor mantém interesse diversificado e atenção empenhada nas várias esferas, permanentemente; mas há, de fato, uma maior incidência no tipo de trabalho dominante em cada momento. Sendo o Brasil (como formação cultural) o foco permanente das indagações, parte da literatura para a história, mediando com ensaio de interpretação mais geral, num movimento incessante de análise e síntese, que só não se completa porque a história é, como se sabe, infinita...

Essas considerações ajudam, pensamos, a situar com alguma clareza *Do Império à República* no contexto da obra do grande historiador, e a importância de sua análise para a assimilação do seu discurso integral. Assim, é intrigante notar que não tenha tido maior impacto, nem os estudos mais recentes se tenham voltado para a sua análise. Se não temos a pretensão de realizar, aqui, essa tarefa, queremos, sim, destacar a importância dos originais aqui recolhidos, que são peças da reescritura daquela obra.

Explicada, no início, a sequência dos textos, resta-nos apenas acrescentar que nos limitamos rigorosamente aos erros de datilografia, que qualquer modificação para além está obviamente fora de questão.

Fernando A. Novais

PARTE I

I

Para uma pré-história do Império do Brasil

•

JÁ ANTES DE PROCLAMADA A INDEPENDÊNCIA e pouco após o regresso à Europa do "rei velho", andava no ar, entre elementos dos mais chegados ao poder público no novo Reino do Brasil, unido ainda aos de Portugal e Algarves, o projeto de instaurar-se aqui um governo federal autônomo e semelhante ao que prevalecia na antiga América Inglesa. Informações a respeito podem encontrar-se em cartas que a princesa real, arquiduquesa Leopoldina, endereçou do Rio de Janeiro ao pai, o imperador Francisco I da Áustria, desde os meados de 1822, e até nas que mandou ao estabanado major Schäffer, que cuidava de interesses brasileiros na Europa Central. Também o barão Wenzel von Mareschal, emissário particular do gabinete de Viena junto à Corte de São Cristóvão e, mais tarde, efetuado o reconhecimento diplomático, enviado extraordinário e ministro plenipotenciário de Sua Majestade Imperial e Real Apostólica, oferece, em sua volumosa correspondência com o príncipe de Metternich, muita notícia da sedução então exercida sobre os brasileiros pelas ideias federalistas. Admite, no entanto, que o interesse pelo modelo federal generalizava-se principalmente entre as províncias do Norte, Bahia e sobretudo Pernambuco, obra, em seu entender, de facções demagógicas e hostis ao governo do Rio de Janeiro, mas com escassas possibilidades de influir na marcha dos negócios públicos da antiga colônia de Portugal.

Mais ponderosas são manifestações tais como a de Felisberto Caldeira Brant Pontes, que, em carta "secretíssima" de Londres a José Bonifácio de Andrada e Silva, sugere a 1º de maio de 1822 a retirada de Lisboa dos deputados brasileiros às Cortes, para que em sua terra, longe dos dissabores a que em Portugal se viam expostos, tratassem de elaborar uma nova Constituição feita por e para brasileiros.[1] Acreditava que nada seria mais simples do que essa tarefa. Bastava tomar a própria lei fundamental dos Estados Unidos da América, acrescentar-lhe palavras ou fórmulas monárquicas e pronto. Felisberto Caldeira, marechal desde 1819, cavaleiro fidalgo, abastado em bens da fortuna, granjeados tanto na grande lavoura como no alto comércio, que se somaram à farta herança paterna, sempre se notabilizou pelo arrojo de suas iniciativas (introduziu a vacina Jenner no Brasil, sendo o primeiro a fazer-se inocular, e abriu a companhia de navegação a vapor entre a capital da Bahia e Cachoeira), fez-se altamente conceituado na Corte do Rio de Janeiro onde teve casa montada no Campo de Santana, e assim também na Bahia, possuindo numerosa parentela nas Gerais, de onde era natural, e em São Paulo, onde se entroncava sua numerosa família. Achava-se ultimamente desavindo com o chamado "partido português", e foi o motivo que o levou a exilar-se na Inglaterra, mas dispunha de prestimosas relações entre a gente que se ia encaminhando para a conquista do poder no Reino do Brasil, o que o autorizava a expor com tamanha desenvoltura seus pensamentos pessoais.

D. Pedro, entretanto, se algum dia admitiu a introdução no Brasil do regime federal, logo se desenganará dessa condescendência. Tinha o entusiasmo fácil, aliado a uma extrema volubilidade nas convicções. Ao abrir a assembleia constituinte atribuirá todos os males de que o Brasil padecia e, para começar, o não dispor de uma representação nacional ou coisa parecida; "à força e ao predomínio do partido português".[2] Passados seis meses, no manifesto de 15 de novembro de 1823, que explica ou tenta explicar aos brasileiros a dissolução da mesma Constituinte, já não cabe ao dito partido português o papel de vilão que antes lhe atribuíra. Agora, tudo, no seu modo de entender, vem das maquinações subversivas e das tenções danadas do gênio do mal, que, para alcançar seus fins, irá "semear a discórdia entre os cidadãos nascidos em Portugal e no Brasil".[3] Para suprir a falta de qualquer representação, faz, para logo descumpri-la, a promessa de convocar mais uma assembleia na forma das instruções feitas para a convocação da anterior, e que trabalhará sobre um projeto "duplicadamente mais liberal do que o defunto diploma". Assentará de convocar uma comissão constituída de notabilidades cuidadosamente selecionadas, para levarem a bom termo o trabalho em que ele próprio vai colaborar com a ajuda do infalível Chalaça, pau para toda obra. Durante algum tempo há de mostrar-se orgulhoso de tal feito, indo ao ponto de dizer, referindo-se a si mesmo, "Minha Constitucionalidade". Mais ou menos como outro soberano, Luís XVIII, que, segundo contemporâneo fidedigno, teve a coragem de intitular-se "Nossa Governamentabilidade" (Notre *Gouvernamentabilité*).[4]

Quando convocar a Constituinte de 1823, alegará o Defensor Perpétuo que a tanto é levado para salvar a honra do Brasil. E quando, sete meses mais tarde, dissolver a mesma assembleia, há de apelar para o mesmíssimo motivo, ou seja, para a "salvação da pátria", explicando que essa lei extrema é feita para justificar medidas extremas. Primeiro havia sido a prepotência do "partido português" – conforme ele o dissera expressamente – que pediu o ato salvador. Depois, ao contrário, é o clamor contínuo dos brasileiros natos – dos *cabras*, como os reinóis os chamavam desdenhosamente, dado que um bom número deles era composto de mestiços, isto é, "cabras" – contra os adotivos, criando um clima geral de discórdia, que faz d. Pedro dar meia-volta. Até outubro de 1823, quando já quase se sentir livre da absorvente tutela exercida durante mais de ano e meio pelos Andradas no ministério, praticamente todas as nomeações para empregos públicos haviam recaído sobre pessoas naturais do Brasil. A observação é do agente austríaco, que, tendo estado com d. Pedro, achou-o um tanto hesitante quanto à política a adotar, pois não estariam os adotivos também em situação de ocupar tais lugares e não era ele próprio, d. Pedro, rigorosamente um adotivo?

Comentando o caso, diz do imperador, a quem continua a denominar Alteza, ou Regente, assim como dona Leopoldina era *Son Altesse Royale* ou *Madame l'Archiduchesse* ao longo de sua numerosa correspondência com Metternich, enquanto o gabinete de Viena não reconhecia a Independência, que continua a achá-lo titubeante e indeciso. Essas atitudes flutuantes não podiam durar, em sua opinião, e confessa-se preocupado com o que o futuro iria trazer. "Se d. Pedro cair nas garras do Partido Português", ajunta, "há de ser para sua perdição".[5] Não diverge muito do parecer de Mareschal, homem da Santa Aliança, o do almirante Cochrane, liberal confesso, a respeito da situação do Brasil na época. Aludindo à chamada Confederação do Equador, escreverá o futuro conde de Dundonald, que no Brasil teve o título de marquês do Maranhão, sobre a ascendência ganha no Rio de Janeiro pela "facção portuguesa" desde a queda e o exílio dos Andradas, vítimas das intrigas da dita facção: "O descontentamento nas províncias do Norte", declara, "só tinha origem no sistema de governo antibrasileiro que no Rio de Janeiro ia prosseguindo, o qual, na avaliação de todos mais era português que brasileiro. Sendo que ignoravam ou deixavam de crer como as intenções patrióticas do Imperador eram predominadas ou contrariadas pela facção Portuguesa na administração, a qual tendo realmente na mão as rédeas do poder, pouco mais deixava à Sua Majestade do que a autoridade nominal".[6] Se há diferença entre ambos é a que separaria de um diplomata educado na Corte de Viena, um bravo e rude marinheiro escocês que, apesar de geralmente benquisto dos brasileiros, era de obstinada rapacidade.

Em despacho cifrado de Mareschal para Metternich, com data de 19 de novembro de 1824, diz-se o seguinte: "É de tal ordem a desconfiança dos brasileiros com relação a Sua Alteza, que o partido monárquico já fala na possibilidade, se d. Pedro não mudar sua conduta, de reter aqui a Sra. Arquiduquesa e os filhos, devendo a princesa real cingir a Coroa". Notícias de tal jaez irão surgir na ocasião em que o infante d. Miguel, faltando a compromissos solenemente prestados, cuidar de se apoderar do trono de Portugal, destinado já à futura rainha d. Maria II, natural do Rio de Janeiro. Uma frase sua pronunciada, ou não, diante de várias pessoas ou simplesmente inventada, assim dizia: "Se meu tio não casar comigo tenho meu primo". A informação, em todo caso, ouvida da boca de algum colega ou emanada daquele foco de intrigas que era a Quinta da Boa Vista, em São Cristóvão, parece que logo irá pegar fogo no meio diplomático acreditado no Rio de Janeiro. O então encarregado dos negócios dos Estados Unidos, que se apressa em comunicá-la ao seu governo em despacho com o timbre "confidencial", acrescenta que estava em cogitação o casamento de d. Maria da Glória, rainha de jure de Portugal, com "o primo" se o infante d. Miguel, "governado pela mãe, arrogante e despótica", tentasse usurpar a Coroa, tornando-se rei de fato,[7] e mais não seria preciso para que a Casa Branca se decidisse a reconhecer sua soberania. Os que davam crédito a tais rumores diziam que, do ponto de vista do imperador da Áustria, nenhuma objeção séria se esperaria contra o casamento entre dois de seus netos. Se alguma oposição surgisse, viria muito mais provavelmente do gabinete das Tulherias. Por outro lado, o primo, filho de Maria Luisa, tia de d. Maria da Glória, nascido para algum dia se chamar Napoleão II, continuava a definhar a olhos vistos, com o título austríaco de duque de Reichstadt, entretendo-se apenas com um pássaro de estimação, por entre os espelhos, candelabros e gobelinos de Schönbrunn.

Rumores como esse, verdadeiros ou falsos, iam acendendo a curiosidade vadia do pequeno corpo diplomático e consular acreditado junto à Corte de São Cristóvão, podendo servir de refrigério à morna pasmaceira de suas noitadas fluminenses. Pouco havia mudado ou continuaria a mudar a situação com a Independência proclamada e afinal reconhecida por vários governos europeus, antecedidos, aliás, nesse ponto, pelos Estados Unidos e pelas Províncias Unidas do Rio da Prata..., com a morte d el-rei d. João VI e imperador titular do Brasil (1826), a da imperatriz Leopoldina (*idem*)..., a abdicação de d. Pedro I à Coroa portuguesa, que acabava de herdar do pai, em favor da princesa imperial, d. Maria da Glória, sua filha (1826)..., a "usurpação" pelo infante d. Miguel do trono português, instaurando ali um regime absolutista, marcado por uma sucessão de atos despóticos..., a desastrosa campanha brasileira na Cisplatina, seguida da emancipação da Banda Oriental..., a abdicação de d. Pedro ao trono do Brasil (1831), a fim de ir dar combate na qualidade de Regente do trono, com o título de duque de Bragança ao terrorismo implantado em Portugal pelo "mano Miguel" (1832-4) que, finalmente derrotado, parte para o exílio, enquanto d. Maria da Glória, assumindo o poder, se torna a rainha d. Maria II...

Muitos desses sucessos eram de molde a causar vivas preocupações no exterior, mormente do lado das potências da Santa Aliança, naturalmente temerosas de que aquele sistema híbrido, ou seja, o de uma pseudomonarquia ou monarquia às vezes republicanizante, jacobinizante, inçada de erros funestos, que seria o Brasil da época, segundo o definiu por vezes o príncipe de Metternich, pudesse, ao cabo, ganhar Portugal, de Portugal a Espanha, depois a Itália e a França e, enfim, alastrar-se como um incêndio pelo restante da Europa. Seria querer atribuir ao Rio de Janeiro, durante algum tempo, a honra ou a desdita de tornar-se o epicentro de tremendas convulsões. Mais não seria preciso para fazer com que redobrasse a atenção dos representantes estrangeiros ali acreditados. Enquanto isso a grande e informe aldeia, ainda marcada pelo seu passado colonial, principiava a adquirir ares cosmopolitas, tanto que um viajante e comerciante francês se refere à rua do Ouvidor, é certo que já em 1839, quase como uma sucursal da rue Vivienne, centro da grande moda e da alta-costura parisienses que, num passe de mágica, tivesse transmigrado para um recanto obscuro do aquém-mar tropical.[8] Mal haveria de sonhar que, dez anos mais tarde, começaria a ruir mesmo a paisagem daquela velha Paris que julgava eterna, a golpes de picareta, para abrir espaço condigno às reformas de Haussmann e à megalomania de Napoleão III, já ao anoitecer do Segundo Império francês.

Seja como for, o aparecimento de lojistas e balconistas desacompanhadas e vestidas com apuro, logo na rua mais central do Rio de Janeiro, era uma novidade própria para revolucionar os costumes públicos e domésticos do país. Quando se vira, com efeito, em terra que sempre havia timbrado em manter-se apegada a hábitos de reclusão meio mouriscos, a familiaridade que se ia forçosamente estabelecendo entre seus moradores e mulheres estabelecidas no comércio de loja aberta? Isso poderia ocorrer, quando muito, onde se tratasse de certos negócios miúdos de quitandeiras ou vendeiras, que não raro se notabilizavam pela soltura dos costumes. Aos traços modernos que dessa forma começavam a expandir-se, deveu a capital do Brasil, em parte certamente, as aparências de adiantamento material, e não só mental, que deixava transparecer já na década posterior à emancipação política do país. A tais aparências deveu-se talvez a observação de um historiador inglês, feita já depois da morte, em Portugal, do duque de Bragança, para quem, "com todos os defeitos do finado imperador e de seus ministérios, havia feito o Brasil, sobretudo no tocante à mentalidade dos dirigentes, maiores progressos durante os nove anos de sua ação administrativa do que nos trezentos que correram a partir do descobrimento até a instalação das Cortes portuguesas em Lisboa".[9]

Encarada de nossos dias, parecerá surpreendente, de qualquer modo, a presteza com que muitos pontos do país, após séculos de sujeição a um sistema de governo absoluto e colonialista, se mostraram altamente receptivos a aspirações novas e de timbre muitas vezes sedicioso, nos anos e décadas que acompanharam o processo de emancipação nacional. Era como se existisse qualquer coisa como uma congenialidade entre tais aspirações e as naturais exigências ou os interesses tradicionais da gente da terra. Mas não poderia suceder que a pronta aquiescência a novidades adventícias, numa sociedade em tantos aspectos arcaica, proviesse tão somente da própria separação entre o arcaico e o atual? Em outras palavras, a distância que vedava, no caso, qualquer contacto não resultaria, por sua vez, num estorvo decisivo a qualquer atrito de parte a parte? Assim sendo, e tudo sugere que assim foi, certos lemas sacrossantos como os do liberalismo e da democracia formal podiam chegar a tornar-se atraentes, tanto mais quanto ficavam aptos a se converter em verbalizações grandiloquentes, mas inócuas, já que não tinham por onde ameaçar seriamente a ordem estabelecida.

Nada obstava, entretanto, as tentativas de filiar-se a atração pelas grandes mudanças, realizáveis ou não a curto prazo, aos ideais que se impuseram especialmente na França de 1789 ou nos Estados Unidos de 1776, como parte de um mesmo e prestigioso corpo de doutrina. Forjava-se com isso uma roupagem que, procurando recobrir o país no momento propício, acabaria por absorvê-lo inteiramente. O que em realidade podia acontecer era que as ideias e fraseados de importação passariam a ser reinterpretados no contexto das estruturas herdadas. Não seria caso único esse, em que o apelo ao arcaico e a elementos endógenos acabem por fundir-se num só todo, quando se unem a formulações modernas, dando-lhes mesmo reforço. Foi o que pôde ocorrer, por exemplo, na Espanha de 1812, como nos mostra uma análise feita por Marx da Constituinte de Cadiz que recebeu, por sinal, o nome obsoleto de Cortes, já caído em longo desuso, ao passo que os partidários de reformas políticas se intitularam "restauradores", como quem quer dizer que tornava radioso um passado em que a nação não fora despojada ainda de suas glórias imortais, por obra de reis absolutos e ministérios despóticos.[10] O mesmo nome de restauradores ou mais ainda, de "regeneradores", obedecerá a iguais motivos entre os liberais portugueses de 1820.

No Brasil, a Inconfidência Mineira, entre as conjuras que antecederam a Independência, foi aparentemente onde os componentes ideológicos exógenos conseguiram penetrar tanto pela força de contágio que eventualmente deles emanava quanto pela presença de motivações domésticas tendentes a forçar sua eclosão. Conviria, em todo caso, procurar dissociá-la da noção de que se tratou simplesmente de uma conspiração de letrados, leigos ou eclesiásticos, desejosos de ver enfim desenrolado o novelo de agravos longamente padecidos por importantes contingentes da população local, mas destituídos de recursos que permitiriam a eclosão de um desses grandes movimentos de massas que tornassem possível uma revolução autêntica. Ou existiriam tais recursos entre elementos que só teriam a ganhar ou a não perder o que possuíssem com o movimento já vitorioso, mas que, aos primeiros sinais da borrasca, preferiram discretamente omitir-se, escapando com isso à devassa e ao castigo.[11] O outro caso notável é o da revolta chamada "dos Alfaiates", na Bahia de 1798. Só a um exame superficial sugere esse episódio algum termo de comparação com as frequentes turbulências de escravos, embora seus participantes tenham sido em grande parte recrutados entre o artesanato mais ou menos livre de Salvador, bem diverso da sublevação de São Domingos, responsável pelo fantasma do "haitianismo" que durante parte do Império irá perseguir tantos dos nossos homens públicos. O assunto será objeto de abordagem mais detida em outro lugar do presente estudo.

É evidente que as diferenças de ideias, profissões, estatuto social e outras, como as que geraram o epíteto de "cabras" dado pelos reinóis aos filhos da terra e, como despique, o de "caiados" com que, em algumas províncias do Norte, se desforrava o mestiço, real ou suposto, do europeu. E entre essas e outras causas de hostilidade entre os naturais da colônia e os da metrópole, há lugar ainda para discrepâncias que se poderiam chamar idiossincrásicas, mais do que ideológicas, e que chegam a incluir, por exemplo, o modo de falar ou vestir. Da antiguidade da primeira não há testemunho melhor do que o de Fernão d Oliveira, o autor do mais antigo livro de gramática impresso em Portugal.[12] O qual Fernão d Oliveira, escrevendo justamente na ocasião em que d. João III ia dividindo a terra do Brasil em capitanias hereditárias, tem afirmações deste teor: "... vemos em África, Guiné, Brasil, Índias, não amarem muitos os portugueses que entre eles nascem só pela diferença da língua?...".

Quanto à questão da indumentária, é de notar que o missionário jesuíta Antonio Ruiz de Montoya, quando residente em terras do Paraguai, onde teve muita ocasião de entrar em contato com os aventureiros paulistas, escreveu de Assunção, em 1643, que os "portugueses de San Pablo", como costumava chamar aos bandeirantes, eram gente que caminhava por terras, montes e vales, a pé e descalça, como se estivesse a passear nas ruas de Madri. Passados mais de trinta anos, em 1676, ainda não se terá refeito o padre do espanto que lhe causavam tais proezas, tanto que, falando dos mesmos sertanistas, alude a "mansevos descalsos de pié y pierna, con escopetas y alfanjes". Um exame dos inventários e testamentos dos séculos XVI até XVIII, levados no curso das entradas, revela notável parcimônia no nomearem os calçados e botas, apesar da prolixidade com que relacionam as peças de vestuário transportadas nas bagagens ordinariamente conduzidas. Naturalmente existem exceções, como é o caso de umas "botas de veado *novas*" e também de "uns sapatos *novos*", assinalados umas e outros no rol da fazenda que deixou João do Prado, ao falecer no sertão de Parnaíba por volta de 1594. Mas a só explicação de que se tratava, em ambos os casos, de material *novo* não está a sugerir que seriam reservados para ocasiões especiais, como os momentos de volta ao povoado, onde o uso de calçados era então uma praxe?[13]

Se ao viajarem esses sertanistas de pés nus chamavam tanto a atenção de adventícios, não é estranhável que aos naturais de São Paulo, nos anos que se seguiram ao começo das grandes explorações de ouro nas Minas Gerais, fosse dada uma alcunha alusiva a tal singularidade. A explicação corrente e aparentemente correta, de que o nome escolhido de *emboabas* era o mesmo empregado na língua geral, também comum no século XVII aos naturais de São Paulo, para a designação das aves calçudas, prestava-se para designar os forasteiros cobiçosos do metal precioso que aos paulistas tanto trabalho dera para, carregando-a ainda do tom depreciativo que seria de esperar. Hoje ainda, em certos lugares de São Paulo se utiliza a forma *buava* para indicar o indivíduo português, mas não necessariamente com esse intuito depreciativo.[14]

O que aconteceu no Sul a propósito do "emboaba" sucederá quase ao mesmo tempo no Nordeste ou, melhor dito, em Pernambuco, durante a era das turbulências que ali lavraram entre os moradores de Olinda e os do Recife, desde que os últimos, fiados na recente prosperidade que granjeou sua própria diligência, deram de reclamar para o povoado o predicamento de vila, já desfrutado pelos antagonistas e vizinhos. Portugueses europeus ou brasileiros da primeira geração e, com algumas exceções, devotados ao trato mercantil – de onde a alcunha de *mascates*, que receberam –, os do Recife pretendiam fazer pouco dos fumos de nobreza que ostentavam os olindenses, que, no seu dizer, mais não eram do que simples caboclos, netos de degredados, em quem não assentava sequer o título de senhores de engenho, visto como tinham penhorados na maior parte os seus haveres atuais e até vindouros. Os doestos com que mutuamente se mimoseavam uns e outros servem para refletir a compatibilidade difícil que separava os dois grupos. De um lado ficavam os de Olinda, que não se cansavam de ver nos contrários o forasteiro mal enriquecido e indigno de pretender ombrear-se com os primeiros povoadores da terra, e passavam, então, a chamá-los de pés-rapados. Isso, diz um cronista de tais fatos, porque a gente da parcialidade de Olinda, e os que a socorriam, "havendo de tomar armas, punham-se logo descalços e à ligeira, para com menos embaraço se manearem e assim eram conhecidos por destros nelas e muito valerosos. Desta sorte os que eram da parte da nobreza, chamavam-se *Nobreza* ou *pés-rapados*, e os que eram pelos do Recife – Camarões, Tunda-Cumbes ou Sipos".[15] Quer dizer que os nomes de "emboabas" e "pés-rapados" procediam, em Minas como em Pernambuco, de igual hábito que tinham uns e outros de andarem de pés nus, ou de se descalçarem nas refregas, embora os assim alcunhados fossem diversos, e diversos também os caminhos seus.

Pelas personagens que dela participam, pelos seus motivos de ação, a disputa contra o *mascate* exprime um tipo de antagonismo de cunho abertamente localista, que se tornou endêmico na mesma região já antes das guerras holandesas. O autor do *Livro que dá razão do Estado do Brasil* queixava-se, por volta de 1611, dos oficiais da Câmara de Olinda que "com todo o seu poder estorvam o crescimento deste Recife com ciúmes da dita vila".[16] Não procede, por conseguinte, a opinião ainda hoje bastante arraigada entre vários historiadores de que a resistência sempre atuante aos invasores procedentes dos Países Baixos e sobretudo a "guerra da divina liberdade" tivessem sido o longínquo ponto de partida do estado de ebulição em que passaria a viver a província pernambucana, com suas vizinhas, e a constante oposição movida pelos naturais da terra ao "forasteiro", mesmo quando deixou de ser o invasor holandês. Nesse caso, as usuras dos comerciantes portugueses estabelecidos no Recife teriam papel semelhante ao que teve antes a ganância da Junta dos 19, os *Heeren* XIX, em suas sedes de Amsterdã e Middelburg, que a incompatibilizou, não apenas com os proprietários rurais luso-brasileiros, mas até com o governador-geral, conde João Maurício de Nassau-Siegen. E a sublevação teve início muito antes de poder contar com o esperado auxílio do governo de Lisboa, que num primeiro momento precisava contemporizar com a Holanda, seu aliado presente e potencial contra os castelhanos, sob pena de pôr em risco de naufrágio a obra da Restauração.

Fernandes Gama, ao evocar mais de século e meio depois da Independência – enquanto já fervia a rebelião praieira – os mil padecimentos a que se viram expostos os homens da "nobreza" de Olinda, escarnecidos, injuriados, difamados, até algemados pela "canalha do Recife", em 1714, presume que o Senhor teria reservado melhor ocasião para acudir as vítimas daqueles "lobos carniceiros", acrescentando em nota: "Com efeito, Deus livrou-nos, mas um século depois, em 7 de setembro de 1822, quando, declarando-nos independentes, quebramos os ferros com que os portugueses nos manietavam".[17] Seria escusado, de qualquer maneira, procurar estabelecer algum vínculo direto entre os movimentos secessionistas que se registraram no Nordeste, mormente em Pernambuco, e os antecedentes imediatos do 7 de setembro. A própria sedição pernambucana de 1817, valendo-se, embora, de fórmulas arrojadas, que na prática só tendiam aliás a desvanecerem-se, pretende sobretudo reforçar o predomínio decisivo dos senhores rurais abastados sobre as outras camadas da população. Por esse lado parece filiar-se antes à famosa conjura de

Bernardo Vieira de Melo, velha de mais de um século, que teria como objetivo a fundação de uma república aristocrática, à maneira de Veneza, do que ao processo que levará à Independência.

Nesse processo, o que mais fere a atenção é a atividade incessante que desenvolveram as províncias do Sul, províncias "dissidentes" como não se cansavam de chamá-las os deputados reunidos nas Cortes de Lisboa. Foi na sessão de 28 de agosto das ditas Cortes de Lisboa que se apresentou uma indicação nos seguintes termos:

> Como as províncias de São Paulo, Rio de Janeiro, Minas Gerais, Rio Grande do Sul e outras estão em perfeita união com o Príncipe Real, e desunidas de Portugal, e o Príncipe Real convocou Cortes Gerais e Constituintes no Rio de Janeiro, o que implica soberania separada, e o fez a votos dos procuradores das ditas províncias, proponho que se declarem nulas as representações das Províncias que aderem ao governo de Sua Alteza Real.[18]

Assinam a indicação os deputados Antonio Carlos Ribeiro de Andrada, José Feliciano Fernandes Pinheiro (futuro visconde de São Leopoldo, no Brasil), José Ricardo da Costa Aguiar de Andrada, Antonio Manoel da Silva Bueno, todos deputados, pela província de São Paulo.

À excitação produzida por essas notícias ia juntar-se agora um complicador próprio para esquentar ainda mais os ânimos. Já havia suspeitas fortes de que as tropas francesas do duque de Angouleme, com mandato das potências da Santa Aliança para ir esmagar na Espanha os pruridos democráticos, acabariam por atrelar toda a península ibérica ao absolutismo. Se fosse verdadeira tal suspeita, só restaria fazer com que cessassem aqueles trabalhos das Cortes, e então adeus regeneração portuguesa. No dia 7 de agosto, exatamente quando ia entrar em discussão na ordem do dia o projeto das Cortes contendo os artigos adicionais à Constituição relativos ao Reino do Brasil, o deputado Antonio Teixeira Ferreira Girão sentiu que as faces se lhe coravam quando subiu à tribuna. Já se falava, embora à boca pequena, em dissidência das províncias do Sul do Brasil. Contra isso, alguma esperança sempre se punha nas áreas nortistas, que se comunicavam mais facilmente com Lisboa do que com o Rio de Janeiro, ou na Bahia, aparentemente garantida pelas tropas do Madeira, ou em Pernambuco, fiel ainda, embora seus governos parecessem jogar com pau de dois bicos.

Orando com acentos melodramáticos, que lhe eram habituais, Girão, entre cético e ameaçador, tocava numa possível defecção de Pernambuco, de que teve notícia. Isso poderia significar que o restante do Nordeste lhe seguisse os passos, e então para quem iriam legislar os deputados se não quisessem envergonhar-se perante a Europa? A mão que lhe mandara do Rio as más notícias que transmitia provavelmente foi paga para meter a ridículo tudo quanto se fazia na soberana assembleia, e esperava que a adesão de Pernambuco a Sua Alteza ainda ficasse mesmo em boato dependente de confirmação. Do contrário, se os pernambucanos aderissem às sugestões mandadas do Rio de Janeiro, e arrastassem consigo o Nordeste todo e o Norte, a situação passaria a ser de extrema gravidade. Os brasileiros, disse, estão convencidos de que todas as palavras dos decretos e ordens das Cortes se dirigem a um só fim, o de colonizá-los. Não há silogismos que possam convencê-los de outra coisa, a não ser, talvez, os silogismos do aço. O recurso ainda seria viável se existissem mil homens disponíveis para serem expedidos para aquelas províncias! Mas... Finalmente achou o orador que seria de melhor alvitre, até segunda ordem, aguardarem-se do Rio de Janeiro notícias porventura mais precisas.[19]

Quis entender o presidente que se tratava de uma proposta de adiamento dos debates e resolveu pôr o assunto em discussão, perguntando à casa se estava de acordo com a ideia. Interrompeu-o o deputado Antonio Carlos para declarar que ele, pessoalmente, concordava, mas ajuntou que, segundo lhe parecia, também se deveriam declarar vagos todos os lugares dos representantes do Brasil, "visto que nada têm a ver neste Congresso". Momentos depois, como o Andrada aparteasse com ironias as palavras de outro deputado, o abade de Medrões, que parecia muito crente na eficácia dos silogismos de aço e na existência de mil homens disponíveis para darem uma lição decisiva aos brasileiros, se insistissem em se mostrarem intratáveis, dispondo-se ele próprio – o abade – a ser aproveitado para capelão das tropas, viu-se chamado à ordem o representante paulista pelo presidente. Revoltado contra a presunção de que, na qualidade de sede das Cortes e também do Executivo, representado, este, pela pessoa d El-Rei, Portugal iria gozar de uma situação privilegiada em face da antiga colônia, imediatamente tonitroou – a ele costumava referir-se o padre José Agostinho de Macedo, um *ultra* sem meias medidas, chamando-o "o gritador Antonio" –: El-Rei não será outra coisa no Brasil do que era em Portugal! Ou pelo menos não o será para mim e nem para os meus! – Nem para nós, clamaram outras vozes, acompanhadas de alguns aplausos.

Seja como for, a proposta de adiamento dos debates, que a presidência pôs a votos, não logrou aprovação. O restante dessa e de outras sessões foi geralmente consumido em discutir-se sobre quais haveriam de ser as "regências" que, segundo muitas opiniões, haveriam de estabelecer-se no Brasil, abrangendo, cada qual, uma, duas, três ou mais províncias existentes, onde o poder civil, caso não ficasse diretamente sujeito a Lisboa, com a alegação da maior facilidade de comunicações, o que poderia ser verdadeiro no caso do Pará, constante de uma das propostas feitas, mas não no caso, por exemplo, de Mato Grosso que, segundo o proponente, lhe seria agregado. Em outros casos, o "regente" passaria a ser obrigatoriamente assessorado por um elemento militar que, com o título de Governador de Armas, se escolheria em Portugal. Entre as notícias mandadas do Rio, nenhuma irritou tanto os vintistas mais obstinados quanto uma que foi conhecida nas Cortes a 22 de agosto. Foi então que o deputado português José Antonio Guerreiro lá apareceu com uma novidade fresca e ainda não veiculada no recinto daquele Congresso, ao relatar como Sua Alteza Real, o príncipe d. Pedro de Alcântara, que ultimamente já não vinha fazendo menção sequer da existência de um Executivo, o Poder de que, no entanto, era delegado (e com semelhante encargo permanecera no Rio), de um momento para outro resolveu julgar-se "chefe do Brasil, consentiu em que lhe dessem o nome de *Protetor do Brasil*, e consentiu em ter uma popularidade imprópria dos seus poderes...".[20] A aspereza com que abordou o caso e com que se referiu a um membro da casa real portuguesa, só tinha precedente nas censuras ali feitas com insistência às chamadas províncias "dissidentes" do Sul do Brasil, e muito especialmente à famosa representação da Junta de São Paulo, que se havia adiantado a todas as mais em sua cerimônia contra os "restauradores" europeus.

Admitia Guerreiro que ele próprio se teria deixado talvez iludir antes, em sua boa-fé, pela aparência de cordura com que, de início, se houve d. Pedro, tanto no trato das Cortes como nas cartas dirigidas ao próprio pai e levadas ao conhecimento daquela assembleia. E como ousaria julgar insinceras, à primeira vista, quaisquer manifestações partidas do herdeiro do trono? Tudo isso explicava a escassa importância dada por ele a certos fatos que no devido momento chegaram a provocar estranheza em alguns dos seus colegas. Muito lhe custaria tentar relacionar tais fatos a episódios posteriormente conhecidos, a começar pelas relações íntimas e altamente suspeitas que travou Sua Alteza com elementos da célebre Junta de São Paulo, conhecida que era a malquerença por eles votada ao soberano Congresso reunido em Lisboa, indo ao ponto de chamar alguns para seu ministério.

A contar do dia 26, quando afinal foi lida no expediente da sessão a carta do príncipe real a d. João, recordando as palavras que lhe teria dito o monarca, no quarto, dois dias antes de embarcar do Rio de Janeiro para a Europa ("*Pedro, se o Brasil se separar, antes sela para ti, que me hás de respeitar...*"), já não era fácil entreter qualquer dúvida sobre o caso. Por mais que, do palácio de Queluz se tentasse desmanchar os efeitos dessa carta, o mal já estava feito, e talvez sem remédio. E o pior é que na mesma carta, datada de 19 de junho, o príncipe, ao mesmo tempo que se declara súdito fiel e filho obedientíssimo de Sua Majestade, não se vale de meias palavras para denunciar o soberano Congresso: "facciosas, horrorosas e pestíferas Cortes",[21] às quais o Brasil jamais haveria de obedecer, pois só aceitaria as leis emanadas da Assembleia Geral, Constituinte e Legislativa já convocada, aliás, para reunir-se no Rio de Janeiro.

Pouco mais tarde, na sessão de 30 de agosto, quando estava em discussão o parecer da Comissão de Constituição sobre a indicação dos deputados paulistas, Antonio Carlos, respondendo a alguns preopinantes acerca da situação verdadeira do Príncipe Real e das províncias "dissidentes" do Sul, às quais se juntara Pernambuco desde 1º de junho, não hesita em perguntar:

> Quando se vê S. A. R. declarado pelas províncias defensor perpétuo do Brazil, como se combina isto com o delegado somente do Poder Executivo, como delegado amovível? Um defensor perpétuo é um chefe perpétuo daquele país? Por consequência os fatos são bem claros, não são precisos outros. Sr. Presidente, eu como indivíduo, é necessário que o diga, sinto muito todas estas dissidências; a minha opinião particular era que a vantagem de ambos os hemisférios estava numa opinião mais ou menos frouxa e nisto diferirei alguma coisa de outros, mas já disse qualquer que seja minha opinião particular, eu sempre a sujeito à opinião geral do Brazil, e mormente do povo que me viu nascer; ainda que se oponha aos meus sentimentos, hei de sujeitar-me a ela.[22]

Muito aferrado à sua província natal e a sua estirpe familiar, bastaria a Antonio Carlos este argumento para encerrar o assunto no que lhe dizia respeito, mas poderiam eles satisfazer aos seus colegas liberais portugueses, que não eram paulistas nem eram Andradas, da bondade de explicações tão subjetivas?

Forrados de argumentações jurídicas aparentemente insofismáveis, os deputados europeus trataram logo de demonstrar a ilegalidade das medidas que resultariam primeiramente na convocação de um Conselho de Procuradores das Províncias, escolhidos pelos eleitores de paróquia, convocados pelo Príncipe d. Pedro, a fim de se reunirem no Rio de Janeiro, com a assinatura, também, de José Bonifácio, a 17 de fevereiro, na qualidade de Ministro do Reino do Brasil, nomeado para esse posto exatamente um mês antes (a 16 de janeiro do mesmo ano de 1822). O segundo passo, também arguido de ilegal, deu-se a 3 de junho seguinte, quando os procuradores-gerais requerem, por sua vez, a S. A. R. a convocação de uma Assembleia Constituinte Brasileira. Entre os deputados portugueses, todos esses procedimentos padeciam do mesmo e feio vício da ilegalidade, tanto quanto da ilegitimidade. Entre os deputados europeus que mais vigorosamente bateram nessa tecla, cabe menção especial a José Maria de Moura, que, na sessão do penúltimo de agosto (1822), declarou os procuradores de províncias, convocados "pelo famoso e nunca assás vituperado decreto 16 de fevereiro usurpadores do título de representantes das províncias chamadas dissidentes, e de órgãos da vontade das ditas províncias". E como se isso não fosse bastante, o próprio Príncipe Real fazia jus, em sua opinião, ao mesmo labéu de usurpador, uma vez que não tinha poderes nem autorização expressa para a convocação.

Por que assim? Porque ainda quando houvesse alguma sombra de delegação, a verdade é que os tais "procuradores de províncias" se viram nomeados para uma coisa e deliberaram fazer outra bem diversa. Escolhidos que foram para nomear deputados, sua missão estava acabada. No entanto, por mais que se seguisse nessa vereda, o que se via era uma sucessão ininterrupta de precipícios. Quem fez com que se juntassem tais "procuradores"? Dirão que foi um decreto do príncipe. Mas quem era esse príncipe para se meter a expedir esse ou qualquer outro decreto? Ao que consta, não passava de um delegado d el-rei na América. Maior a ilegalidade no caso. Reuniram-se aqueles homens num momento em que, finda a sua missão, já tinham deixado de ser eleitores. Reuniram-se por ordem de uma autoridade ilegítima e incompetente, e seus escolhidos careciam, por conseguinte, de qualificação constitucional. Entrava aqui uma procissão de absurdos e de violências feitas à razão, à justiça e ao próprio bom-senso político. O que teria levado Sua Alteza a chamar essa gente, prostituindo uma autoridade popular sujeita agora a ordens de "indignos ministros". Era de toda necessidade, segundo o "extravagante decreto", que assim se fizesse para que os mesmos homens pudessem ser consultados quando se fizesse preciso. Assim sendo, os planos e reformas chegavam a mudar a forma de governo da nação portuguesa, destruindo uma união que os povos queriam e tinham jurado formar. Estabelecia-se a independência, aniquilando a unidade do poder legislativo. Quem havia dado poderes para tanto àqueles "miseráveis"? O povo? Não constava. O Príncipe? Não podia.[23] Antes de terminar sua oração, observou Moura que, além das ilegalidades que acabara de apontar, não lhe parecia, apesar de tudo quanto diziam os representantes paulistas, "que com tanta ansiedade queriam acelerar a época da sua separação", que toda a sua província seguia os desvarios de sua junta e do "maléfico governo do Rio de Janeiro". Prova do que dizia estava, para o caso específico de São Paulo, nos acontecimentos ali verificados a 23 de maio de 1822, ou seja, a chamada Bernarda de Francisco Inácio de Sousa Queiroz, interpretada ao sabor de suas próprias convicções.

Não se fez esperar a resposta de Antonio Carlos. É de imaginar que o deputado santista, correspondendo-se de Lisboa com o irmão José Bonifácio, nomeado ministro do Reino do Brasil a 16 de janeiro, posto que aceitou após alguma relutância no dia 19 do mesmo mês e ano, e também com outro irmão, Martim Francisco, chamado a ocupar aos 4 de julho a pasta da Fazenda, em substituição a Caetano Pinto de Miranda Montenegro, e certamente com o próprio d. Pedro, que o considerava, e assim escreveu, "o mais digno deputado americano às Cortes de Lisboa", andava mais ao par do que se ia passando no Rio de Janeiro do que qualquer dos seus pares. Era inegável que palavras como as de Moura teriam para ele certo peso, do ponto de vista estritamente jurídico em que este se fundou, mas era difícil sustentar à distância que a dissidência de várias províncias, entre elas a de São Paulo, fosse menos certa. O decreto do dia 3 de junho, baseado em requerimento de procuradores-gerais de províncias, que o príncipe prontamente aceitou, se já não estava previamente preparado para tanto, o que é muito provável, no sentido de se convocar uma Assembleia Constituinte (o orador fala em Cortes Constituintes) no Brasil e para os brasileiros inspirava-se tanto na vontade dos povos como a chamada revolução portuguesa de 1820, que derrogou a ordem até então vigente e, com ela, as normas jurídicas onde assentava. No Rio de Janeiro, conforme observou o Andrada, os procuradores das províncias não podiam deixar de representar a vontade dos povos, visto como sua eleição era em tudo semelhante à dos deputados. Afirmou-se que tinham ultrapassado os limites naturais de suas atribuições, dado que eleitos para um órgão que se presumia puramente consultivo e não para manifestar a vontade dos povos, e Antonio Carlos não duvida em reconhecer a força do argumento. A bem da verdade, não ousa negar que houve certa malícia na redação do decreto de 16 de fevereiro, que criou o Conselho dos Procuradores, o que todavia não serve para invalidar seus atos. Repare-se, disse, que esse decreto foi "tão arteiro, tão confusamente marcou as atribuições" do dito Conselho, que o exprimir a opinião dos povos não parece estar fora de seus poderes.

Continuando, declara que esse ponto não foi considerado pela comissão que reprovou a indicação paulista, e acrescenta: "Foi geral a aclamação do Príncipe Regente como defensor perpétuo do Brasil, isto só basta para verificar a vontade dos povos, em contradição com a das Cortes e do Governo de Portugal: pela Constituição é o Príncipe, um delegado d El-Rei, amovível a seu arbítrio e é herdeiro do trono, mas não é chefe perpétuo de uma parte do império português". No entanto essa outra situação foi reconhecida e apregoada pelo "grito geral do Brasil, desde o rio da Prata até o cabo de São Roque. Quem o reconhece nessa qualidade, reconhece-o quase como independente".[24] Havia dito um daqueles deputados metropolitanos que só havia um critério seguro para conhecer-se a vontade dos povos, e era achar-se ela inscrita na Constituição. Mas como? Esquecia-se o deputado de que ainda não havia Constituição válida para o Brasil e os brasileiros? Se assim era, bastava ao Andrada lembrar-lhe, e foi o que fez, como, dada a inexistência da tal Constituição ("a menos", acrescentou, "que a mandassem trazer da lua"), seria lícito entender-se por expressão da vontade dos povos aquilo que fosse emitido pelo modo segundo o qual costumam fazer-se entender os pensamentos dos homens.

Sabia o santista que nada mais unia a Portugal o Reino americano, além daquele fio de retrós podre a que fez alusão o príncipe real em carta de 14 de maio último, e que já fora devidamente levada ao conhecimento do soberano congresso.[25] O mesmo príncipe, em sua proclamação de 17 de junho aos "Amigos Baianos", onde os incita à resistência ao "infame Madeira", com seu valor já comprovado, aplaude o projeto em andamento de convocar-se no Rio uma assembleia geral, constituinte e legislativa, e avança mais alguns pontos, tocando na decisão de umas tantas e quantas províncias, no sentido da Independência, embora se refira, por ora, apenas a independência moderada. Isso, aparentemente, porque, apesar de aspirar à convocação de um Legislativo próprio, queria continuar a prestar tributo ao Executivo, desde que encarnado na pessoa do "bom e amável monarca", el-rei d. João VI.[26] Ao falar agora, no calor dos debates, ao deputado Moura, ousa já transpor essas limitações, quando admite que, tendo em conta o "voto unânime da nação brasileira, já se podia reconhecer Sua Alteza como quase independente de fato, e até de direito. O caso é que, mal se passará uma semana depois dessa discussão, decidirá o herdeiro rasgar, na colina do Ipiranga, o retrós podre que mal atava à velha metrópole o aquém-mar americano.

O voto unânime da nação brasileira prende-se a conhecido episódio, que se presta a mais de uma explicação. Segundo consta de gazeta da época, tendo o Senado da Câmara do Rio deliberado dar solenidade especial à cerimônia do aniversário de d. João VI, que caía em 13 de maio, pediu ao regente que se dignasse aceitar "deste povo e tropa" o título de Protetor e Defensor Perpétuo do Brasil, e S. A. houve por bem aceitá-lo.[27] Nada mais diz a notícia sobre o caso. Não diz por exemplo que d. Pedro, conforme consta de outros informes, aceitou prontamente o título de Defensor, dispensando, porém, o de Protetor, uma vez que, na sua maneira de entender, saberia o Brasil como defender-se por si.

Autor não raro fidedigno, mas a quem foi dado privar com todos os notáveis dos tempos da Independência e compulsar numeroso documentário que o tempo dispersou, o primeiro Melo Morais alegou que o príncipe real, admitindo, embora, de bom grado, a homenagem dos patriotas, tinha suas reservas a opor-lhe. Aceitava gostoso, por exemplo, o ser chamado *protetor perpétuo*, mas quanto ao admitir o *defensor*, só o endossará mesmo num segundo momento, depois de mais meditar e de aconselhar-se a respeito com o mais ilustre dos Andradas. Exatamente o avesso do que consta de vários informes da época, ou seja, o de que Pedro, após dar consentimento pleno ao título oferecido pelos pedreiros livres, retificou o seu parecer inicial, oficialmente abolido. Por mais que se queira ver nessa versão e na outra uma vontade de engalanar o vulto do príncipe de um futuro majestático, que alguns já nele entreveem, não é dado ignorar o empenho maior posto por Sua Alteza em que se divulgasse por toda parte o acontecimento, fazendo o título hereditário, em linha masculina, como numa afirmação de soberania à parte.

De seu reduto da Bahia de Todos os Santos, já meio assediado por terra, o tenente-coronel, já agora brigadeiro, Luís Inácio Madeira de Melo, que se havia coberto de tamanhas glórias nas guerras peninsulares, e ia tentando pôr à prova a bondade daqueles "silogismos de aço" a que se referiu nas Cortes o deputado Ferreira Girão, único modo de argumentar que, a seu ver, convenceria os brasileiros de seu erro crasso. Não recorre ainda assim à linguagem triunfal de quem se presume dono da situação. Tem apenas a dizer, no seu ofício dos 7 de julho a d. João VI, que na mesma vila da Cachoeira foi declarado d. Pedro "Regente e Perpétuo Defensor do Reino do Brasil".[28] E era a primeira de uma coleção de atropelos que davam começo a um processo tendente a irmanar os insignes soldados durante a campanha da Bahia. O caso é que em um apelo endereçado ao príncipe real, pretendem e prometem os porta-vozes do distrito cachoeirense "repetir o grito regenerador dos mais felizes Fluminenses, Paulistas, Mineiros, Continentistas[29] e Pernambucanos".

2
A nação e os partidos

DESDE QUE FOI PRECIPITADA A MAIORIDADE legal do segundo imperador, porque até pouco antes faltaram no Brasil condições para que se formassem governos de partido, começou a suscitar-se a crença de que na origem de todos os vícios de nosso sistema político se achavam as contendas entre as facções e a acirrada disputa pelas posições, a animarem constantemente o vaivém das situações movediças. Essa crença que, em épocas mais tardias, irá parecer de todo alheia aos verdadeiros princípios democráticos, não constituía então uma novidade nem era especificamente brasileira. Até num país como os Estados Unidos, que, para muitos dos nossos homens públicos, oferecia o modelo de um regime liberal e da autêntica democracia, havia prevalecido durante longo tempo o ponto de vista de que as competições políticas são intrinsecamente imorais e de que uma sociedade perfeita há de ser feita de unidade e consenso, guiados pelos chefes eleitos da nação.[1] O tempo, no entanto, tinha já varrido ali e em muitas partes essa confiança sagrada nas virtudes da unanimidade e do consenso, relegando-as cada vez mais para o rol das velharias decrépitas, só acariciada ainda pelos absolutistas empedernidos.

No Brasil, essa animosidade contra a existência atuante dos partidos políticos, que chegará a andar em moda nas duas décadas imediatas à maioridade, quando assume, não raro, matizes liberais, só reaparecerá depois entre uns poucos que abertamente hão de optar pelos sistemas autocráticos e militaristas. São exceção os casos como o de um inimigo confesso de tais sistemas que, ainda em 1877, quando a monarquia, entre nós, começa a beirar o colapso, dá respostas negativas a estas perguntas que ele mesmo se propõe: "Deveras serão necessários os partidos políticos em uma sociedade democrática? Serão um bem ou um mal? Serão legítimos ou ilegítimos?". O autor das perguntas e respostas, conquanto não seja brasileiro nato – é dinamarquês de origem e vive no Maranhão de seus negócios –, pertence a uma espécie de estrangeiros intimamente enfronhados nos assuntos da terra adotiva que vicejou em várias partes do Império durante o segundo reinado, como o francês Henrique Augusto Milet em Pernambuco, ou o alemão Carlos von Koseritz no Rio Grande do Sul, ou, em São Paulo, o irlandês Ricardo Gumbleton Daunt, que, tendo casado na família Camargo, se fez tão intransigente paladino das tradições paulistas, que não queria saber do Rio de Janeiro, por lhe parecer cidade semiestrangeirada, e rejeitou certa vez convite para ir a Petrópolis com a alegação de que "existe por lá muito alemão e eu não gosto de estrangeiros".

Martinus Hoyer, o dinamarquês abrasileirado, jamais irá aos extremos a que foi levado o doutor Daunt, e nem há de ser, como este, um antimoderno extremado que detestava os governos absolutistas, não por amor à democracia e sim por querer, como na Idade Média, reis impotentes e barões prepotentes. Ao afirmar, em resposta a uma das perguntas feitas, que "inquestionavelmente são os partidos políticos um mal, porque sua maléfica influência revela-se por toda parte, e no Brasil não escapa ela à observação da mais acanhada inteligência",[2] ele o faz na certeza de que os partidos constituem um invento estrangeiro, sem a menor relação com as condições reais do Império. Em sua campanha contra instituições alienígenas inconsideradamente arremedadas aqui, aproxima-se Hoyer, não tanto do irlandês-paulista Daunt como do franco-pernambucano Milet, apenas, ao contrário deste, que havia chegado ao Brasil socialista e admirador de Fourier, mas acabou escravocrata e senhor de engenho, não esconde ele suas convicções abolicionistas e democráticas. Na crítica ao bipartidarismo brasileiro, procura demonstrar que, ao querer naturalizar no país um modelo inglês, não refletiram os nossos políticos sobre a inexistência, na monarquia sul-americana, de condições próprias da Inglaterra, onde há uma aristocracia cujos interesses não se acham em harmonia com os do resto daquela nação, e que, conseguindo arregimentar numerosos aderentes que dela dependem, e encontrando forte apoio nas tradições, assim como "nas falsas noções políticas que aí, como em toda parte, iludem o espírito público", requer sua contraparte num partido popular ou democrático, fortemente constituído e igualmente arregimentado e disciplinado.[3] Prosseguindo, observa que, na ausência de uma aristocracia, o mesmo partido popular perderia sua razão de ser e que aqui as instituições livres terão uma poderosa garantia no poder moderador ou irresponsável, sempre que os poderes responsáveis se contivessem em seus limites e não exorbitassem de sua esfera de ação.

Se Hoyer não é propriamente um antimoderno, essas ideias trazem no Brasil de 1877 certo ressaibo anacrônico e pertencem, de fato, a um clima de opinião já velho então de mais de vinte anos, do tempo do "Jornal de Timon" de João Francisco Lisboa, autor que ele cita copiosamente nesse e em outros trabalhos, mostrando-se um seu admirador reverente. Mais precisamente, da Lisboa de 1854, o ano em que na Corte uma política abrigada sob o rótulo generoso de Conciliação vai tentando, com mão de gato, dar sumiço ao que restava ainda das antigas agremiações partidárias. Também Timon, que durante a Regência andou sempre ao lado dos liberais exaltados e que havia pouco defendera vivamente os "praieiros" de Pernambuco,[4] se desenganou logo desses homens que valiam tão pouco, no seu entender, quanto os antagonistas, os doutores da "seita da conservação e centralização"; não se cansou, por fim, de fustigar de todas as formas aquelas agremiações. "Sempre inúteis, estéreis e impotentes, quando não são positivamente nocivos e perigosos", escrevia, numa das passagens glosadas por Hoyer, "todos igualmente desonrados e aviltados por faltas comuns e excessos imitados uns dos outros, os nossos partidos se tornam incapazes do menor bem e perdem toda a autoridade e força moral". Depois de desatar-se do passado liberal sem aderir aos conservadores, que ainda se intitulavam "saquaremas", não acredita menos do que seu discípulo, duas décadas depois, nas garantias de liberdade que ofereceria o poder moderador. Para liquidar o malefício que representavam os partidos, o impulso deveria partir "não já de gabinetes efêmeros, contraditórios e oscilantes, senão do próprio chefe de Estado, que, sendo possível, deve não só reinar e governar como administrar".[5] Chegava nesse ponto, talvez sem pensar, à fórmula que celebrariam os próprios saquaremas, pela boca de Itaboraí, um dos seus cardeais. Seriam enganosas, assim, as esperanças de que o dissídio entre os partidos era superável?

Quase no mesmo ano em que o maranhense assim profligava o fervor partidário, um jornalista fluminense exclamava na Corte:

> O período da transação está começado; dizei-nos onde param as antigas parcialidades, onde os seus ódios? Já de há muito desapareceram. Em testemunho disso vede aí que palavra puseram diante dos parlamentares, quando se levantaram contra o ministério que precedeu o atual? A conciliação. E esse mesmo ministério como o seu predecessor, como o seu sucessor, que tendências mostrava senão as de uma conciliação que, ao menos

quanto aos indivíduos, punha em perfeito olvido todo o passado?[6]

Justiniano José da Rocha, conservador convicto, não apela contudo, no seu folheto de 1855, para as excelências de um poder sobranceiro aos partidos, embora nas páginas finais faça uso da palavra "moscovitismo", que faz lembrar as dos políticos que muito mais tarde aludirão, nas expansões íntimas, ao "nosso czar" e aos seus "ucases". Mas, por sibilina que seja, a expressão não tem certamente tal sentido para o jornalista, que a apresenta, aliás, como uma possível ameaça para o país.

É possível que, para alguns áulicos – para o próprio imperador? – a ideia de firmar-se o poder monárquico sobre a ruína das velhas parcialidades políticas tivesse ocorrido em algum momento. Pode lembrar-se como em 1848, à véspera da mudança política operada em 29 de setembro, com a ascensão ao poder dos conservadores, o conselheiro José Martins da Cruz Jobim, médico da casa imperial desde 1831 e muito ouvido por d. Pedro, depois de o cautelar, em carta, contra saquaremas e luzias (liberais) e palacianos, acrescentava:

> um meio-termo, um justo equilíbrio sustentado com energia é o que pode salvar a Vossa Majestade e a nós, porque quer V. M. me creia, quer não, em uma monarquia todo partido patriótico é contra o Monarca, porque eles têm interesses pessoais muito calculados e não se lhes dá de sacrificar tudo a esses interesses, que nunca são como os do Monarca identificado com a Nação.[7]

Seja como for, se o monarca algum dia pensou em beneficiar-se da extinção dos partidos para, com ela, ganhar um acréscimo de força, bem cedo se certificou de que, afastados da lição pelos mesmos partidos, acabariam por cair sobre seus ombros todas as críticas que antes lhes eram endereçadas, e isso mesmo ele irá observar depois, em mais de uma oportunidade.

A política chamada de Conciliação, que deverá levar a efeito o gabinete de 6 de setembro (1853), presidido pelo antigo chefe saquarema Honório Hermeto Carneiro Leão, agora visconde de Paraná, correspondia a uma aspiração que desde longa data andava no ar, ventilada não só pelos conservadores como pelos luzias e até pelos áulicos. Em sua formulação original, acha-se já implícita num pronunciamento de Paula Sousa, que se batia pelos "ministérios da nação", contra os "ministérios de partido".[8] O pronunciamento tem a data de 1844; e feito por um veemente liberal que ainda quer ver desemperrado o "carro da revolução", numa hora em que os liberais estão novamente por cima, dificilmente poderia passar por uma manobra partidária. Já anteriormente, aliás, em pleno domínio da tribo saquarema, surgira entre inimigos da situação conservadora um projeto de anistia aos rebeldes paulistas e mineiros de 1842, respectivamente chamado de "vendas grandes" e luzias ou "santas-luzias", rótulos evocadores dos topônimos que assinalam o malogro do movimento. De acordo com o projeto, sua execução devia coincidir com o casamento do imperador. Falou-se naquela ocasião em "conciliação" e "liga", duas palavras que ressurgirão com melhor sucesso dez e vinte anos mais tarde. Também a Paula Sousa coube manifestar a esperança na formação de um "terceiro partido", onde se congregasse a "gente moderada de uma e outra opinião", como um passo necessário para a extinção das paixões tumultuárias que dividiam o país.

O mesmo princípio conciliatório será endossado por Holanda Cavalcanti, que, assim como já acontecera em 1843 com Honório Hermeto, o "el-rei Honório" das gazetas, foi incumbido de organizar gabinete, o 2 de maio (1846), que alguns denominam 5 de maio, quando ainda não existia oficialmente no Brasil a presidência do conselho de ministros. Ao futuro visconde de Albuquerque, liberal na Corte, e guabiru em Pernambuco, moveriam razões particulares para promover o congraçamento. Não lhe sendo possível impedir a escolha de Chichorro da Gama para ir presidir sua província, achava que a sua só presença no governo haveria de desarmar as iras dos praieiros, afeiçoados a Chichorro, contra seus irmãos, parentes e aderentes. Esquecia-se do outro gume da lâmina, que daí a pouco irá ferir de morte, com o próprio ministério, seu sonho de congraçamento das facções. Se houve quem saudasse o esforço como fruto generoso de um propósito de pacificação a qualquer preço, não deixaram outros de metê-lo a ridículo, falando em conciliação de "embaçadela".[9] A verdade é que nem as excentricidades de Holanda, atento apenas a uma paisagem provincial, onde o acordo sugerido seria sempre coisa forçada e aleatória, como não podia deixar de ser vago entendimento de cavalgantes com cavalgados, nem a timidez e o aparente desprendimento de Paula Sousa, que em 1848 ainda tentará retomar a ideia conciliatória, se adequavam a um trabalho continuado nessa direção. O malogro da ideia, que tinha repontado assim sob o signo liberal na década imediata à maioridade, não impedirá na década seguinte, que ela volte à tona com o patrocínio de um dos antigos "regressistas". A poderosa vontade de Paraná fazia-o geralmente respeitado ou temido, temido até pelos seus fiéis mais ardorosos. As virtudes e os defeitos de uma figura como a sua indicavam-no, em todo caso, para encabeçar um movimento audacioso como aquele. A ocasião, por outro lado, parecia propícia ao bom sucesso do ministério de 6 de setembro na perseguição de semelhante intento.

Já não se levantavam grandes barreiras a uma ação política intrépida e consequente. Em 1853 tinham cessado os motivos de atrito com a Inglaterra. A queda do ditador Rosas acabava de dissipar as nuvens que vinham do Rio da Prata, ameaçando a própria integridade do Império. Também estavam bem cicatrizadas as feridas causadas pela campanha dos Farrapos, e a agitação da Praia fora dominada em parte por obra do próprio Honório Hermeto, assim como, por obra sua, o traçado de fronteira sul acabava de ser fixado em bases seguras. De outro lado, com a supressão do tráfico negreiro, tinham sido libertados capitais volumosos, que servem para dar maior alento a iniciativas de vulto como as de Mauá. E cabe salientar mais uma vez a importância do desenvolvimento da lavoura cafeeira, já aqui mencionada, de passagem, para a economia, e não só a economia, do Império. Já em 1830-1 passa o produto para o primeiro lugar na pauta das exportações brasileiras e logo depois de 1850 entra a desafiar galhardamente o pessimismo dos que auguravam para o país a catástrofe econômica em decorrência da supressão do tráfico. Assim é que o café exportado, que havia alcançado a media anual de 18 mil contos de réis entre os exercícios de 1840-1 e 1849-50, passa a avultar extraordinariamente nos anos seguintes, segundo se verifica das cifras seguintes, que abrangem até o ano de 1856-7:

1851-2 .... 32.954:000 mil-réis

1852-3 .... 33.897:300 " "

1853-4 .... 35.444:000 " "

1854-5 .... 48.491:000 " "

1855-6 .... 48.013:000 " "

1856-7 .... 54.107:000 " "

Conquanto não seja sempre indiscutível o rigor desses dados – e outro tanto pode dizer-se de todas as demais informações disponíveis –, servem eles para dar uma ideia aproximada do que significou a notável expansão dos cafezais pela bacia do Paraíba, e corroboram a conclusão de Sebastião Ferreira Soares, que as compilou, de que a abolição oficial das importações de negros não afetou ou mal afetou a oferta de escravos para os fazendeiros,[10] por isso que os traficantes, prevendo esse desfecho, haviam recorrido a importações maciças de cativos, com o que o mercado ficou abarrotado. E quando podiam escassear, ganhou incremento o tráfico interprovincial, de sorte que os escravos procedentes do Norte, com destino às fazendas, não seriam em número inferior ao dos que, normalmente, chegavam da costa da África e seguiam igual destino.[11] Os cálculos feitos pelo benemérito estudioso rio-grandense, que dedicou toda a vida a questões atinentes à estatística econômica do Brasil, podem prestar-se também aqui a certas dúvidas. Partindo do que chama a "estatística de Liverpool" e que são, em realidade, as estimativas contidas nos papéis parlamentares britânicos, também utilizadas por outros autores como Antonio Pereira Pinto ou Perdigão Malheiros e até pelas autoridades brasileiras, que não dispunham de outros dados,[12] pôde apurar que, em média, entraram por ano 33 482 africanos no período que vai de 1840 a 1850.

Tais cálculos terão o valor bastante relativo que se pode esperar de informes filtrados através da tela que forçosamente há de encobrir todo comércio clandestino, por mais transparente que ela seja.[13] A dúvida que chegou aliás a ser levantada já à época da publicação do estudo não diz respeito aos dados, certamente imperfeitos, de que se valeu o autor, mas aos meios que empregou para abonar sua tese, segundo a qual a força de trabalho escravo obtida pelos fazendeiros com o tráfico interprovincial não seria quantitativamente inferior à que lhes dera o tráfico intercontinental. Para essa conta presume que, antes de 1850, só uma terça parte dos africanos se conservava nas cidades e povoados, e dos demais, outro terço era ceifado pelas doenças e fugas, restando assim 14 774 escravos para as lavouras. Distribuídos pelas diversas províncias, quer supor que às do Rio de Janeiro, Minas, São Paulo e Rio Grande do Sul tocassem 7387 por ano.[14] Para demonstrar como a província fluminense não sofreu diminuição no número dos negros verificados nos registros policiais da Corte que, de 1852 a 1859, chegaram do Norte ao porto do Rio 3430 cativos em média anualmente. Como porém tais números não incluem os que se importaram sem expressa declaração de venda, julga necessário o acréscimo de 50%, e o resultado, aliás errado, a que chega é de 5195 escravos. Mas o resultado ainda não lhe parece satisfatório, de sorte que, empenhado em extrair somas precisas de dados claramente imprecisos, ainda acha de juntar a esse total, sem razões muito convincentes, mais 305 escravos por ano, arredondando com isso para 5500 aqueles 5195. E a soma a que o leva essa espécie de ultracorreção – 5500 – não lhe parece inferior ao que cabia aos fazendeiros fluminenses dos 7387 trazidos outrora da costa da África para o sul do Império.

Sejam quais forem as deficiências que se hão de imputar a Ferreira Soares, nada autoriza a prescindir de muitas de suas laboriosas pesquisas, num momento em que chegava a ser quase uma extravagância dedicar-se alguém a semelhantes estudos. No fundo, lidando a seu pesar com o mais-ou-menos – e nem por isso deixa de oferecer observações valiosas –, timbra em querer dar-lhe uma aparência de rigor, pois seu vocabulário desconhece a palavra "aproximadamente". Esse, o seu principal defeito. Mas mesmo sem querer aceitar literalmente a tese de que a supressão do tráfico transoceânico não perturbou a oferta de braços à lavoura, ou a de que o encarecimento generalizado de gêneros alimentícios foi simples fruto de especulações, não de carência dos trabalhadores, é fora de dúvida que elas têm por onde intrigar ainda hoje o historiador. Pode-se esperar que estudos novos, fundados em metodologia mais segura, sirvam para confirmar ou não um raciocínio com base no *post hoc ergo propter hoc*. Seja como for há em suas notícias muitos dados que apesar de tudo têm como resultado certas problemáticas enriquecedoras dos nossos conhecimentos de temas que ele abordou e quis, bem ou mal, elucidar.

Sobre o encarecimento dos gêneros alimentícios de primeira necessidade durante a década que se seguiu à abolição oficial do tráfico africano, quase não havia duas opiniões na época: resultava ela do fato de os fazendeiros, fascinados pelos grandes lucros que davam os produtos de exportação, fazerem com que neles se concentrasse toda a força de trabalho escravo disponível, em detrimento daqueles gêneros alimentícios. Dava-se isso não só no Rio de Janeiro como em Minas e em São Paulo. Em São Paulo até em áreas do oeste, onde os antigos canaviais já cediam lugar às fazendas de café. Isso mesmo dirá em 1858 muito claramente o Senador paulista José Manuel da Fonseca, ao apelar para o testemunho dos proprietários de engenhos de açúcar para mostrar que, quando o lavrador planta cana, também pode plantar feijão e até milho. Assim, dizia, aconteceu no município de Campinas e outros que antes abasteciam a capital e não só a capital de gêneros alimentícios. O mesmo não sucedia agora com os cafezais, sobretudo quando crescidos, por não tolerarem o convívio daqueles gêneros.[15] Antigo lavrador em Jundiaí, sabia o Senador que o feijão, por exemplo, nunca tinha sido vendido ali e em Campinas a mais de 800 réis o alqueire e só subiu até mil-réis, no máximo, em 1842, por causa da revolução liberal, que provocou uma alta geral nos preços. No entanto chegou em 1857 a 20 mil-réis. Parece difícil hoje supor que só a especulação fosse responsável por tamanho encarecimento, tanto mais quando se sabe que as manobras dos especuladores tendem a vicejar quase sempre onde são precedidas de outros fatores de desequilíbrio que as favoreçam ou desculpem.

Tudo isso reclamaria dilatado e complicado processo e mal se explica como desfecho natural de um processo isolado. Não há como excluir a parte de responsabilidade que terá cabido aqui às manobras de especuladores, mas não há por que julgar inteiramente gratuito o coro de lamentações que se vai cada vez mais levantando entre lavradores, contra a carência e carestia da mão de obra cativa. Mormente entre lavradores mais necessitados e cheios de dívidas, que no entanto se veem na contingência de comprar negros a prazo na esperança, muitas vezes frustrada, seja porque as safras são pobres, seja por lhe morrerem os escravos, de efetuar os pagamentos na data prevista. Mas, além desses, até fazendeiros prósperos como o barão de Paty do Alferes, um dos maiores proprietários da região de Vassouras, pode queixar-se, ainda em 1860, de que o "preço atual" da escravatura – um "cancro roedor do Império do Brasil", escreve – não está em harmonia com o proveito que dela se pode retirar.[16] Para a alta alarmante dos gêneros alimentícios, tamanha que, segundo já foi dito, o custo do feijão chegou a alturas vertiginosas, ultrapassando em algum lugar, no ano de 1857, até 2500%, os níveis anuais da década antecedente, ninguém duvidava que a extraordinária concentração na produção mais lucrativa do café dos braços disponíveis, teve efeito ponderável. A esse poderiam somar-se fatores esporádicos, mas um deles, a epidemia de cólera-morbo, que havia causado dois anos antes grande mortandade nos trabalhadores rurais – comparável à que, nos meios urbanos, em particular na Corte, vinha produzindo, desde 1850, a febre amarela –, serviria para corroborar, não tanto para provocar, um processo galopante. Aliás, o encarecimento de tais gêneros já se vinha fazendo notar bem antes de 1855, ano em que apareceu o cólera, e só cessará em 1862,[17] bem depois de se terem dissipado as consequências da praga.

Insistir, em todo caso, em acentuar esses lados mais escuros da situação é não considerar que eles foram grandemente superados, apesar de todos os contratempos, pela euforia determinada com os progressos de uma fonte de riqueza capaz de compensar o desaparecimento, no Brasil, das produções tradicionais. Riqueza essa que ganhava corpo justamente na vizinhança do centro das decisões políticas do Império, para onde as atividades produtivas se haviam deslocado definitivamente, desde os fins do Primeiro Reinado, das províncias do Nordeste e Maranhão, as mais beneficiadas pelo renascimento agrário da segunda metade do século XVII. Voltava assim o Rio de Janeiro, tal como já o fora na era do ouro e dos diamantes, a ser o grande escoadouro dos principais produtos do país. Graças, pois, ao café, reforçava-se melhor a posição do poder central, parecendo cada vez mais uma realidade o dito atribuído a Honório Hermeto Carneiro Leão, agora marquês do Paraná e presidente do conselho de ministros entre 1853 e 1856: "bastam-me as deputações do Rio de Janeiro e de São Paulo para, com a minha grande nuvem de Minas Gerais, governar forte e desassombradamente todo o Império".[18] Uma comparação entre o valor médio das exportações do açúcar, produzido principalmente, ainda que não exclusivamente, nas províncias do Nordeste, e as do café, que praticamente se concentrava nas do Rio de Janeiro, Minas Gerais e São Paulo e um pouco na do Espírito Santo, serve para melhor atestar a transformação operada, nesse ponto, entre as condições dominantes no reinado de d. Pedro I e depois da extinção do tráfico africano. Assim é que, na década de 1821-30 a porcentagem do valor total da produção açucareira no total das exportações brasileiras é ainda de 30,5 contra 18,6 correspondentes ao do café. A partir de 1831 principiam a inverter-se as posições: enquanto a do café aumenta progressivamente, a do açúcar declina cada vez mais, de sorte que, na década de 1851-60, enquanto as exportações do primeiro alcançam 48,6%, as do segundo chegam a menos de metade: 21,3%.[19]

O encarecimento dos gêneros alimentícios que, durante a mesma década, constitui um dos constantes objetos de discussão na imprensa e no legislativo, atenua-se em grande parte com as remessas chegadas do Sul, sobretudo da província rio-grandense, onde o cultivo do milho, do feijão e da mandioca adquire notável incremento. Não é por acaso que tal incremento se faz sentir justamente quando, em 1852, começa a pronunciar-se nas províncias cafeeiras a carência de tais gêneros, forçando-as a importá-las. De um mapa das exportações rio-grandenses entre aquele ano e o do 1859 resulta, por exemplo, que as remessas de feijão quase decuplicaram de 1852 para 1853. Houve depois ligeira queda, em consequência, talvez, do cólera, que no Sul produziu efeitos especialmente devastadores, mas em 1857 dá-se já acentuada recuperação, e sobretudo em 1858, quando as remessas atingem 122 726, quase vinte vezes mais do que as de 1852, que não passaram de 6321 alqueires. Menos pronunciado, o aumento das exportações de milho, já consideráveis em 1852, foi também seguido de um declínio em 1855, o ano da epidemia de cólera.[20] Não consta do mapa utilizado o destino das remessas, mas Ferreira Soares, que o apresenta, mostra como esses gêneros, consumidos nas províncias cafeeiras, especialmente o Rio de Janeiro, eram provenientes, em sua maior parte, do Rio Grande do Sul, e diz expressamente que tais remessas tiveram início em 1852.

Por outro lado, já antes de 1852, vinha sendo o Rio Grande o maior fornecedor de um produto – o charque – de largo consumo nas áreas cafeeiras, devido a sua importância notável na dieta alimentar dos escravos das plantações. A atitude muitas vezes reticente que irão assumir na Corte diversos deputados liberais gaúchos em face da campanha abolicionista, e que é exemplificada na frase célebre de Silveira Martins, ao lembrar que "o Brasil é o café, e o café é o negro", seria explicável pelo receio de que, extinta a escravidão, o produto das charqueadas, trabalhado, aliás, por mão de obra escrava, correria o risco de perder um consumidor certo. Houve, a esse respeito, quem dissesse que

> havia presumivelmente um fator ligado às condições do mercado, que limitava a formação de atitudes francamente abolicionistas entre os charqueadores, por mais progressistas que fossem: o temor da extinção do mercado consumidor. De fato o charque constituía o gênero básico da alimentação da escravaria. Os charqueadores podiam temer a retração do mercado ocasionada pela Abolição que, nos moldes em que estava sendo en-

caminhada a "questão servil", levaria a população liberta a níveis de vida ainda mais precários.[21]

Assim, como grande fornecedor do charque e, a partir de 1852, também de gêneros agrícolas de alimentação, pode dizer-se que se achava a província do Rio Grande bem entrosada no complexo cafeeiro do centro-sul do Império.

Todo o panorama econômico-político dominado, de uma parte, pela série de problemas surgidos com a supressão do trafico transoceânico, de outro com o movimento tendente ao congraçamento dos partidos, acha-se bem à vista em 1856, o ano da morte do marquês do Paraná, presidente do Conselho. Por coincidência, mas coincidência notável, as exportações de nosso principal produto, que iam conhecendo uma progressão praticamente contínua desde 1851, vão sofrer agora uma queda brusca, em resultado das colheitas ruins de 1857 e 1858. Se da produção diminuída do café resultariam, ao cabo, a elevação dos preços do produto e mesmo a melhoria da receita de divisas,[22] é fora de dúvida que, no momento, tendo colhido desprevenidos os lavradores, já onerados pelos compromissos assumidos nos anos de bonança, teve sobre eles consequências desastrosas. Estima-se, com efeito, que, entre os anos de 1859 e 1864, se elevou ao dobro o número de propriedades rurais hipotecadas nas principais províncias cafeeiras.[23] Simultaneamente o comércio da Corte e das maiores praças comerciais do país se vê seriamente abalado pelas repercussões da crise mundial de 1857-8, tão grave que Marx e Engels chegam a julgar iminente uma onda de turbulências e revoltas, prenúncio de um colossal movimento de massa que possa compensar a frustração de 1848.[24]

Todos esses fatos ajudarão a firmar o prestígio, mormente o prestígio póstumo do primeiro ministério de conciliação, às vezes em detrimento dos seus sucessores. Não lhe faltaram adversários francos ou encobertos, mormente entre seus velhos correligionários do partido da "Ordem", que não queriam complacências com os corifeus do golpe da Maioridade e do gabinete de 2 de fevereiro (1844). E ao mesmo tempo que governa em favor do congraçamento dos partidos, Paraná, empenhando-se em ver realizado um projeto que visa a golpear as oligarquias provinciais, irá deixar desarvorados os que nelas se arrimavam. A ideia das eleições feitas por círculos ou distritos de um só deputado que, assim como a da conciliação, já fora defendida por Paula Sousa, não pode deixar, com efeito, de desagradar à poderosa oligarquia fluminense do café, a que o próprio Paraná se ligara estreitamente, de onde as críticas acerbas que lhe dirigiu Eusébio de Queiroz, o elemento mais destacado do grupo. Outro opositor incansável dessa e de outras iniciativas do governo de conciliação é o marquês de Olinda, que, conservador de tradição, se acha ligado aos setores rurais pernambucanos e se havia desentendido com seus companheiros do gabinete de 29 de setembro de 1848. E ainda há o imprevisível Ferraz – Ângelo Muniz da Silva Ferraz –, conservador de origem, mas que dera apoio, não obstante, ao último ministério liberal (de Paula Sousa) e irá ser de novo "ordeiro" em 1859, sem muito afinco, aliás, enquanto não vier a ocasião de se tornar para o lado da "Liga".

As refregas podiam enervar ocasionalmente Paraná na presidência do conselho – ao tenaz combate que lhe moveu Olinda, consta que se referiu até nos delírios de moribundo –, mas não o levavam a esmorecer. Para seu ânimo polêmico eram um acicate, não um motivo de desfalecimento. Por outro lado, os que o combatiam andavam muitas vezes incompatibilizados entre si por novos e velhos antagonismos, e isso embaraçava a formação de uma frente de luta decisiva. Fosse como fosse, não dispunham os opositores nem de meios como os tivera a seu alcance a chamada "facção áulica", que, em dado momento, foram usados contra o próprio Honório. Desde o desbarato daquele grupo palaciano, d. Pedro II pareceu fazer um ponto de honra em não ter validos ou, pelo menos, em não ter, perante o público, quem influísse nas suas decisões. Em outras eras, uma desinteligência entre o monarca e Honório forçara a demissão coletiva do ministério de 23 de janeiro (1843). Agora, no entanto, a obra do primeiro gabinete de conciliação tinha a notória aprovação de São Cristóvão. O marquês de Paraná relevava-o de qualquer falta que houvesse cometido contra Carneiro Leão, anotará o imperador à margem de um livro onde o "poder pessoal" de d. Pedro II não é poupado.[25] Chegou mesmo a ser dito que a Conciliação de 1853 obedeceu a um pensamento augusto. O monarca não achava próprio de rei constitucional o querer impor aos ministros suas próprias ideias e tentará negar a parte que lhe atribuem na iniciativa conciliatória, mas nega-o como negou o famoso "quero já" da Maioridade: as palavras não teriam sido exatamente essas, mas o certo é que, colocado ante a alternativa de ser declarado maior imediatamente ou menos de cinco meses depois, ao completar quinze anos, o ter aceito a medida naquele momento só podia dar-lhes essa significação.

No caso da conciliação, o próprio Olinda, que tanto combateu a obra do ministério Paraná, mas que não recusará a incumbência de continuá-la, diz, ao oferecer em maio de 1857 à Câmara o programa do ministério, sob sua presidência, de 4 do mesmo mês e ano, que a necessidade primeira do país está na concórdia dos espíritos. "Estes conceitos", acrescenta, "[...] no mesmo tempo em que eram o resultado de minhas convicções, conformavam-se plenamente com o pensamento augusto a que já me referi."[26] Ora, uma praxe invariavelmente seguida durante o Império está em darem os chefes de gabinete conhecimento prévio ao monarca dos programas de governo a serem oferecidos. Parece, pois, fora de discussão que a ideia do congraçamento não era estranha à vontade imperial. Com o desaparecimento de Paraná, a 3 de dezembro de 1856, ficara interrompida a execução das reformas que ao novo ministério irá competir. Nem o fruto do sistema de eleições por círculos de um só deputado, em que o chefe do governo anterior havia posto tamanho empenho em ver promovido, lhe fora dado conhecer. Provisoriamente tinha assumido a presidência do conselho o marquês de Caxias, titular da Guerra e bem identificado com o pensamento de Paraná. Entendeu-se que o tipo de peleja a que se exporia o bravo soldado não lhe era muito familiar, mas julgou-se que mal não havia em aguardar-se até o reinício dos trabalhos parlamentares para a formação de um ministério mais aceitável para uma Câmara já eleita de acordo com o sistema novo.

Ainda que os resultados conhecidos do pleito não correspondessem às esperanças dos que contavam com uma transformação radical da paisagem política e parlamentar do país, já significava alguma coisa o reaparecimento na Câmara de vários elementos do partido liberal, que parecera condenado à morte em 1848. A sessão inaugurou-se a 3 de maio e logo ao dia seguinte assumiu o poder o novo ministério. A escolha de Olinda, depois da acre campanha que moveu à ação conciliatória, é um dos muitos casos de difícil explicação que ponteiam toda a história do Segundo Reinado, em que as mudanças políticas dependeram, em última análise, do arbítrio do imperador. É verdade que as ideias do antigo regente não eram muito nítidas em matéria política e costumavam ter seus limites naturais, ao menos quando exercia função executiva, nas opiniões da entidade irresponsável, que o estadista pernambucano sabia adivinhar. Disso tinha certeza o próprio d. Pedro II; num passo do diário íntimo, perguntará o imperador se Olinda teria ideias políticas próprias, e essa pergunta contém já a resposta.[27] Dizia-se já ao tempo da menoridade que, no entender de Araújo Lima, a justeza ou não dos princípios dependia unicamente de circunstâncias mutáveis, de sorte que a transação, para ele, era a verdadeira lei da moral política.

Acontece que a palavra "transação" acabava agora de ganhar força nova no panfleto célebre de Justiniano José da Rocha, exatamente para dar um sentido à síntese, afinal julgada necessária, entre dois movimentos que se vinham contrapondo desde o 7 de setembro e sobretudo desde o 7 de abril, ou seja, de um lado a ação libertária que forçou a abdicação do primeiro imperador e, de outro, a reação monárquica, desencadeada sob a bandeira do regresso. Tão envolvente se mostrou esta que, por uma espécie de "astúcia da razão", arrastou, por assim dizer, os mesmos que, em princípio, poderiam hostilizar aquela bandeira. A propósito, chama atenção o autor para o fato de se terem mostrado os liberais nimiamente pressurosos em antecipar a maioridade do imperador-menino e, depois, terem sustentado durante um quinquênio, contra os adversários, a legislação repressiva que haviam estes forjado para aniquilá-los. Agora era chegada finalmente a era da transação, ou seja, da conciliação, que Paraná tratou de impor com braço forte e Olinda se dispunha a prosseguir com toda a manha e lábia de que sempre se mostrou capaz.

A julgar pelo ministério que formou, o chefe do 4 de maio ainda foi mais longe do que seu antecessor na ação conciliatória: esta deveria agora fazer esquecer, ao menos no tocante às figuras de que se cercou, um passado feito de intransigências, que puseram em sério risco a própria integridade do Império. Se Paraná convocou Limpo de Abreu, velho combatente luzia, mas já um tanto apartado das querelas políticas, Olinda chama Sousa Franco, o único liberal na Câmara conservadora de 1850. Melhor do que em 1853, tornava-se dessa vez realidade, segundo todas as aparências, o que anunciou então Paraná: "Não há mais saquaremas nem luzias". O restante dos ministros dividia-se entre gente dos dois lados, e um havia, Caetano Maria Lopes Gama, visconde de Maranguape e contraparente do presidente do conselho, dotado de tal agilidade que podia mover-se com o maior desembaraço entre posições extremadas. Tendo sido duas vezes ministro da regência de Araújo Lima, no apogeu do "regresso", não hesitará, depois da maioridade, em aceitar convite para a pasta da Justiça num gabinete que se preza de seguir a política do ministério de 2 de fevereiro (1844), tão combatido pelos saquaremas. Assumiu também, durante o "1º Quinquênio liberal", atitudes progressistas no tocante ao tráfico negreiro, coincidentes, por sinal, com a política britânica. Em despacho de novembro de 1839 ao Departamento de Estado norte-americano, William Hunter, enviado extraordinário e ministro plenipotenciário dos Estados Unidos quando da regência de Araújo Lima, depois de falar na familiaridade do mesmo Lopes Gama, então ministro de estrangeiros, com os negócios e os capitais ingleses no Brasil, tem o cuidado de explicar, entre parênteses, que, ao dizer essas coisas, não pretende acusá-lo de corrupção: "I do not say corruptly".[28] Sabe-se hoje, aliás, que o futuro Maranguape não agia sempre desinteressadamente quando as causas que abraçava coincidiam com os desejos da diplomacia do Reino Unido. Há mesmo notícia de que recebeu propinas de Henry Ellis, chefe da missão especial britânica, chegado ao Rio do Janeiro em 1842, a fim de trabalhar no Conselho de Estado, para onde acabava de ser nomeado, em favor de um novo tratado de comércio. Durante longos anos ainda estará a soldo do governo britânico.[29]

Mas a tão esperada concórdia política, entendida como um aproveitamento de gente das duas facções na constituição do novo gabinete Olinda, não significou necessariamente o arrefecimento dos velhos ódios partidários. Sob uma fachada apaziguadora, era principalmente um equilíbrio de egoísmos o que representava de fato esse governo, chamado significativamente de "ministério de equilíbrio". O número de liberais na Câmara era de vinte, aproximadamente, segundo o conservador Pereira da Silva, que foi derrotado na Corte, por onde se candidatou.[30] Esse mau sucesso pessoal não o levaria a exagerar a força ou, quando menos, a malícia de um adversário que, para triunfar a qualquer preço, se valeria de processos condenáveis durante as eleições? O fato é que Francisco Belisário

Soares de Sousa, igualmente conservador, estima que, podendo embora contar com numerosos elementos favoráveis, a facção liberal, a que ainda chama "oposição", só conseguiu fazer entrar na Câmara uma dúzia de votos.[31] Do outro lado, Francisco Otaviano, escrevendo em dezembro de 1856, à vista dos resultados do pleito, que iam aparecendo, faz saber a Carvalho Moreira, o futuro barão de Penedo, que 23 liberais conhecidos já estavam eleitos. Um mês depois adverte ao mesmo amigo que, na Câmara nova, há 25 dos antigos luzias e mais de 25 "saquaremas independentes".[32] Independentes, no vocabulário de Otaviano, eram os saquaremas ou conservadores desligados da tutela de Itaboraí e Uruguai, e que não compactuavam, assim, com os desígnios da "oligarquia", tão zurzida por ele nos artigos e editoriais do *Correio Mercantil*. Uma Câmara onde muitos deputados eram novatos, de tendências ainda mal pronunciadas, ao passo que os antigos se achavam frequentemente divididos por despeitos e ressentimentos que agora vão subir à tona, presta-se mal a tais estimativas.

Os conservadores tinham razões para cantar vitória publicamente, acenando para a importância numérica relativamente escassa dos adversários tradicionais que conseguiram eleger-se. Na intimidade, porém, não escondiam um tal ou qual sentimento de frustração e temor. No que se conhece da correspondência de um Uruguai, por exemplo, ou até de João Maurício Wanderley, o futuro barão de Cotegipe, são significativas desse mal-estar certas expansões que lhes sugere o espetáculo da Câmara nascida da primeira lei dos círculos – "tudo confuso e embaralhado", "mixórdia circular eleitoral", "torre de Babel"...[33] – por onde parecem vislumbrar uma realidade nova e certamente incômoda. Ainda que formassem minoria, os luzias, ressuscitados como por um passe de mágica, podiam recorrer a toda sorte de expedientes protelatórios que dificultavam qualquer ação concertada. É o que se verá quando, nos debates sobre o alargamento dos círculos eleitorais de um para três deputados, o combativo representante baiano Landulfo Medrado passar a discorrer durante quatro horas sobre matéria totalmente alheia ao assunto. Para enfrentar essas manobras faziam falta, aos da maioria, próceres de pugnacidade notória como Zacarias de Góis ou como Francisco de Paula Sayão Lobato, que não conseguiram eleger-se. Os da minoria não eram propriamente ministeriais, mas o rótulo de oposicionistas, que muitos lhes davam por força do hábito, colava mal numa gente que, batendo-se pela preservação da lei que, de algum modo, os favoreceu no pleito, estavam nesse ponto de acordo com o pensamento do presidente do Conselho, arvorado agora em continuador da obra de Paraná.

Por um triz deixaram, aliás, os antigos liberais de alcançar predomínio numérico se, logo depois de aprovada essa primeira lei dos círculos, fosse seguido o caminho que a muitos parecia apropriado ao caso, isto é, o da dissolução da Câmara seguida de novas eleições. Desse ponto de vista mostra-se, entre outros, José de Alencar. Alguns anos mais tarde, já plenamente integrado na tribo dos saquaremas, a ação conciliatória só lhe merecerá repulsa como obra corruptora dos partidos e dissolvente dos princípios da sã política. Num opúsculo, porém, que escreveu e publicou nos dias imediatos à morte do marquês de Paraná, a impressão de deslumbramento diante da forte personalidade do estadista não o deixa ver senão as excelsas virtudes de sua política e o acerto dos atos que a marcaram. Para ele, o chefe do primeiro ministério de conciliação fez bem em contemporizar, mantendo a mesma Câmara que encontrou no momento de organizar seu gabinete, já que, com mais uma sessão apenas, se completaria a nona legislatura. Além disso uma derrota eleitoral significaria por força uma reviravolta política e, com todas as probabilidades, o desbarato da coalizão, que tanto lhe custou promover.[34] A conservação da mesma Câmara, além de facilitar a continuidade de seu esforço, por isso que os focos de resistência que encontrou, ele os domaria, como evitaria que a campanha eleitoral, logo em seguida a debates parlamentares apaixonados, poderia reviver divisões antigas, com o risco de dar por terra com o fruto de seu grande trabalho.

Se Honório não queria uma grande maioria para o partido conservador que ele ajudou a formar e fortalecer, nada faz acreditar que tivesse desejado uma grande vitória luzia. Jogando uma cartada sumamente arriscada, o que pretendeu, e conseguiu, foi evitar a formação de uma Câmara unanimemente conservadora (ou unanimemente liberal), e isso lhe bastava. Agora, com Olinda, além dos liberais conhecidos, e possíveis, que não podiam esquecer subitamente o passado do presidente do conselho, havia um número cada vez maior de conservadores, que se mostravam inquietos ante as atitudes equívocas que ia adotando o chefe do gabinete, e ante a própria composição de seu governo. Se as audácias e, às vezes, a arrogância de Paraná lhe acarretaram desafeições encobertas ou declaradas, a ductilidade e a astúcia de Olinda acarretavam contra este desconfianças, tanto do lado conservador como dos luzias. O fato é que a conciliação decapitada, que assim podia chamar-se aquela espécie de sobrevida de uma política privada agora do alento que seu fundador lhe imprimiu, achava-se seriamente ameaçada. Toda gente, liberais não menos do que conservadores, cuidava que dificilmente o ministério atravessaria uma sessão do legislativo e no entanto atravessou a primeira sessão, transpôs os escolhos de maio, mês dos naufrágios, atravessou a segunda e encerrou-se regularmente aos 12 de setembro de 1858.

Já agora ninguém esperava que ainda suportasse por muito mais tempo os vendavais que o sacudiam. A voz geral de que estava por terra, transmite-a pouco depois Caxias a Osório, e o faz com desafogo. Para confirmar a fama de que os homens públicos são malevolentes em geral para com seus sucessores no poder, não morre de amores o marquês pelos homens do governo – "como sabe", escreve ainda ao companheiro de armas, "não estou em boas relações com o ministério". Contra Olinda entraria também alguma antipatia hereditária do filho do brigadeiro Francisco de Lima e Silva. Este chegou a anunciar em 1835 que não passaria o poder a Pedro de Araújo Lima, se o visse eleito regente do Império: não precisou chegar a tais extremos porque o eleito foi Feijó, que também não estava, aliás, no seu panteão. Em relação ao gabinete de 4 de maio, as críticas a sua inoperância e impotência abrangiam quase todos os ministros, e pode-se dizer que se algum o segurava no poder era justamente Olinda, um dos poucos remanescentes da deputação brasileira às Cortes de Lisboa.

Caxias, que, nascido quando amanheceu o século, já era um nome glorioso, não tinha os mesmos motivos para poupar a venerável senectude do estadista pernambucano do severo juízo que dirige a todo o governo. Escrevendo a Osório que, apesar de liberal e muito dado à política, era então um dos seus amigos diletos, é natural que se detivesse na situação calamitosa a que via reduzida a administração militar. E o faz com um destempero de linguagem que, embora frequente em suas cartas íntimas, traduz no caso uma indignação irrefreável, ao observar, por exemplo, que nada de melhor se podia esperar quando as pastas da Guerra e da Marinha estavam confiadas a um menino ignorante de tais questões, enquanto um dos seus responsáveis delas se desinteressava.[35] O "menino" é José Antonio Saraiva, moço de seus 34 anos, justamente a idade que tinha Paranhos quando entrou, também para a repartição da Marinha, no ministério Paraná, onde o foi encontrar Caxias, que com ele e Wanderley, quatro anos mais velho, se ligou de estreita e duradoura amizade. No gabinete de 4 de maio, coube a Saraiva, desde o começo, a pasta da Marinha e depois a da Guerra, esta por impedimento de Jerônimo Coelho, o titular efetivo, que adoeceu.

Não foi propriamente a inoperância, nem a heterogeneidade de sua composição, o que matou afinal o ministério Olinda, e sim o apoio que deu aos planos de pluralidade bancária e crédito amplo, em suma àquilo a que se chamou o "carnaval financeiro" promovido pelo ministro da Fazenda, o liberal Bernardo de Sousa Franco. Nem mesmo o imperador soube disfarçar a sua preocupação quando o câmbio, que estivera acima da paridade durante o ministério Paraná, rolou para a casa dos 23 dinheiros (por mil-réis). Outros fatores, como a crise comercial de 1857, que causou prejuízos estimados em 2500 contos de réis, sem falar nas más colheitas de 1857-8, ajudariam a deteriorar-se a situação.[36] Como evitar que se pusesse toda a responsabilidade por essas desgraças nas heresias financeiras de um ministro que tão pouco solícito se mostrava em seguir a religião oficial do câmbio alto e na solidariedade ao menos tácita que prestava o ministério a tamanhos desatinos? Essa solidariedade, aliás, não era tão cerrada que impedisse a circulação de notícias sobre a existência de dissensões dentro do próprio gabinete que nos primeiros dias de dezembro de 1858 deram lugar, afinal, à demissão coletiva dos ministros. Correu então que o próprio d. Pedro, alarmado com os perigos reais ou imaginários a que se expunha a nação, resolveu adiantar-se a qualquer iniciativa do chefe do governo, convidando o conselheiro Eusébio de Queiroz a formar novo governo, sem comunicar a Olinda sua decisão: este teria tido conhecimento de que fora despedido o governo quando soube do convite.[37] Eusébio não aceitou a missão nem a aceitou Uruguai, convidado em seguida. D. Pedro interpretará a seu modo as duas recusas ao notar que os convidados talvez julgassem que não era chegada "a hora dos conservadores puritanos".[38] Aceitou a incumbência, porém, o visconde de Abaetê. Invertia-se agora a situação anterior. Se Olinda, que veio dos conservadores, organizou um gabinete onde os liberais de tradição ou simpatia tinham participação proporcionalmente maior do que fazia esperar sua representação na Câmara, Abaetê, antigo rebelde de 1842 e tradicionalmente ligado aos luzias, formou o ministério de 12 de dezembro de 1858 com elementos tirados do partido conservador, embora mais de um desses elementos pertencesse aos cristãos novos da política da "Ordem".

O sucessor de Sousa Franco na repartição da Fazenda é Sales Torres Homem, que se havia celebrizado com um panfleto, *O Libelo do Povo*, onde, com o pseudônimo de Timandro, ataca virulentamente o monarca e toda a sua família. Ligado outrora, como Limpo de Abreu, visconde de Abaetê, ao liberalismo mais radicalizante, tinha Sales ideias próprias sobre a questão financeira, que se opunham em tudo às de Sousa Franco, e deixou transparecê-las nas críticas que da tribuna lhe dirige. Sua escolha para a Fazenda, segundo teria informado o próprio Abaetê ao visconde do Uruguai, foi sugestão do próprio imperador, que se deixou impressionar pelos seus argumentos mais do que pelas injúrias pessoais que Timandro lhe havia assacado.[39] Ao começar sua gestão, ele, que defendera a restrição do crédito e a unidade bancária, aprovou subitamente dezesseis bancos, quando seu antecessor, cujo nome se associa à ideia da liberdade de crédito, não havia autorizado senão cinco. Oferecia dessa forma uma espécie de prova por absurdo do bom fundamento de seu ponto de vista. A praça do Rio de Janeiro, abalada pouco antes por uma primeira corrida à Casa Alves Souto, precursora da quebra de 1864, não dispunha de cabedais para comportar os estabelecimentos privados com as restrições previstas. Em junho de 1859 apresentou Sales um projeto de lei que obrigaria os bancos ao pagamento em ouro de suas notas num prazo de três anos. Simultaneamente firmou o princípio de que só ao legislativo competia autorizar novos bancos emissores ou prorrogar o prazo dado àqueles que já existissem, enquanto a lei não marcasse as regras que o executivo deveria seguir no exercício dessa faculdade.

A celeuma provocada pela proposta nos círculos comerciais e bancários logo se refletiu na Câmara. Apesar disso, e apesar de não terem chegado a um acordo as comissões que se reuniram para dar parecer a respeito, foi aprovado o projeto. Não se contentava, porém, o governo com a simples aprovação. Seria preciso no seu entender que a corroborasse considerável número de votos, para sentir-se em condições de promover uma série de medidas complementares a fim de impedir-se o que poderia ser uma verdadeira catástrofe nacional. Ora, a diferença de apenas onze votos favoráveis ao projeto, que conseguiu, mostrava que o ministério não dispunha de meios para levar adiante, com segurança, sua política de restrições. O resultado foi que o gabinete julgou de melhor aviso exonerar-se sem qualquer contestação parlamentar. A escolha de Ângelo Muniz da Silva Ferraz para formar novo ministério, o de 10 de agosto (1859), pareceu, num primeiro momento, representar a derrota dos partidários da contração, à vista de pronunciamentos anteriores do novo presidente do conselho, que também tomava para si a pasta da Fazenda. Bem cedo, no entanto, verificou-se o engano de tal suposição.

Antes de encerrar-se a sessão da Câmara foi baixado decreto, a 5 de setembro, obrigando os bancos e sociedades anônimas a apresentar aos governos geral e provinciais, cada segunda-feira, uma demonstração das operações de crédito da semana anterior, e isso já mostra a decisão enérgica de vigiar e corrigir os casos de maior gravidade surgidos no sistema econômico do país. E a 30 do mesmo mês de setembro saiu um regulamento da fiscalização e arrecadação do selo a que ficava sujeito o capital das sociedades anônimas, assim como a transferência das ações, notas promissórias, bilhetes e, em geral, todos os papéis contendo obrigações de entrega do valor recebido em depósito ou em pagamento à vista ou a prazo inferior a dez dias. O regulamento alarmou o comércio da Corte e das principais praças do Império, como um indício claro de que o governo se dispunha a trilhar firmemente o caminho aberto pelas medidas restritivas. A obra mestra da reação do gabinete Ferraz aos efeitos do "carnaval financeiro sairá" menos de um ano depois, com a lei de 22 de agosto de 1860, que faz depender do executivo a aprovação, incorporação e funcionamento de companhias e sociedades anônimas. O que sobretudo fere a atenção é o irrealismo da medida, fundada no pressuposto falso de que o governo dispunha de um aparelhamento capaz de fazer cumprir com o rigor de seus dispositivos uma reforma de tamanhas consequências em toda a extensão do Império. Se mais não fora, escreveu um historiador, a reforma "constituía, sem dúvida, um complexo de disposições *impossíveis* ou, ao menos, irrealizáveis a um só tempo nas condições sabidas do país. *To grasp all, to loose all*".[40]

Uma amostra desse irrealismo está no fato de dispor a lei que, para a autorização julgada necessária ao funcionamento desta ou daquela empresa, era mister requerê-la através do governo, que ouviria primeiro o Conselho de Estado e depois encaminharia ao legislativo o requerimento com todos os dados e informações convenientes. Isso até que "por lei não fosse regulada a matéria", lê-se no texto, com o que pensariam os otimistas que, baixado o dito regulamento, se tornaria menos complicada e dilatória a tramitação dos processos. Serão precisos, no entanto, mais 22 anos para que venha a nova medida, pois a lei só será regulada a 4 de novembro de 1882.[41] O irrealismo, que às vezes chega a parecer deliberado, porque o difícil cumprimento da medida já pode ser um convite para descumpri-la, não deixa de ser assinalado por diversos contemporâneos, embora o que mais indignou muitos deles tenha sido a insólita intervenção da autoridade pública nos negócios particulares, que discrepava deslavadamente das regras de sua filosofia liberal.

O publicista Milet, que jamais deixou de criticar a ortodoxia financeira do Império, baseada no que considera a falácia da circulação metálica, onde se embalam, dizia, todos os financistas brasileiros, e no balaio metalista mete não só Itaboraí, Sales e Ferraz, como o próprio Sousa Franco, tido como papelista pelos adversários, e chama à lei de 22 de agosto de 1860 o "incrível salvatério Silva Ferraz". Mauá vê nela um tecido de contradições, de ideias indigestas, de apreciações em que a origem e até a natureza dos fatos são contrariadas.[42] Tavares Bastos por pouco não increpa o ato de criminoso, quando quer ver jungidos a indústria e o comércio ao "carro pesado de um governo impotente".[43] Mas não foram essas críticas o que derrubou afinal o gabinete Ferraz. Ao menos no que respeita às teorias abraçadas pelo presidente do conselho, ajudou a melhor congregar os conservadores e enrijá-los até nos seus velhos princípios, um tanto esmaecidos após a experiência conciliatória, apesar da escassa confiança que punham muitos em Ferraz, o imprevisível.

Uma boa amostra de como era possível a unificação dos conservadores em um bloco mais ou menos coeso é fornecida justamente pelos debates de 1860 acerca do projeto de reforma eleitoral, que visava ao alargamento dos círculos de um para três deputados. De iniciativa dos conservadores que deploravam o ter a primeira lei dos círculos levado à representação nacional um bando de sumidades de aldeia, em detrimento das figuras exponenciais de seu partido, pois, eleita que fora nos distritos ou círculos muitas vezes remotos em que as províncias eram divididas, o resultado só podia ser uma assembleia medíocre, só se erguem contra a mudança agora proposta os liberais de velha ou nova extração que, entretanto, sendo minoria, não tinham como derrotá-la. O argumento de que uma Câmara eleita por gente sertaneja e de poucas luzes, sem uma fiscalização ativa por parte das autoridades (outros diziam das oligarquias, instaladas nas capitais das províncias), jamais poderia ser uma boa Câmara havia sido apresentado ao tempo do marquês do Paraná e até por ministros do gabinete de Paraná, mas não impressionaram o chefe do primeiro ministério de Conciliação. O importante para ele estava em que se fizesse representar o "país real": não o interessava obter uma agremiação de notáveis, simples fachada, na melhor hipótese, e de nenhum significado para a nação.

Outro argumento que, este, podia falar com força em favor das eleições por distritos de três deputados, estava em que perturbaria menos a ordem pública do que o anterior, que deu lugar a disputas obstinadas e, não raro, a escandalosos cambalachos durante o pleito. Pensou-se, e provavelmente com razão, que a escolha de três deputados para cada distrito em que se dividissem as províncias seria mais pacífica do que a de um por círculo. Os liberais, de seu lado, se arregimentaram em geral contra uma proposta que, partindo dos contrários, podia ser encarada como um instrumento que visasse a diminuir mais ainda, se não a anular praticamente, sua representação. Além disso, se com a lei dos círculos de um deputado conseguiram eleger um número apreciável, ainda quando minoritário de elementos seus, qualquer tentativa para amenizar o sistema serviria aparentemente para diminuir ainda mais essa minoria com que contavam.

Aos antigos liberais juntaram-se no combate à proposta uns poucos conservadores, que, fiéis, muitas vezes, à memória de Paraná, preferiam manter incólume sua obra. Ou acharam que, posta à prova uma única vez, ainda não tivera tempo de dar todos os frutos desejados. Olinda, que foi um aderente, ainda que tardio, e em realidade póstumo, da obra conciliatória, peleja agora, com um ardor aparente de convertido, pela manutenção dos círculos de um deputado. Nabuco de Araújo, que vem do gabinete Paraná e não obstante se mostrara então favorável a distritos maiores, de dois ou até três deputados, também quer ver mantida a lei dos círculos de um deputado, mas por outro motivo, por achar que não se deve reformar uma lei eleitoral em ano de eleição.

Mas se os conservadores tinham a esperança de que a reforma projetada e, ao cabo, aprovada servisse para revitalizar o seu partido, não poderia ser maior sua decepção ao ser conhecido o resultado das eleições de 1860, já realizadas conforme a lei dos círculos de três deputados. Esse resultado ainda não dá maioria aos liberais, mas permite a ida à Câmara de uma oposição numerosa e valente que, daí por diante, não haverá de poupar a mais poderosa ainda entre duas facções que nunca cessaram, no fundo, de contrapor-se, apesar do congraçamento de superfície. Na atmosfera geral de inquietação, que envolve tanto os pobres como os ricos, estes particularmente maltratados pela lei de 22 de agosto de 1860, a ida para a Câmara temporária de uma forte "patrulha" luzia, comparável à patrulha saquarema de 1848, torna-se ameaçadora para o governo. Separado pelas dissensões internas, denunciadas pelo ministro do Império, conselheiro Almeida Pereira, em carta ao presidente do conselho, logo dada à publicidade, e assustado com a presença atuante de "elementos subversivos", também denunciada na carta, o governo não espera a primeira sessão da nova legislatura, marcada para 3 de maio de 1861, e já a 1º de março pede exoneração. Para formar o ministério seguinte, chama d. Pedro a São Cristóvão o marquês de Caxias, que, embora conservador firme, passava por moderado e era benquisto da outra parcialidade. Tanto a retirada de Ferraz como, antes, a de Abaetê processam-se em forma perfeitamente regular, uma vez que, mesmo em terras onde prevalece o parlamentarismo sem jaça, costuma demitir-se em certas circunstâncias um gabinete, mesmo sem esperar qualquer contestação da Câmara. Ao apelar para Caxias, o imperador teria considerado que agora, muito mais do que em 1858, quando chamou, sem resultado, Eusébio de Queiroz e Uruguai, não se podia cogitar nos saquaremas intransigentes.

3
Entre a Liga e o Progresso

JÁ NOS ÚLTIMOS ANOS DA DÉCADA DOS 1850, a insistência com que se pronuncia a palavra "oligarquia" fere a suscetibilidade dos donos do poder. O enriquecimento produzido pela lavoura e pelo comércio do café, assim como os negócios menos limpos que proliferam e, como se dizia, pela agiotagem associada ao crédito fácil, vão transformando os costumes públicos e parecem tudo corroer. Essa a impressão transmitida pouco tempo depois por um escritor que assistiu de perto à transformação, sem se cansar de entoar loas a um passado morto: "Viam-se passar nestas ruas do Rio de Janeiro, a pé, na rudez do trajo e modéstia de sua honrada pobreza", escreverá, com efeito, José de Alencar, em 1865,

> os Feijós, Vergueiros, Andradas, Paulas Sousas, Limpos, Torres e Paulinos. Não se anunciavam pelo rodar das carruagens, e contudo a nota do povo os via de bem longe a depois de saudá-los, os acompanhava respeitosamente com o olhar. Evaristo para governar a opinião do país não carecia de salas douradas e lautos saraus; o singelo balcão da pequena livraria que, ainda há bem pouco tempo há, se viu na rua da Quitanda, servia de modesto altar à liberdade. Ali concorriam a beber as ideias de um

homem de bem e sincero liberal, patriotas dedicados; não os levava a esperança de pingues empregos ou cobiçadas condecorações. *Eheu prisca fides*!... Atualmente a política é para as massas um simples folgar, quando não é um pacto indecoroso. Sabeis, senhor, onde hoje em dia se encontra vosso povo, aquele mesmo povo entusiasta que fez a independência, a abdicação e a maioridade? Nas audiências dos ministros, nas casas dos patronos de maior voga, à porta da matriz onde se arremata a eleição em hasta pública. Se aí não estiver, é porque forma o cortejo de alguma leviana donzela trajada à militar, ou aplaude com frenesi as chocarrices de farça e as corridas de circo.[1]

A linguagem é a de um *laudator temporis acti*, espécie que pertence a todos os povos e a todas as eras. Quem percorresse coleções de jornais velhos podia então descobrir como já no rescaldo da Abdicação, nove anos após a Independência e nove anos antes da Maioridade, não pareceria muito diverso o panorama social que se descortinava da pequena livraria de Evaristo. Em um dos números da *Aurora Fluminense* leem-se, com efeito, coisas deste teor:

O furor de brilhar entrou em todas as classes da sociedade; não há quem não queira ombrear-se com o mais abastado e opulento, embora lhe faltem os meios para sustentar esse vão aparato. Uma vaidade pueril tira o nível da eminência das classes mais altas, e é aí que pretende realizar a igualdade: os esforços superiores às forças de cada um apressam a ruína das fortunas módicas ou obrigam os cidadãos a lançar mão de recursos que a moral e a decência reprovam. Nesta situação existem muitos dos nossos funcionários públicos que de um ordenado de 600 a 800 mil-réis anuais dispõem com tal arte, que podem figurar nas companhias mais brilhantes, franquear as suas salas para partidas de luxo e fazer-se notáveis pela rica mobília de suas casas ou pelo gosto delicado dos seus chás e concertos de música.[2]

É provável que, guiado pelo calor polêmico, Alencar forçasse deliberadamente os contrastes. Algum devoto da história miúda poderia lembrar como nem sempre aqueles seus estadistas diletos se mostraram tão infensos, por exemplo, a anunciar-se pelo rodar das carruagens. Dos Andradas, que não deixaram fama de gente muito dinheirosa, ao menos um, Antonio Carlos, teve carro de luxo, que se distinguia pelos ornatos e pela farda do boleeiro nas celebrações da coroação e sagração do segundo imperador, em julho de 1841, e outro tanto consta de Limpo de Abreu, o futuro Abaetê. De Bernardo de Vasconcelos, desaparecido em 1850, sabe-se que foi, no Rio de Janeiro, um dos primeiros a ter caleça particular com janelas envidraçadas e largas estribeiras, a mesma em que sofreu um acidente nos últimos dias de 1844.[3] Em todo caso, o chefe da orquestra do "regresso não teve nunca a reputação de incorruptível, e nem seu nome é invocado, aliás, nas Cartas de Erasmo.

O exemplo dos carros como símbolos de prestígio é particularmente significativo no caso. Um autor que tentou estudar nossa sociedade, valendo-se de obras de ficção das mais expressivas dos costumes fluminenses, mostra atiladamente suas mudanças através desses símbolos de opulência, mediania e pobreza. Seus movimentos são acompanhados, assim, desde antes da era do coche, antepassado do *coupé*, e que já supõe cocheiras e exércitos de escravos ou criados, até alcançar e ultrapassar a revolução do bonde, começada em 1868 e própria de um mundo já democratizante, "que cospe no chão e fala alto". "A carruagem atesta e certifica a mudança social, mostra o estado da sociedade, a decadência de certas camadas e o surgimento de outras. O Império se exibe nos seus carros."[4] O barulho das praças e das ruas parece crescer, de qualquer modo, com o progresso da riqueza mobiliária que se acentua singularmente, na capital do Império, após a lei de 18 de setembro e, sobretudo, durante o "carnaval financeiro" de 1857-8. E é notável a coincidência entre as críticas de José de Alencar aos costumes públicos da época e alguns depoimentos que figuram no relatório da Comissão de Inquérito sobre o Meio Circulante nomeada em 1859 por Silva Ferraz, onde se recordam a simplicidade e frugalidade que teriam reinado no país antes da supressão do tráfico negreiro.

À ideia generalizada de que se assistia a uma sensível degradação dos costumes e, em primeiro lugar, da moral política do Brasil, corresponde à avidez com que são lidos os pasquins antigovernamentais que, já antes de 1860, vão aparecendo em rápida sequência, e é, na Corte, o caso do *Charivari Nacional* e também do *Charivari* que ambos se esforçam por seguir o mesmo modelo parisiense. Em 1860 o liberal Landulfo Medrado faz imprimir na Bahia virulento panfleto, onde não é poupada a pessoa do imperador. A morte, logo depois, do panfletário, pertencente à Câmara eleita de acordo com a lei dos círculos de um deputado, irá dar dimensões inusitadas a sua ousadia. A reimpressão do libelo nas páginas do *Diário do Rio de Janeiro* levanta de imediato uma onda de indignações oficiosas que se traduz em vários revides dados ao autor, entre outros por um jornalista da estatura de Justiniano José da Rocha, ansioso por sair em defesa das instituições e do monarca, aproveitando a boa oportunidade que se oferece para mostrar sua solicitude cortesã.

1860 é também o ano em que Teófilo Otoni, de volta à política, em seguida ao malogro de sua experiência do Mucuri, em Minas, onde, como Vergueiro, em São Paulo, havia tentado uma empresa de colonização estrangeira, lança sua circular aos eleitores, com duas impressões feitas no mesmo ano, sacudindo ainda mais a calma podre da conciliação já desmoralizada. Dois anos depois, procurará empanar o brilho que se pretendia imprimir às homenagens prestadas ao primeiro imperador com um folheto evocativo da "gloriosa revolução que o derrubou. Referindo-se ao monumento que se ia inaugurar, à "mentira de bronze", dirá então: "O snr. d. Pedro I foi destronado no dia 7 de abril de 1831, e os restauradores fazem-lhe, depois de morto, o que não puderam conseguir em sua vida. É a nova coroação de Inez de Castro".[5] Ao lado de Otoni, que nas caricaturas da época aparece a agitar o indefectível lenço branco, são Francisco Otaviano de Almeida Rosa e Saldanha Marinho os comandantes da opinião popular da Corte por ocasião dos prélios de 1860.

É nessa atmosfera de inquietação e azedume que, em seguida à queda do gabinete Ferraz, o imperador se decide a confiar ao marquês de Caxias a missão de formar novo ministério. A. C. Tavares Bastos, observador atento, mas nem sempre correto, da movimentação política na Corte, tentou, em carta a Saraiva, relacionar o convite feito ao marquês com os prognósticos sombrios que iam fazendo pela sua imprensa, especialmente pelo *Regenerador*, os conservadores mais intransigentes. Para estes o país andava anarquizado e mesmo à beira de uma revolução. Diziam que pretendiam os *pogiruns*[6] ir das galerias da Câmara arrancar a aprovação dos diplomas de candidatos liberais impugnados pela maioria. Essas alegações e as intrigas movidas no paço teriam impressionado o imperador, tanto que, ainda nas palavras de Tavares Bastos, o "bom Pedro II [...] entende que só exército, a força militar, pode garantir a ordem...".[7] A explicação não é das que mais convencem. Caxias, que, atendendo ao convite de d. Pedro, vai formar o ministério de 2 de março (1861), é dos antigos "conciliados", tendo mesmo assumido a chefia do gabinete de conciliação por alguns meses, após o desaparecimento de Paraná: mais não é preciso para apartá-lo dos herdeiros mais puritanos da família saquarema, que ainda não se chamavam "emperrados", e que se mostram constantemente hostis à política de congraçamento inaugurada por Honório. Antigo "conciliado" é também Silva Paranhos, cuja atuação assume tal evidência no novo governo, que alguns o chamam ministério Caxias-Paranhos, assim como o de 25 junho de 1875 será chamado Caxias-Cotegipe. E ainda outro remanescente do gabinete Paraná seria contemplado na composição do novo governo, se o presidente do Conselho conseguisse mover o mesmo Cotegipe a trocar pela política geral os seus canaviais baianos, onde se deixou ficar.

É verdade que os próprios puritanos também têm seu representante no ministério de 2 de março, com o titular da Justiça, Sayão Lobato, que havia criticado a Conciliação, despejando contra ele toda a sua bílis costumeira, se bem que o futuro visconde de Niterói não andasse de boas relações com Eusébio de Queiroz, o chefe mais acatado dos antigos saquaremas.[8] A entrada, pouco depois, de Saraiva (Império) e de Sá e Albuquerque (Estrangeiros), fará com que as várias cambiantes do partido conservador fiquem de algum modo representadas no governo. Os últimos, Saraiva e Sá, já se situam numa franja meio descorada da bandeira partidária e principalmente Saraiva, se ainda não chegara à defecção, tocava as raias da heresia para os que ainda se presumiam herdeiros fiéis do passado regressista. Entre os graves pecados que lhe assacavam, um dos maiores consistia em ter figurado no gabinete Olinda de 4 de maio (1857), o qual, como pioneiro da conciliação-fusão, diferente da conciliação-tolerância, que alguns ainda admitiriam, foi responsabilizado pela desagregação cada vez mais sensível dos conservadores. E o juízo severo que os saquaremas retintos costumavam fazer do último gabinete Olinda, já se sabe que era partilhado até por elementos relativamente moderados como o próprio Caxias.

A diferença entre a "moderação" do general e a de homens como Saraiva e outros mais – entre estes Nabuco de Araújo, que desde 1859, ao largar o ministério Abaetê, se tinha por desligado de quaisquer compromissos partidários – estava em que os últimos seriam muito capazes, conforme a situação se apresentasse, de se bandearem para o outro lado, o lado liberal, ao passo que Caxias, ainda quando dissentisse das opiniões dos maiorais de seu partido, se mantinha fiel aos pontos de vista que o norteavam, principalmente se estivesse ele próprio fora do governo. "Sempre foi dos conservadores firmes, porém moderados": essa a opinião do imperador,[9] que nunca se mostrou simpático ao facciosismo e desconfiava por exemplo da acidez constante de Sayão Lobato, quando se referia este aos adversários políticos e mesmo aos correligionários mais transigentes, nem gostava dos trânsfugas.

É muito possível que a inclusão de Saraiva e de Sá e Albuquerque no ministério – ambos entraram no mesmo dia 21 de abril – fosse sugestão de d. Pedro II, que, ante a veemência das críticas à "oligarquia" conservadora no curso da campanha eleitoral de 1860, se teria prevalecido de seu ascendente sobre o marquês de Caxias para levá-lo a anuir ao aproveitamento de elementos mais moderados no governo. Não existe prova decisiva de que assim fosse, mas é significativo que o próprio Caxias, em resposta a uma interpelação feita no Senado, deixou escapar que "tinha recebido instruções...". Nas anotações ao livro de Franco de Almeida sobre o conselheiro Francisco José Furtado, o monarca não confirma que fossem suas essas instruções, mas também não o nega claramente. Devia sentir-se mal à vontade, entretanto, após a involuntária indiscrição que o expunha às censuras dos que já começavam a bater na tecla do "poder pessoal". De qualquer forma escreverá a Caxias que "por considerações políticas" preferiu "a pessoa lembrada como melhor",[10] e no caso a "pessoa lembrada não podia ser senão Saraiva. Partisse a lembrança do marquês ou do monarca, resta sempre aquela preferência para sugerir que não teria sido este alheio à composição do gabinete.

Verdade é que a entrada de Saraiva e de Sá e Albuquerque inquietou desde o primeiro momento, não só os conservadores puritanos mas até os que, mais chegados à pessoa do presidente do Conselho, e mais interessados em que seu governo formasse uma barreira cerrada contra a investida daqueles "elementos subversivos" que tanto preocuparam já Almeida Pereira à véspera de subir o gabinete Caxias, e já começavam a temer pelo próprio futuro. Bem instrutiva a respeito é a correspondência trocada entre o marquês de Caxias e Cotegipe, que se obstinava em querer ficar na Bahia.[11] As reservas opostas por este à entrada de Saraiva no gabinete, reservas que o marquês só veio a conhecer quando o convite estava feito e já não era possível recuar, tinham menos a ver, aliás, com a pessoa de Saraiva, que o barão considera honesto e aproveitável, do que com Ângelo Ferraz, amigo de peito do novo titular da pasta do Império. Saraiva havia sido na Bahia o braço direito de Ferraz e era de esperar que este quisesse ter voz no ministério. Sua presença significaria, em suma, a presença no governo de Ferraz, do "fatalíssimo" Ferraz, coisa que lhe parecia, como deveria parecer a Caxias, sumamente deplorável. No entender do barão, a lembrança do nome de Saraiva "não podia nascer senão do mesmo Ferraz".

Caxias guarda ainda relações de cortesia com o futuro Uruguaiana – a ruptura sem remédio entre ambos só ocorrerá pouco mais tarde –, mas tem a respeito dele a mesma opinião que tem Cotegipe. Não houve com Ferraz qualquer espécie de entendimento quanto à composição do ministério, responde-lhe o marquês, e nem conta com seu apoio, acrescenta, pois sabe "por experiência própria como costuma proceder". A desabrida oposição de Ferraz ao gabinete Paraná com o qual Caxias estivera identificado não basta para explicar essas restrições, pois não havia convidado para seu gabinete um Sayão Lobato, que também foi rancoroso inimigo do primeiro ministério de Coligação? À violência extrema das invectivas de Ferraz ao governo Paraná, que não poupou nem os seus amigos mais chegados, como o era então o próprio Wanderley ou Nabuco, havia escapado incólume Caxias, talvez por ter achado prudente moderar seu ardor combativo com relação ao general, estreitamente ligado ao Paço, quem, achando-se numa lista tríplice para a senatoria, queria recomendar-se à escolha imperial. E a vaga que irá preencher afinal na "Sibéria" da Câmara vitalícia, abre-se em maio de 1855, um mês antes do ingresso do marquês no gabinete de Conciliação, onde substitui o general Pedro de Alcântara Belegarde. Este fora um dos alvos constantes, aliás, do agressivo deputado, que agora ensarilhava as armas. Lido em Plutarco, dizia então Ferraz da tribuna da Câmara eletiva que o ministro da Guerra tinha ao menos este traço em comum com Cipião o Maior, e era o dormirem ambos dez horas por dia.[12]

Inteligente, trabalhador incansável, ilustrado como poucos, absorvente, prepotente, versátil, estouvado, jactancioso e quase totalmente falto de senso comum: esse o juízo que os contemporâneos faziam ordinariamente de Ângelo Muniz da Silva Ferraz. Os conservadores não poderiam, sem incoerência, deixar de sustentar abertamente alguns atos mais intrépidos de seu ministério, que se opusera aos planos financeiros do liberal Sousa Franco. Já se sabe porém que no íntimo faziam sérias reservas ao chefe do gabinete de 10 de agosto, e em circular de outubro de 1860, os chefes mais insignes do partido, ao convocarem seus correligionários para as eleições, queixavam-se do geral desânimo que aquele gabinete, inaugurado mais de um ano antes, se propusera dissipar, mas não fizera senão agravar. No fundo, até a contrarreforma financeira de Ferraz tornara-os apreensivos, pois estirou demais a corda. No meio da onda de descontentamento suscitada na praça, e que a todos atingia, criou-se um clima propício ao aparecimento de demagogos liberais que iam fazendo escola. Era o que também pensava Caxias: ainda ao tempo de seu antecessor já havia aludido, em carta a Cotegipe, às "loucuras de nosso bom governo, que tudo terá, menos tino administrativo" e servia só para levar Sousa Franco e Otoni a darem as cartas.

Apesar dos avisos do barão, Caxias mostra-se, nos primeiros tempos, otimista com a marcha da política. Acha mesmo a Câmara com maioria superior ao que julga necessário ao governo, de sorte que lhe parece até meio *banzeira*. O perigo de tamanha mansuetude e nesse ponto mostrava-se bom político – ou bom militar? – estava em que, na ausência de um inimigo poderoso a enfrentar, e que os disciplinasse na defensiva, acabariam por desunir-se os conservadores, deixando o flanco aberto a incursões do inimigo. Pouco tempo duraria, porém, o sossego em que se havia embalado o marquês, confiando, mas desconfiando sempre, nos caminhos de saída daquela mornidão. Logo ao começo dos debates sobre a *Fala do trono*, em fins de junho, rebentou desenfreada a oposição da minoria liberal comandada por Teófilo Otoni, com o apoio de Francisco Otaviano, Furtado, José Bonifácio o Moço e Félix da Cunha, com revides dos ministeriais. Nada impediu, aliás, que os termos do projeto do voto de graças fossem finalmente aprovados a 8 de julho.

No decorrer dos debates insinuou-se a existência de desarmonias entre os ministros e foi perguntado se o governo contava com os conservadores puritanos ou com os "dissidentes" para poder sustentar-se. Retrucou Saraiva que era perfeita a inteligência entre os conservadores, que todos podiam confiar na unidade finalmente alcançada e na disposição em que estava o governo de resolver com tranquilidade os problemas nacionais. Essa temperança não agradou, porém, a Sayão Lobato, que passou a agredir os liberais, acrescentando que o ministério estava pronto para combatê-los, a fim de garantir a paz pública ameaçada. Logo no dia seguinte à aprovação do voto de graças (8 de julho), uma carta de Saraiva a Caxias, pedindo exoneração, confirmou o que se dizia da existência de incompatibilidades entre ministros. Juntamente com Saraiva retirava-se Sá e Albuquerque, titular de Estrangeiros, e por iguais razões. As razões não foram divulgadas, mas como houvesse interpelação na Câmara a propósito das substituições dos ministros resignatários, respondeu Paranhos para explicar que estes saíram em termos amigáveis, que ambos concordavam com a orientação geral do governo, temendo apenas que, em "questões secundárias" e na execução da política adotada, chegassem a dissentir dos colegas ou de "algum" dos colegas. As dúvidas sobre quem podia ser o "algum" logo se dissiparam quando Sayão Lobato usou em seguida da palavra. Começou reafirmando que nenhuma discrepância havia ocorrido até o momento sobre matéria de importância e foi ainda mais longe do que seu colega da Fazenda ao dizer que nem sobre objeto secundário surgiram divergências. Mas acrescentou que ele próprio não suspeitava sequer do verdadeiro motivo que preponderou no espírito de "um e outro cavalheiro" para não continuarem a ocupar os seus lugares no ministério.

A oposição não julgou satisfatórias as explicações. Saldanha Marinho falou sobre o inesperado da saída de dois ministros, nos quais, disse, talvez "grande parte da Câmara tivesse muita confiança". E Otaviano observou que não partiu do lado a que pertencia, o lado liberal, a explicação de que os dois ministros saíram por "motivos infantis, por mera puerilidade" e era este o significado que se podia dar às palavras de Sayão, quando pretendia não poder atinar com o motivo das demissões. Nem lhe pareciam melhores as razões de Paranhos, ao falar este na vaga possibilidade de divergência futura sobre questões secundárias. Quando se substitui um ministro, a Câmara tem o direito de conhecer as causas da mudança, por ser tal a praxe do sistema, e as razões oferecidas hão de ser claras. Neste ponto, levanta-se o próprio Saraiva para declarar que alguns dos colegas não achariam talvez muito graves os motivos de sua saída, mas que a ele não pareciam tão frívolos como devem ter parecido ao ministro da Justiça. Em sua opinião, tinha o direito, até o dever, de abandonar um ministério onde não se sentia bem. Podia não ir além dessas palavras, mas quem desejasse maiores explicações haveria de encontrá-las na carta que endereçou ao marquês de Caxias, e que passava a ler. Escrita em termos perfeitamente corteses, recordava a carta que, ao ser convidado a integrar o ministério, tinha exposto com franqueza seu pensamento sobre a política e achou o presidente do conselho de pleno acordo com seu modo de ver a situação. Nos quatro meses seguintes, porém, não pudera convencer-se de que havia a necessária confiança entre todos os colegas, de que a existência de solidariedade no tocante às linhas gerais da política a ser seguida não lhe parecia o bastante para a força e o crédito do gabinete. Por esse motivo havia solicitado sua demissão.

Lida a carta, declarou ainda, agora em nome de Sá e Albuquerque, que o ex-ministro de Estrangeiros pensava da mesma forma e apenas julgou, num primeiro momento, que conviria esperar até que a falta de confiança se tornasse manifesta através de fatos que a nação pudesse apreciar. Retrucou-lhe Saraiva que isso poderia levá-los a sair em ocasião menos oportuna, quando estivesse encerrada a sessão da Câmara, o que dificultaria a recomposição do ministério, e o argumento convenceu o colega a acompanhá-lo. Como lhe observasse Caxias que jamais existiu falta de confiança, a réplica do ministro demissionário foi de que ninguém o obrigaria a correr o reposteiro das conferências ministeriais para desvendar segredos íntimos. Os repetidos aplausos que acolheram essa exposição de Saraiva, sobretudo do lado da oposição liberal, mas também dos conservadores mais moderados, pareciam significar um passo à frente para o acordo desses agrupamentos.

Era manifesto agora o malogro da tentativa empreendida pelo marquês de Caxias no sentido de uma unificação dos vários matizes do partido oriundo do "regresso" visando talvez, numa segunda etapa, a absorver os liberais mais transigentes. Ia sucedendo exatamente o oposto, segundo as aparências, isto é, uma gravitação dos conservadores insatisfeitos para o lado dos velhos inimigos de sua facção. Em uma situação intermediária já parecia colocar-se Olinda, outrora suspeito de adversário do 7 de abril e, depois, abertamente adversário do golpe liberal da Maioridade. Pois já não se havia cabalmente identificado o seu gabinete de 4 de maio (1857) com as ideias nada ortodoxas de Sousa Franco, o aliado notório dos *pogiruns*? Outro tanto parecia dar-se com Nabuco de Araújo, desligado dos dois agrupamentos extremos. Ferraz, por sua vez, que pouco antes estivera no *index* dos liberais, por estes começou a ser poupado desde que, às vésperas do encerramento da sessão, passou a assestar as baterias contra o governo. Até Abaetê, que, apesar de antigo "luzia", formou em 1858 um governo predominantemente conservador, e ainda assinou com Eusébio de Queiroz e outros "puritanos" circular dirigida aos eleitores desse partido, também pende para o lado liberal, segundo dará a entender ao imperador,[13] por mais que continue com cheiro de santidade entre os saquaremas. Também Abrantes, muito ligado a Olinda, começa a inclinar-se para o mesmo lado.

Quanto ao ministério Caxias, deu uma demonstração de que não estava com os ultras com a escolha dos sucessores dos dois titulares demissionários. Se os conservadores puritanos contavam com a entrada de dois dos seus no gabinete, de maneira que, somados a Sayão e a Manuel Felizardo, este nomeado para a pasta da Agricultura, ultimamente criada, teriam nele maioria, ficaram com certeza desenganados, e até chegou-se a dizer que fariam oposição na sessão seguinte.[14] De fato, nem Souza Ramos, nem Magalhães Taques, o primeiro sobretudo, correspondiam bem à sua maneira de pensar. A escolha de Taques para a vaga deixada por Saraiva, com o que se substituía por um baiano outro baiano, atende à fórmula de Cotegipe, segundo o qual "um festim para ser completo não prescinde de vatapá". Tanto mais quanto já se encontrava no governo, ocupando posição eminente, Paranhos, também baiano. Se os chefes conservadores não julgaram muito político criticar abertamente Caxias ou, ao menos, Joaquim José Inácio, mais vulnerável do que o marquês, mas que seguia as tendências deste, apesar de bem relacionado com Saldanha Marinho, um dos porta-vozes da oposição liberal, volviam-se sem muitas cerimônias contra o próprio Paranhos. Dentre esses chefes era Itaboraí quem mais hostilizava o antigo liberal e antigo "conciliado", que, como tantos outros, se havia aproximado, por esse caminho, da tribo saquarema. Caxias chegou mesmo a queixar-se a d. Pedro de que, além de opor-se ao ministro da Fazenda, Itaboraí animava no mesmo sentido seus seguidores.[15] Dentro do próprio ministério, o titular da Justiça, estreitamente ligado aos puritanos do partido, não obstante seus desentendimentos com Eusébio de Queiroz, era quem mais gostava de ver em embaraços o colega Paranhos. O imperador, que tudo observava, chegou a registrar em seu diário íntimo: "Noto que o Sayão gosta que o Paranhos seja contrariado".[16]

Para os conservadores mais exaltados, um luzia e antigo "conciliado" devia guardar com raras exceções a marca de origem, e precisaria de muito tino para não ressuscitar velhas desconfianças. Ora, por muito cordato que fosse Itaboraí, não podia aplaudir sempre as tentativas feitas pelo futuro visconde do Rio Branco para limar a legislação bancária, livrando-a de algumas das asperezas que levantavam maiores clamores no comércio da Corte. Outros egressos do liberalismo que, como Paranhos, passaram ao lado oposto pela porta da Conciliação não despertavam a mesma hostilidade. Um era Sales Torres Homem, justamente quem se extremara mais do que ninguém no combate aos do "regresso" e até à família do monarca. Outro era Luís Pedreira do Couto Ferraz, o futuro visconde do Bom Retiro. Timandro, conquanto não tivesse pertencido ao ministério Paraná de 6 de setembro (1853), é juntamente com Otaviano, e ainda mais do que este, um dos grandes artífices da Conciliação, graças a uma intensa campanha que desenvolveu pela imprensa, ao ponto de chegar um publicista a afirmar que não se devia dizer "política Paraná, diga-se sem medo de errar, política Sales Torres Homem".[17] O pecado de luzia, ele o redime desde que une seu talento e combatividade aos esforços de Itaboraí relacionados com a questão bancária, sem ir aos extremos contraproducentes de Ângelo Ferraz. Quanto a Pedreira, este pertenceu ao gabinete Paraná, onde foi ministro do Império, mas envolvia-se menos em política e era homem do imperador, mais do que homem de partido, e com isso protegia-se melhor dos possíveis adversários. Em favor de Paranhos não podiam invocar-se iguais vantagens e contra ele sempre havia a suspeita, bem ou mal fundada, de que influía no ânimo do general para não dar muita força ao elemento puritano do partido.

Encerrando-se a sessão da Câmara dois meses depois da retirada de Saraiva e Sá e Albuquerque, já parecia perigar a estabilidade do governo, em face da oposição declarada dos liberais, a que se agregavam cada vez mais os deputados que já se chamavam dissidentes do partido no poder. Em dezembro aumenta o perigo e há mesmo quem fale na possibilidade de abandonar o general o campo sem combate. Cotegipe, que tanto preveniu Caxias sobre o risco a que ficava exposto ao chamar Saraiva, receava essa defecção, pois não sabia, no momento, de outro governo com a mesma possibilidade de sustentar-se. O seu medo era que os dissidentes, com apoio dos liberais, lançassem um repto bem-sucedido, e se apavorava até com a perspectiva de uma ressurreição de Ângelo Ferraz. Tratou de sossegá-lo Caxias em carta do dia 29, dizendo que a hipótese de sua próxima retirada não tinha fundamento. "Já agora", acrescentava, "estou resolvido a cair em regra, só derrotado formalmente deixarei o cargo."[18] Por cautela, entretanto, instava ainda com o amigo para que estivesse presente na Corte por ocasião da abertura das Câmaras. Tinha necessidade de seus serviços. No mesmo sentido escreviam Paranhos e Taques a Cotegipe.

No intervalo entre as sessões fizeram grandes progressos os trabalhos de aliciamento de políticos para uma oposição combinada de "dissidentes" e liberais. A existência de uma "liga" onde esses vários elementos se reuniriam já se fazia notar, e o imperador, de Petrópolis e de São Cristóvão, ia acompanhando com curiosidade os desdobramentos desse segredo de Polichinelo. Nas proximidades da data da reunião da Câmara, um dos que recebem confidências do presidente do Conselho é Osório. Como liberal, separa-se politicamente de Caxias, mas há terrenos onde ambos podem entender-se.

Não têm as mesmas devoções, mas têm, por vezes, as mesmas prevenções. Um e outro votam, por exemplo, igual antipatia a Ferraz, que foi presidente da província do Rio Grande, onde o futuro marquês do Herval com ele se desentendeu, e nem viam com melhores olhos o barão de Porto Alegre, que em Monte Caseros havia comandado a divisão brasileira contra o ditador Rosas. Assediado, embora, no seu governo pela oposição liberal, Caxias pode confiar agora ao amigo sua disposição de resistir a essa maré montante. "Estou bom", escreve-lhe em abril de 1862, "e pronto para arrostar a Câmara e disposto a dissolvê-la se me não derem maioria, no caso em que o Imperador a isso anua como suponho e só se o não puder conseguir me retirarei derrotado constitucionalmente."[19] Enganava-se na crença de que o imperador daria sua anuência à dissolução. Com o agravar-se da posição do governo perante a Câmara, hesitou muito d. Pedro diante do alvitre a adotar. A 9 de maio chegou a inclinar-se em favor da dissolução, mas nada disse a Caxias.[20] Quando o assunto surgia à baila, respondia ao general que só poderia deliberar quando se manifestasse a crise. No dia 11 a ideia foi ventilada no Paço, e o monarca insistiu nessa resposta. Caxias falou nas vantagens da dissolução naquela oportunidade, mas acabou concordando com a ponderação de que tal medida também poderia ter consequências desastrosas.[21]

A crise era previsível, pois, e não deixou de ser prevista. Inesperadas foram apenas a forma que assumiu e as personagens que, com ela, subiram à tona. Já no começo da sessão apresentou-se bipartida a Câmara, pois numerosos conservadores dissidentes juntaram-se nas votações aos liberais. Na aliança, reforçada por uma oração do deputado Nabuco de Araújo, os dois agrupamentos ainda se batiam por princípios próprios, mas diziam-se unidos pelo bem comum, contra a corrupção e o arbítrio. A 19 de maio teve início a discussão da resposta à *Fala do trono*, e na mesma data apresentou Zacarias de Góis emenda ao projeto de reforma que, depois de muitos debates, foi aprovada no dia 21. Onde o projeto dizia que "a Câmara, esclarecida pelos relatórios dos ministros sobre as circunstâncias dos negócios do Estado, sente...", a emenda Zacarias rezava: "A Câmara examinará os relatórios dos diferentes ministérios, apreciando devidamente as informações que contiverem sobre o estado dos negócios a seu cargo" e tece outras considerações.[22] Vê-se que, pela mudança proposta, a casa, em vez de sentir-se já esclarecida pelos ditos relatórios, condiciona sua apreciação deles a um exame futuro. Se o sentido de desconfiança se achava implícito nos termos da emenda, tornou-se evidente no discurso em que a defendeu o representante da Bahia. Nesse discurso, Zacarias já emprega pela primeira vez a palavra "emperrados" com referência aos ministros, o que causou surpresa, porque pouco tempo antes se mostrara ele vivamente contrário à oposição liberal, e fiel às ideias que o gabinete Caxias procurava representar.

A vitória da Liga tornou-se possível, segundo afirmaram os do governo, por se acharem ausentes da Câmara vários deputados ministeriais. Aproveitando-se de tal situação, os "ligueiros", como passariam a ser chamados, pediram e obtiveram o encerramento da discussão, que Paranhos aceitou inadvertidamente, em nome do governo, e foi essa a primeira vez, segundo uma testemunha, em que semelhante recurso foi empregado no parlamento do Império.[23] E foi também a primeira vez em que se viu, no Brasil, um governo regularmente derrubado, embora com a diferença de um voto apenas, por moção de desconfiança na casa temporária. Tendo Caxias proposto ao imperador a dissolução, na esperança de que, das eleições que sobreviessem, o governo sairia revigorado, d. Pedro não quis anuir. Talvez se desvanecesse no íntimo com o pensamento de que a nação já estaria suficientemente amadurecida para admitir as praxes do parlamentarismo à inglesa. De acordo com tais praxes, era mister chamar a organizar ministério o deputado que encabeçasse uma oposição vitoriosa, no caso Zacarias de Góis.

Ante a recusa do monarca à proposta de dissolução, não conseguiu o marquês dissimular sua contrariedade. Quando saíram os demais ministros e, a sós com d. Pedro, ouviu as razões que determinaram a opção pela retirada do ministério, pareceu mais senhor de si embora continuasse a denotar preocupação. Mormente ao ser informado do nome de seu eventual sucessor. "Quando lhe disse que escolhia o Zacarias para organizador do ministério", lê-se no diário do imperador, "perguntou-me se o não tinha mandado chamar, ao que repliquei um pouco admirado, que não o poderia ter feito, pois só há pouco ouvira a proposta dos ex-ministros. Desculpou-se retorquindo que poderia tê-lo mandado chamar visto ser negócio assentado em meu espírito a retirada do ministério."[24] Não há dúvida que a convocação de Zacarias obedecia formalmente à boa norma do regime, uma vez que sua emenda ao voto de graças, com as explicações que ofereceu, dera lugar à saída do ministério. Cabe aqui, em todo caso, uma pergunta. Quem podia sustentar com segurança que a momentânea divisão das forças seria definitivamente adversa aos conservadores "emperrados", que assim eram chamados sem discriminação, num exagero evidente, os membros do governo?

A resposta sairá dias depois de formar-se o gabinete de 24 de maio, o primeiro ministério Zacarias de Góis. Até aí dividiam-se as opiniões sobre a vitória ou a derrota do novo governo em face de um desafio da oposição. Os ministros não se mostravam desanimados com a situação, e um dos mais otimistas, Sá e Albuquerque, encarregado da pasta da Agricultura, chegava a falar numa maioria, em favor do governo, de dez ou até quinze votos. De posse de notícias que chegavam ao paço, d. Pedro dispunha de estimativas diferentes; uma registrava cinquenta votos para a oposição contra 39 para o ministério.[25] O esperado desafio, lançado afinal no dia 28, dará vitória à oposição por uma diferença menor, 49 contra 43 votos, mas bastante para indicar aos ministros o caminho de São Cristóvão. Coerente com sua atitude anterior, de não anuir à proposta de dissolução da Câmara apresentada pelo marquês de Caxias, opôs-se d. Pedro a atender a nova solicitação no mesmo sentido. A coerência cessa contudo neste ponto. Se ela realmente prevalecesse, as mesmas razões que haviam aconselhado a convocação de Zacarias para o lugar de Caxias não sugeririam que agora se chamasse, quando menos, Caxias para suceder a Zacarias? Além disso repararia de algum modo o sentimento de frustração que deixou transparecer o general ao saber-se preterido pelo deputado baiano? Tanto mais quanto ficava comprovado agora que a vitória deste era inconsistente.

Insensível a tais razões, d. Pedro, depois de recusar-se a anuir ao pedido de Zacarias para a dissolução, com o argumento de que, em face de uma Câmara dividida em dois blocos quase equivalentes numericamente, nenhuma composição ministerial seria duradoura, seguiu a praxe firmada de indagar do ministro resignatário que nome indicaria para formar novo gabinete. O indicado foi o visconde de Abaetê. Atendendo a um apelo do paço, compareceu Abaetê no mesmo dia a São Cristóvão. Na conversa que teve com o monarca, e depois de reprovar muito o procedimento da oposição que acabava de derrubar o ministério, solicitou dispensa da missão de que era incumbido. Dava como principal motivo para isso o pender agora para o lado dos liberais, pois achava que a vez deles era chegada, mas que ainda não manifestara à Câmara esse modo de pensar. Interrogado, então, sobre que nome indicaria para a incumbência, pronunciou primeiro o de Sales Torres Homem, mas logo o afastou por achá-lo inconveniente naquela oportunidade. Sua escolha seria mais conforme, aliás, do que a do próprio Caxias, à praxe britânica que o imperador desejava seguir, já que Sales foi o artífice direto da derrubada de Zacarias. Talvez o inconveniente que Abaetê invocava para sua escolha no momento estivesse na sua momentânea solidariedade com os emperrados. Além do que, ninguém ousaria esperar ou reclamar uma preferência pelo pecador arrependido, por muito que pudesse merecer agora de d. Pedro o irreverente Timandro, depois da atitude decisiva por ele tomada contra o "carnaval financeiro".

O mais conveniente, nas circunstâncias dominantes, seria uma personagem estranha às últimas contendas e que tivesse a aparência de neutralidade. O nome do marquês de Olinda tinha esses requisitos e só por isso, talvez, foi lembrado. O imperador atalhou com o de Caxias. Nada tinha aliás contra a presença do general na presidência do Conselho. Suas reservas dirigiam-se antes contra a manutenção de certos elementos que imprimiam ao governo uma feição antipática às tendências correntes no sentido de maior liberalização. Sem esses elementos, sem um Sayão, por exemplo, ou sem Felizardo, mal se podia dizer que o ministério Caxias desagradasse àqueles a quem Carlos Carneiro de Campos, um dos ministros do gabinete Zacarias, chamou pouco antes de saquaremas radicais. Antes mesmo de manifestar-se a crise que havia deitado por terra aquele ministério, chegou d. Pedro a pensar que, com uma nova combinação ministerial, Caxias na presidência era quem melhores garantias ainda oferecia de sustentar-se bem no poder. Não ousou contudo propor tal solução por achar que o general, receoso de ferir melindres, não quereria desfazer-se de tal ou qual dos seus auxiliares, que sempre lhe mostraram a maior dedicação e solidariedade perfeita. Agora, porém, com uma situação nova, que era forçoso ter em conta, mudava o caso de figura, e assim não duvidou em relembrar o seu nome. Ponderou, no entanto, Abaetê que seria uma solução menos política. Não iriam pensar que a experiência Zacarias tivera unicamente em mira mostrar a fragilidade da Liga incipiente? Sensível a esse tipo de raciocínio, o imperador achou procedente a ponderação, e assim ficou resolvido apelar mesmo para Olinda, que organizará o ministério de 30 de maio de 1862.[26]

Desaparecia assim o governo de mais breve existência na história do Segundo Reinado. Morreu com apenas quatro dias de idade, ao ser aprovada a moção de Sales Torres Homem, quando, no curso dos debates sobre promoções na Marinha, propôs que se adiasse a discussão até saber-se se o governo estaria em situação de executar a medida. Ou melhor, viveu seis dias até a apresentação do gabinete Olinda, que lhe sucedeu. Os contemporâneos, porém, e os historiadores acharam de encurtar ainda mais tão curta vida, e o gabinete de 24 de maio ficou conhecido como o "ministério dos três dias". É esse um dos exemplos curiosos da espécie de mimetismo que se instalou desde cedo em nossa existência política, onde vingavam modelos estrangeiros, principalmente franceses, que parecessem tornar ilustres e respeitáveis os episódios da vida pública brasileira. Assim como a França de Luís XVI teve, entre a queda de Necker e a queda da Bastilha, o seu famoso "ministério dos três dias", por que não haveríamos de ter também o nosso? É um recurso comparável ao daqueles que batizavam os filhos com nomes egrégios, Lafayette, por exemplo, ou Benjamim Constant, para os agigantarem na estima pública. Tivemos também nossa *journée de* dupes, assim denominada em lembrança da francesa de 1636, apesar de não haver a menor parecença entre uma sedição de ruas e quartéis, que deitou abaixo um imperador, e aquela conjura palaciana onde, dois séculos antes, se meteram duas rainhas com o fito de derrubar Richelieu e as alianças protestantes do cardeal católico, mas que afinal nada derrubaram. O único traço comum está em que nos dois casos houve logradores e houve malogrados, mas o nome era sonoro e conseguiu impor-se. E poderia alongar-se mais a procissão dos reflexos, observando que a Conciliação de 1853 surge como uma réplica indígena da *Coalition* de 1837. E para forçar mais os paralelos haveria quem lembrasse que até o mês escolhido entre nós para se reunirem anualmente os "Augustos e Digníssimos Senhores Representantes da Nação" pode ser igualmente uma reminiscência francesa. A escolha, na França, foi ditada, entre outros motivos, que já são expressos na convocação, em 1789, dos Estados-Gerais,[27] pela consideração de que se trata de época melhor do que o inverno para o transporte e locomoção dos deputados de todas as partes do reino. É mais acertada ou plausível a explicação dada para o nosso 3 de maio, que as constituições republicanas conservarão até 1946, de tratar-se de data comemorativa do descobrimento do Brasil?

Nada autoriza, certamente, a frisar o paralelo entre o primeiro gabinete Zacarias de Góis e o dos três dias que, na França, precederam a queda da Bastilha. É verdade que, quando o deputado Carrão se pôs certa vez a explicar na câmara que nenhuma nação bem governada já se rebelou, não tivera dúvidas seu colega Teófilo Otoni em retorquir que "nem as mal governadas se devem revoltar *de leve*", com grande escândalo de seus pares, a começar pelo próprio Zacarias. Isso se deu, porém, mais de um ano antes da crise de 24 de maio, quando Zacarias, então representante da província do Paraná, ainda era notoriamente homem do "emperro". E por mais atrevidas que então parecessem, as palavras do tribuno mineiro nada tinham de ominoso para as instituições. Quando muito haveriam de passar, entre os ministeriais, por uma simples tirada de mau gosto que ninguém interpretaria ao pé da letra. Nem então e muito menos agora quando começava a desemperrar-se, Zacarias achava que o país andasse precisado de mudanças revolucionárias. A oposição que encabeça não quer ser senão uma espécie de oposição "de Sua Majestade" como na Inglaterra. Nenhum dos homens públicos conhecidos pensava em termos de revolução. E sobretudo nenhum, nem os adversários mais truculentos da Coroa, pensaria em comparar o regime de d. Pedro II ao de Luís XVI. A inspiração direta dos estadistas do nosso Império ainda continuava a ser francesa, mais do que inglesa, apesar de nosso parlamentarismo improvisado, mas francesa de Luís Filipe, e umas poucas vezes de Luís Napoleão, ainda que, neste caso, a poucos ocorresse chamar o Segundo Reinado, no Brasil de "Segundo Império", outra esdrúxula imitação da França, essa porém de cunhagem recente. Houve então no Rio um *Charivari*, um *Bom Senso*, um *Futuro*, um *Jornal dos Debates*, um *Globo*, um *Constitucional*, um *Corsário*, mais tarde (em 1867) também um *Ba-Ta-Clan*, que tentam seguir modelos parisienses da época. Muita gente ia fazer ponto na calçada do velho Francioni, que, em seguida a algumas reformas, passou a ser conhecido como bulevard Carceler. E era ali, era no *Boulevard*, que se faziam ver, além de políticos em evidência, alguns elegantes provincianos que se faziam intitular "liões" como os dos romances de Balzac.

Não era preciso ir buscar, aliás, no *Ancien Régime* o símile para aquele gabinete de 24 de maio, pois outro havia, bem mais próximo e familiar, justamente na França do rei-cidadão, que também teve seu "ministério de três dias", nem mais, nem menos, quando o marechal Gérard, que se batia por uma anistia aos insurrectos de Lyon e Paris em 1834, contrariando a vontade do chefe de Estado e de alguns ministros, precisou largar a presidência do conselho e deixou campo livre à aparição meteórica, nas culminâncias do poder, do "terceiro partido", agrupamento heterogêneo surgido dois anos antes como uma cunha metida entre os da *resistência* e os da *concessão*. Para avivar memórias acerca do que foi tal acontecimento, seria o bastante folhear o terceiro volume das *Memórias* de Guizot, impressas no mesmo ano de 1860, em que se começou a articular entre nós a "liga". Justamente Guizot havia sido e continuava a ser, embora no ostracismo, um dos numes de muitos homens públicos brasileiros. Zacarias de Góis, especialmente, encontra nele, em suas ideias, em seus ademanes, até em seus gestos oratórios, um constante modelo. Para não dizer que em tudo o arremeda, deixa de seguir naturalmente, no francês, o protestante, nem o poderá fazer, com seu indômito ultramontanismo, sua própria condição de deputado geral, e logo (em 1864) de Senador do Império, ou a provedoria da Santa Casa de Misericórdia do

Rio de Janeiro, onde ocupa o lugar que outrora pertenceu a José Clemente Pereira.

Em todo caso não se pode dizer também que seja sustentável um paralelo entre o seu ministério de três dias, que durou mais de três dias, e o francês da monarquia burguesa. O de Zacarias foi forçado a demitir-se por um pronunciamento e desafio da Câmara, ao passo que o do "terceiro partido" se desmanchou sozinho, sem ter havido qualquer obstáculo visível que lhe estorvasse a caminhada. Além disso, a "liga", formada no Império de elementos oriundos de correntes políticas tradicionais que, aliados, embora, queriam manter por ora suas opiniões próprias, não podia, sem exagero, ser equiparado ao "tiers-parti" que, na França, se embrenhou entre as tendências políticas nascidas com a revolução de julho. Apenas seria possível aplicar aos efeitos políticos do efêmero gabinete Zacarias de 24 de maio de 1862 as palavras que inspiraram a Guizot as consequências do governo ainda mais efêmero do "tiers", ao dizer:

> Foi uma dessas vitórias que servem mais para envenenar a luta do que para fortalecer os vitoriosos. Dessa fugaz aparição do terceiro partido no governo restaram feridas no amor-próprio, pretensões exacerbadas, precipitados compromissos, homens que se empenham uns contra outros, bem mais do que o requerem suas verdadeiras opiniões e, da parte da oposição, em seus matizes vários, uma excitabilidade, uma crispação redobrada contra o ministério, produzida pela própria incapacidade de formar governo.[28]

Um pouco de tudo isso pode dizer-se que ia acontecendo na monarquia brasileira graças à frustrada "experiência Zacarias". A aparição do ministério chamado dos três dias, em vez de oferecer uma solução, oferece um problema. Ou melhor, desvenda um problema cujos desdobramentos se acham na base de uma sucessão de embaraços de que os poderes públicos não saberão mais como desenredar-se. Mesmo a grande crise de julho de 1868, deixando à mostra as taras do regime, é como uma projeção ou metástase da crise menor de maio de 1862 e não deixa de ser sintomático que as mesmas personagens – Caxias e Zacarias – são as figuras de primeiro plano nos dois episódios, movendo-se sob a vigilante perplexidade de d. Pedro II. Leitor pontual das folhas de oposição, onde julgava poder auscultar os desvãos da opinião pública, o remédio que achou acertado para ir de encontro aos clamores gerais foi a substituição de alguns ministros. Não estava ao seu alcance promover uma reforma radical nas instituições, e nem a oposição desejava tal coisa. Os comandantes da opinião queriam mudanças, é certo, mas nenhum deles, a começar por Teófilo Otoni, o mais ouvido e o mais atrevido, pretendia subverter as bases do regime. Otoni pregava a democracia, mas retirava-lhe o aguilhão que tornou essa palavra espantosa para estadistas mais provectos. Democracia, sim, dizia, mas explicava que "nunca sonhou senão democracia pacífica, a democracia da classe média, a democracia de gravata lavada".[29] Depois do passo em falso dado com o convite a Zacarias, refletiu na possibilidade de convocar novamente o general que deixou o poder amuado, sugerindo-lhe a substituição de alguns dos ex-ministros. Dissuadiu-o desse passo o temor de desagradar à oposição emergente, e resolveu-se então a apelar para o marquês de Olinda, que não seguia nenhuma corrente política definida. Era um modo de deixar em fogo brando as questões que o atribulavam.

Ostensivamente essas questões resumiam-se na existência de uma Câmara dividida em dois blocos equivalentes, ou quase, que punham em perigo a solidez de toda composição ministerial que se tentasse. O revés padecido pelo primeiro governo de Zacarias serviu para melhor firmar-se a aliança ou "liga" já existente dos conservadores moderados com os destroços do velho partido liberal, os "luzias" ou "santas-luzias", assim chamados no primeiro decênio da Maioridade devido ao nome do arraial onde as forças legalistas suplantaram os insurgentes mineiros de 1842 (da mesma forma e por motivo semelhante os liberais paulistas foram por vezes chamados de "vendas-grandes"). O nome que cedo se generalizou para aqueles que, em 1837, queriam fazer "parar o carro da revolução", segundo a fórmula de Bernardo de Vasconcelos, vinha por sua vez de Saquarema, na província fluminense, onde, hóspedes de Joaquim José Rodrigues Torres, o futuro visconde de Itaboraí, tinham o costume de reunir-se os primeiros chefes conservadores. Por volta de 1862 persistia ainda a designação de saquaremas para esses conservadores da velha guarda, mas começava a cair em desuso. Alguns, e entre estes o próprio imperador, chamavam-lhes conservadores puritanos ou simplesmente "puritanos". Outros preferiam o apodo de "emperrados", posto em circulação por Zacarias, e eles mesmos acabaram por aceitar, resignados, o de "rubros" ou "vermelhos", porque, dizia um dos seus órgãos de imprensa, "nesta terra os nomes andam quase sempre trocados".[30] Deles costumavam dizer seus contrários que, detendo todas as posições de realce antes de 1853, quando se iniciou a iniciativa conciliatória, não só permaneceram agarrados a elas como não queriam deixar que ficassem ao alcance de outros.

Nesse "outros" compreendiam-se não apenas os liberais antigos, mas boa parte dos mesmos conservadores que àqueles se tinham unido talvez por causa da comum adversidade. Nabuco de Araújo, com sua capacidade de definir em duas ou três palavras certas situações políticas, disse certa vez da oligarquia saquarema que formava o *uti possidetis* das altas e invejadas posições. Nelas se encontravam quando, em favor da conciliação, se extinguiram os partidos, e nelas haveriam de continuar depois.[31] Outros, mais irreverentes, davam ao núcleo central desses conservadores o título de Consistório e aos que rezavam pelo seu catecismo o de "panela do Consistório". Formam um bloco relativamente homogêneo. Comanda-o a velha trindade saquarema, representada por

Eusébio de Queiroz, o visconde de Itaboraí e o visconde do Uruguai. Eusébio é o "papa", os outros são os "cardeais" do consistório. No conjunto há entretons de opinião, que não servem todavia, ao menos agora, para abalar-lhe a unidade: já se sabe como Caxias, assim como Paranhos e Sales, estes últimos, aliás, egressos do liberalismo, passavam por mais moderados, embora adversos às dissidências. Cotegipe, que no final da monarquia é dos que resistem a reformas e se filia à "junta do coice", ainda está mais perto de Caxias e Paranhos. Ferraz já parece bandear-se para a Liga, ao passo que Abaetê, embora manifestando simpatias pelos dissidentes e liberais, prefere fazer rancho à parte. Do consistório, o papa Eusébio havia pertencido ao ministério conservador Olinda-Monte Alegre de 29 de setembro (1848), mas depois não quis mais aceitar nenhuma pasta. Dizia-se que guardava ressentimento contra o "poder pessoal" do imperador e atribuíam-lhe a declaração de que um homem de dignidade não podia ser duas vezes ministro do senhor d. Pedro II. Dos "cardeais", Uruguai ainda pertenceu ao gabinete de 11 de maio (1852), mas daí por diante não quis ser governo. Apenas Itaboraí se mostrará mais flexível.

Comparados aos conservadores ortodoxos, os da Liga tinham uma organização mal articulada. Não conheciam chefes, por assim dizer, ainda que contassem com alguns representantes eminentes. Da tradição "luzia" o vulto mais popular no momento era Otoni, que ousou, em 1860, perturbar com sua circular aos eleitores a calma podre da Conciliação e em 1862 empanou o brilho que se pretendia dar às homenagens prestadas ao primeiro imperador com a estátua equestre. Era seguido de perto por Otaviano e Saldanha Marinho, mas logo aparecerão os três divididos por ciúmes pessoais e rivalidades, que nem sempre chegam à tona, mas impedem uma harmonia perfeita no grupo. Dos remanescentes do velho liberalismo, a maioria, exceção feita de Sousa Franco, mais ou menos congelado na "Sibéria" do Senado, a maioria havia desaparecido ou estava afastada da atividade política ou eram figuras ainda pouco expressivas, se bem que começassem a congregar novos recrutas, um Furtado, um Martinho Campos, um José Bonifácio o Moço, que principiavam a revelar-se. Maior influência e prestígio tinha o grupo dos dissidentes do partido conservador, com expoentes tais como Zacarias, Saraiva, Nabuco de Araújo, todos da província da Bahia.

Ao nome de "ligueiros", que no início se deu aos conservadores dissidentes e liberais, unidos contra o predomínio dos "emperrados", irá substituir-se logo o de "progressistas". A palavra foi empregada primeiramente por Saraiva na Câmara dos Deputados, e logo encontrou boa acolhida em todo o ajuntamento. Podia ter nascido para contrapor-se à bandeira do "regresso" e ao regressismo, levantada pelos conservadores durante a Regência. Contudo os mesmos saquaremas tinham caído em si quando viram que as inevitáveis conotações negativas desse nome iam fazer o jogo do adversário. E assim evoluíram pouco a pouco para outro lema, capaz de exprimir exatamente o que queriam, e mais à altura da missão saneadora que se impunham. Para se distinguirem de uma facção useira em amotinações, que punham em risco a paz interna e a unidade do Império, como aconteceu no Rio Grande do Sul, em São Paulo, em Minas e ultimamente em Pernambuco, os homens que voltaram ao poder em 1848 já não se batiam tanto pelo regresso como pela ordem. O seu era o Partido da Ordem, e eles os "ordeiros". Seria simples coincidência se também na França, o constante modelo dos nossos estadistas, vicejava pela mesma época um Partido da Ordem, onde se congregavam promiscuamente, ao lado da alta burguesia, os que desejavam o regresso à monarquia, unidos pelo comum empenho de esmagar a hidra revolucionária? Os ordeiros franceses cumpriram fervorosamente sua missão durante a efêmera Segunda República, e o próprio Luís Napoleão não desdenha de seus préstimos, tanto que, eleito presidente, com eles organizou seu primeiro e último ministério formado sob a égide do parlamentarismo, tendo à frente Odilon Barrot. A experiência não teria vida longa e a própria agremiação, que tanto prometia, acabou por dissolver-se. Naturalmente em nome da Ordem.

Mas, em 1862, quando a nossa liga entre conservadores moderados e antigos luzias começou a dar frutos, todas essas questões haviam perdido muito de sua atualidade. Zacarias, até então um ordeiro como quem mais o fosse e a seu modo um "regressista", podia defender-se dos que o acusavam de defecção, mostrando que ainda era o homem de sempre, parecendo, embora, diverso, e que, bem longe de compactuar com a subversão, continuava a querer o governo da lei, da regra geral, permanente e conhecida em vez de optar pelas vontades particulares, mutáveis, imprevistas de um homem ou de alguns homens. E a propósito podia lembrar o seu Guizot, que dizia: "É esse o mais nobre esforço que possam fazer as sociedades humanas para assimilar sua ordem política à ordem divina que rege o mundo".[32] Mas como fosse pessoalmente ambicioso e tivesse os olhos postos no futuro, não o satisfazia inteiramente a ideia de uma ordem humana que espelhasse a ordem eterna. Num mundo imperfeito, onde nada é permanente, será ilusório querer uma ordenação prisioneira do passado morto ou mantido pelo emperro. Não lhe custaria pois, como não custava em geral aos "ligueiros", fosse qual fosse sua primitiva coloração partidária, admitir que a ordem, a boa ordem, é conciliável com o progresso e, de fato, mal pode subsistir por longo tempo sem o progresso. De onde a facilidade com que todos aceitarão de bom grado a insígnia proposta por um deles, pelo deputado e ex-ministro José Antonio Saraiva.

Ao falar, porém, no Progresso, ou ainda no Partido Progressista, o "partido" em que se irá converter a "Liga", é preciso ter em mente que às reminiscências francesas, e também inglesas, mas estas chegadas, em geral, por intermédio da França, vão somar-se também as importações oriundas da antiga metrópole lusitana para o encaminhamento da política em grande parte do Brasil imperial. Nesse Brasil, que conheceu uma Constituição única, a de 1824, depois melhorada com o Ato Adicional, não podia haver lugar para uma divisão como a que prevaleceu no reino europeu entre *vintistas*, por exemplo, que, mais radicais, aderiam à Constituição das Cortes de 1820, e *cartistas*, que aceitavam a carta constitucional outorgada por d. Pedro IV e nada tinham de comum com o movimento homônimo existente na Inglaterra. No entanto houve, em Portugal, um Progressismo, como, aliás, também existiu uma Ordem e um chamado Partido Ordeiro, já pelo ano de 1838, isto é, quase simultaneamente com o "regresso" entre nós. O "progresso" português ou, mais exatamente, a "coligação progressista", reponta na década dos 1840 para opor-se à ditadura de Costa Cabral e não terá trajetória pacífica. Recorre às armas em 1846-7 com a célebre revolta de Maria da Fonte e com a Patuleia, e em 1851 consegue derrubar definitivamente o cabralismo através do levante encabeçado pelo marechal Saldanha.[33] Mas se é certo que o repertório dos modelos anglo-franceses que os nossos estadistas do Império tentaram seguir só pôde agir de raspão sobre nossas instituições, não tiveram melhor sorte as sugestões importadas da antiga metrópole, onde as requeriam condicionamentos socioeconômicos desconhecidos no aquém-mar.

Assim sendo, essa nova imigração portuguesa, não tanto de credos ou princípios ou modos de pensar político quanto de emblemas, ou de conclamações ou, com mais propriedade, de meras denominações, aqui aportou já sem o significado inicial. De sorte que o nome de "históricos", no Reino, provém, por simplificação, de progressistas históricos, que foi o nome verdadeiro desse agrupamento, quando no Brasil os "históricos" são distintos dos progressistas e até se definem por essa distinção. Assim se intitulam os nossos por pretenderem remontar às nascentes do liberalismo regencial, ao liberalismo do 7 de abril e do Ato Adicional sem "interpretação". Ao passo que os seus aliados de emergência, em 1862, passariam por cristãos-novos da ideia liberal, que nem sempre se despojam completamente das marcas de origem. E mais tarde, todas as vezes em que a aliança sofrer abalo, lhes serão elas lançadas em rosto, não só pelos liberais extremos quanto pelos conservadores do emperro. Não é escusado supor aliás que a presença, no Brasil, de liberais "históricos" independe do precedente lusitano. Quando o ministério de 2 de fevereiro (de 1844) deliberou, para sustentar-se no poder, conceder anistia aos rebeldes de 1842, em São Paulo e Minas, pouco antes combatidos por Almeida Torres, que nele ocupava a pasta do Império, bem podiam fazer jus a esse título os elementos liberais favorecidos pela medida. Com efeito, uma testemunha daqueles acontecimentos pôde escrever que a maioria considerável alcançada pelo ministério nas eleições realizadas em seguida à dissolução de 1º de julho, se bipartia em liberais históricos e conservadores dissidentes. E mais tarde, com referência ao gabinete de 2 de maio (1846), observa que, debilitado pois da substituição de dois ministros, era malvisto pelos praieiros e também pelos liberais históricos, devido à "dubiedade e fraqueza de seu caráter".[34]

A situação que se cria em maio de 1862 com a ascensão e a queda do primeiro ministério Zacarias de Góis e a chamada ao poder do marquês de Olinda, tem seus pontos de contato com a que principiou em 1844, com o gabinete de 2 de fevereiro, início do chamado 1º Quinquênio Liberal. Uma diferença importante está em que o novo governo não precisou, para manter-se, apelar para a dissolução da Câmara. De fato o gabinete de 30 de maio consegue protelar a deflagração da crise maior, que só vinha anunciando. Além de seu cunho de aparente neutralidade e da opinião bem fundada de que sua composição foi preparada em São Cristóvão, ajudou o conservá-lo o temor, entre os homens do "emperro", de que, se optasse agora o imperador pelo recurso à dissolução, a Câmara nascida das novas eleições pudesse beneficiar sobretudo os "ligueiros". E ainda quando não tivessem motivos para confiar muito em Olinda, sempre dispunham, na casa temporária, de maioria, se bem que diminuta, e assim haveriam de hesitar em desgastar-se no combate a um governo que, afinal, não lhes era abertamente hostil. Além disso, já que o novo ministério foi, com razão, chamado "dos velhos" – como o anterior foi o "dos anjinhos", porque morreu antes de engatinhar –, nada fazia supor que seus provectos componentes tivessem fôlego para suportar as tropelias de mais um mês de maio. O mais aconselhável seria tolerá-los até a sessão seguinte, se é que continuariam vivos até lá, evitando-se o perigo que, por ora, podia acarretar aos opositores uma nova eleição.

O fato é que a solução Olinda, embora sem merecer a boa vontade da tribo dos saquaremas, nem sequer a daqueles, como Caxias, que não se achavam extremamente afinados com o "Consistório", evitava o pior, ou seja, a entrega do poder aos da Liga. É o parecer do próprio general numa carta a Cotegipe, onde, a propósito dos acontecimentos recentes, não deixa de criticar Saraiva, que, em hora má, incluiu em seu ministério de 2 de março, não obstante as advertências em contrário do barão, e cuja retirada intempestiva tinha aberto as portas ao ingresso da Liga. "O snr. Saraiva", dizia a carta,

> desempenhou um dos mais ridículos papéis. Felizmente o Homem resolveu a coisa lançando sete arrobas de gelo sobre a situação como cataplasma que (a não morrerem todos) durarão até maio do ano que vem, em cuja ocasião só Deus sabe como estará a ferida chamada Poder. Mas antes isso que o que a projetara. Não estou arrependido de ter proposto a dissolução da Câmara, pois estou convencido que sem essa medida não é possível fazer coisa que preste com tais Deputados que não tratam senão de si.[35]

Ao falar no "papel ridículo" de seu ex-ministro, estaria pensando nos risos com que a maioria da Câmara saudou em 27 de maio a declaração feita por Saraiva de que, unidos, os conservadores moderados e os liberais passavam agora a formar um partido, o "Partido Progressista do Império". Se a proclamação devia ser entendida como um canto de triunfo, o momento foi efetivamente mal escolhido: no dia seguinte caiu o gabinete Zacarias. Foi nesse ponto que entrou em cena o Homem, como costumava dizer Caxias quando se referia, entre íntimos, ao imperador – outros chamavam-no "o Patrão" –, com aquelas "sete arrobas de gelo", isto é, com os sete ministros novos, que não eram do agrado de ninguém. Passados quatro meses, o ministério condenado à morte ainda se vai arrastando como pode. É ao amigo Osório que Caxias manifesta agora sua amargurada impaciência. "Estamos agora", escreve-lhe,

> com um governo pela maior parte de inválidos e alguns até julgados incapazes a de todo serviço de paz e guerra, mas apesar de tudo com amor ao serviço. Deus os ajude e lhes salve as almas, porque os corpos estão pelos anos e pelas moléstias inteiramente inúteis. Fala-se, nos círculos ligueiros, na próxima dissolução da Câmara, mas eu não creio em tal e suponho que antes de maio será dissolvido o ministério de preferência, e que assim iremos vivendo, aos contínuos empuxões políticos.[36]

Não era menor então o descontentamento reinante entre ligueiros, já agora batizados de progressistas, diante de um governo que não se movia, nem se definia. Nos mesmos dias de outubro em que Caxias confiava a Osório, um liberal sem jaça ou liga, dos que se chamariam "históricos", seu mau pensamento sobre a situação, o jovem deputado Tavares Bastos, que, no momento, era homem de Saraiva e parecia refletir o pensamento deste, escrevia no mesmo sentido ao político baiano. O ministério, dizia-lhe,

> não irá adiante de março ou abril; tal é a minha previsão. O Olinda está quase bom, é verdade, mas não faltará motivo para

> que a igreja se desarranje na ocasião oportuna, e deve se desarranjar por amor da política imperial. O atual ministério não pode atravessar a sessão, está inválido e não pode com o repuxo, a menos que resolva contentar-nos claramente, e isto é impossível para a política imperial. Temos, portanto, que o Olinda retira-se, e aí teremos outro ministério áulico, como em 44, em 77 etc. Virá quem?...[37]

Ia, em sua opinião, Abaetê. Embora o antigo luzia tivesse dado mostras de querer voltar ao aprisco, não faltaria, entre gente como Otoni e Otaviano, quem achasse que não os apoiava muito nos conselhos de Sua Majestade, onde era dos íntimos ultimamente.

Por essas e outras reservas à situação, pode-se notar como, para uma parcela certamente representativa dos aderentes do movimento progressista, a força que opõe embaraços à boa marcha dos negócios políticos já é a política pessoal do imperador, para a qual pouco importa sustentar este ou outro partido no poder, contanto que satisfaçam os seus desígnios do momento. De acordo com tal interpretação, tantas vezes veiculada por este ou aquele partido, segundo a direção dos ventos, nada melhor para a política imperial do que a anulação das disputas partidárias, pois só assim conseguiria ela afirmar-se sem contraste. Não seria outro o verdadeiro motivo do interesse com que, em 1853, acompanhou d. Pedro os passos para a Conciliação, reiterado agora, dez anos depois, a propósito da Liga. Caxias, que deu para frequentar muito o Paço nos meses em que continuava agonizante o gabinete de 30 de maio, a ponto de sua assiduidade chamar a atenção do monarca, não se conteve, numa dessas visitas, e desfecha-lhe uma observação que vale por uma pergunta, ao dizer que "a falta de partidos organizados lhe era favorável". D. Pedro, que, provavelmente, já refletira muito sobre a questão, lhe deu pronta réplica: enganava-se "porque as acusações recairiam assim sobre mim, porque geralmente sempre se procura alguém sobre quem descarregar a própria responsabilidade, sobretudo quando a falta de juízo é muita".[38] A "falta de juízo" que tanto deplorava o imperante, jovem de seus 38 anos incompletos, idade em que um cidadão normal nem podia pleitear lugar no Senado, onde o próprio Caxias, e também Olinda, tinham assento, continuava porém a fazer estragos, entre conservadores e liberais, ou progressistas.

A observação do general, que dá lugar a esse desabafo, foi provocada por outra queixa de d. Pedro, que se admirava de que "ambos os partidos, sobretudo o progressista, não tendo programa definido, brigassem tanto pelo poder". Aos ouvidos de Caxias não devia soar mal o fato de uma censura como essa, embora também envolvendo o seu partido, tivesse por alvo principal a facção contrária. Poderia tentar defender os conservadores, lembrando como na mesma Inglaterra, o modelo sempre invocado pelos nossos parlamentares, a situação não era muito diversa, ou então dizer, como dirá mais tarde o próprio Zacarias de Góis, que não achava de grande necessidade terem os partidos programas escritos. Em vez disso mostrou admirar-se de que o imperador não soubesse mais do que ele próprio a respeito do programa "que por ora é tentativa", do partido progressista. Essa entrevista ocorreu a 9 de setembro de 1862. Somente a 6 de junho de 1864, perto de dois anos depois, é que será lido do Senado um programa ou, melhor, um esboço de programa[39] do Partido Progressista, visto como não se havia chegado a acordo sobre alguns itens. Talvez por esse motivo não foi dado logo à publicidade, e "programa não publicado não é programa", disse certa vez Nabuco de Araújo, o responsável principal por sua elaboração, tendo como coautores Dias Vieira e Zacarias de Góis. Uma simples tentativa, na expressão de Caxias, ou talvez do próprio d. Pedro, já que a redação do diário do imperador autoriza a dúvida. Mas, nesse caso, por que reclamar da falta de programa definido "sobretudo" dos progressistas, se os conservadores nem tinham programa nem ao menos tentativa de programa?

Bem ou mal, o "ministério dos velhos" foi atravessando o ano de 1862. Por ora, a força maior do governo para manter-se provinha justamente de sua própria fragilidade, até de seu anacronismo. Antigo deputado às Cortes, duas vezes ministro durante o Primeiro Reinado, mais uma vez em 1832, após a queda de d. Pedro I, e ainda regente do Império, duas vezes presidente do conselho no Segundo Reinado (e o será outras duas, contada a de agora), Olinda se identificou desde muito cedo com os conservadores. Acusado em outros tempos de simpatias "caramurus", o que teria atraído contra ele o desagrado do regente Lima e Silva, pai de Caxias, compôs-se afinal com os homens da situação nascida do 7 de abril. Tendo atacado atrozmente o congraçamento dos partidos, sob a égide do marquês do Paraná, rapidamente foi transformado numa espécie de herdeiro universal da Conciliação. Talvez devido a divergências pessoais com alguns dos seus correligionários mais graduados, desde que em outubro de 1849 largou o ministério de 29 de setembro (1848), a composição do governo que organizou oito anos mais tarde já permitia que o suspeitassem de certa devoção por santa Luzia, ou seja, de aliado daqueles que tanto o combateram outrora e a seus amigos. Nem isso, porém, bastava para afastá-lo completamente de boa parte dos conservadores, e muitos julgavam que a sua haveria de ser uma exposição equidistante dos dois agrupamentos tradicionais, e que sua notória flexibilidade lhe permitiria contornar uma crise.

O passado de Abrantes, ministro de Estrangeiros, não devia inquietar vivamente uma oposição ainda mal configurada, embora na intimidade já fizesse ele reservas aos "vermelhos", e a d. Pedro chegou a dizer que, de longa data, trabalhava por destruir o poder temporal do papa,[40] isto é, a ascendência de Eusébio de Queiroz, o papa dos conservadores renitentes. Dificilmente um "trabalho" dessa ordem, bem conduzido e de tão longa data, podia escapar ao conhecimento dos fiéis do "consistório", e estes, por sua vez, apelariam para a arma do ridículo e da desmoralização, mais eficaz naqueles dias do que qualquer crítica aos atos de uma administração. Em uma de suas cartas a Saraiva, diz Tavares Bastos, em outubro de 1862, que o *Constitucional* dirigiu ao ministro de Estrangeiros "o maior dos insultos", pois ofendeu-o em sua honra de marido.[41] Isto é, a imprensa conservadora não hesitava em veicular contra Abrantes, em sua ânsia demolidora, cochichos que circulavam na grande aldeia fluminense e que feriam igualmente o próprio marquês de Olinda. O "Solitário" era dos que já acreditavam no maquiavelismo de d. Pedro, e fazia crer que o imperador tratava de convencer o ministério de que não precisava ter vergonha, que os ministros devem ser Cristos, "que o melhor é ir assim mesmo, sem ofender muito os vermelhos, nem satisfazer os liberais", não dando margem a que tivesse de dissolver a Câmara, o que importaria em dar a vitória nas eleições aos progressistas.

Maranguape, titular da Justiça, seria mais de temer, em todo caso, por muito versátil, se os achaques da idade não lhe tivessem aparado as asas. Muito especial é a posição do visconde de Albuquerque; por isso que, chegado ao liberalismo da Corte e das províncias do Sul e tendo feito parte do ministério da Maioridade, que se seguiu à queda de Olinda e da Regência, tinha sido combatido em sua província pernambucana pelos praieiros, que nele enxergavam só o Cavalcanti e, por conseguinte, o "gabiru". Sacrificado em 1847 às exigências da Praia, passaria a aparentar alheamento aos partidos, embora continuasse a manter boas relações com os antigos "luzias", mas essas mostras em contrário ficariam por conta de suas extravagâncias. Mais distantes de lutas políticas eram os ocupantes de pastas militares, e se Lamare se ligava mais aos liberais, Polidoro da Fonseca Quintanilha Jordão parecia afinar melhor com os conservadores. Nenhum dos dois, porém, estaria muito comprometido nessas ligações. Apenas

Sinimbu, o caçula do ministério – beirava os cinquenta anos – e que tinha pertencido ao gabinete Ferraz de 10 de agosto (1859), parecia agora inclinar-se mais indiscretamente do que Abrantes, por exemplo, para o lado progressista, mas não chegara a aderir em cheio à rebelião. Por outro lado, sua pasta, a da Agricultura, mal deixava margem a uma grande atuação na esfera política.

Nessas condições, pôde o governo atravessar quase incólume o ano de 1862. Quase, porque Maranguape adoeceu e, entrando em licença, substituiu-o Sinimbu na Justiça. A substituição era interina e devia cessar com o restabelecimento do titular. Em fevereiro de 1863, desvanecidas, porém, as esperanças de pronto restabelecimento deste, torna-se efetiva, e então Sinimbu passa para a repartição da Justiça, indo para a Agricultura, que deixava, Pedro de Alcântara Belegarde. Agora, os que já suspeitavam das inclinações ligueiras do ministério principiam a ver confirmadas as suas desconfianças. E não ficam nisso as substituições. Gravemente enfermo, Albuquerque passa a pasta da Fazenda a Abrantes, a 8 de abril de 1863, para falecer uma semana depois. Para seu lugar vai o marquês de Abrantes, ministro dos Negócios Estrangeiros. Passado um mês, deixa, por sua vez, a pasta da Guerra o general Polidoro, futuro visconde de Santa Teresa. Mas agora, em pleno mês de maio, com a abertura das Câmaras, era a sorte do próprio ministério que estava em jogo. A longa impaciência dos "vermelhos", mal contida pela agitação decorrente do conflito ocorrido com a legação de Sua Majestade Britânica – a "questão Christie" –, cuja solução ainda pendia da decisão arbitral do rei dos belgas, ameaçava irromper tumultuosa. Os ânimos pareciam serenados, porém, quando a 3 de maio se abriu, como de costume, a assembleia geral, com a leitura da *Fala do trono*. Procedeu-se também normalmente à escolha da comissão incumbida de formular a resposta. Não chegou, no entanto, a ser lido o projeto de voto de graças. Um incidente, na aparência de menor importância, a derrota do candidato ministerial à Câmara dos Deputados, foi julgado um desafio que só a São Cristóvão competia resolver.

Dessa vez, entretanto, a Coroa, que resistiu a Caxias, resistiu a Zacarias e consente finalmente em desembaraçar o ministério de uma Câmara que Abrantes, escrevendo a Cotegipe, chamou de "ingovernável":[42] expressão, quando menos, curiosa, em se tratando de um sistema político onde é o governo, presumivelmente, que depende da confiança da Câmara, expressa pela voz de sua maioria. D. Pedro, apesar de todas as restrições que costuma fazer a Olinda, confia na prudência e na solércia do estadista experimentado, capaz de temperar o "emperro" sem descair no extremo oposto. Ao tempo do ministério Caxias, perguntou certa vez a Sayão Lobato por que os conservadores dignos de tal nome não se separavam dos elementos intransigentes do partido. Em outra ocasião, como o mesmo Sayão, representante dos puritanos, fizesse certas observações contra a escolha de um liberal para certo posto na Guarda Nacional de Barbacena, retrucou d. Pedro, dizendo que era bom desligar os liberais ordeiros dos que ameaçavam a tranquilidade pública.[43] O que via, no entanto, era só intolerância de parte a parte. "Voltaremos às lutas antigas?", pergunta.

4
Por graça de Deus...

•

A NATURAL CIRCUNSPECÇÃO, a sobriedade nas opiniões, a morosidade das reações, situam-se entre os traços distintivos da personalidade de d. Pedro II que marcaram fortemente a vida pública brasileira durante o meio século de seu reinado. Como chefe de Estado, não consentia em favorecer abertamente esta ou aquela facção: o poder que lhe era inerente e privativo há de pairar acima das divisões e paixões políticas. Por outro lado, ainda quando timbrasse, alguma vez, em querer seguir as normas do parlamentarismo britânico, nunca aceitou tranquilamente a teoria de que a um rei constitucional não pertence o exercício de governar. Queria ser um supremo e vigilante inspetor da coisa pública, e depois de ler, logo depois de publicado, o juízo de Guizot acerca do papel do monarca, o qual, dizia o antigo ministro de Luís Filipe, "não pode ser o de simples ocupante de uma poltrona", aprovou-o muito. Copiou-o em seu diário íntimo de 1862, onde também registra esta opinião de Brougham: "Certamente querer ter um soberano é querer que seja ouvida sua voz na administração dos negócios públicos". Tencionava servir-se dela algum dia em defesa própria. Não se sabe como. Publicamente não o faria, e é o que de algum modo dá a entender. Seja como for, deixaria de usar para si mesmo um tratamento – "soberano" – que já estava banido de nosso folclore político.

Trata de animar ora uma, ora outra tendência, ao sabor das circunstâncias do momento, mas não se compromete vivamente com nenhuma. Mas ainda quando lhe pareça de bom alvitre favorecer a ascendência de uma corrente de opinião, não quer dar a ideia de que o faz deliberadamente. Como homem terá suas preferências íntimas, que, como rei, não irá proclamar. Julga-se desobrigado de apresentar abertamente as razões, más ou boas, que em dado momento terão orientado seus atos. Para buscá-las é forçoso recorrer aos seus diários íntimos, ou a anotações rabiscadas às margens de tal ou qual livro de sua biblioteca particular ou, ocasionalmente, a sua correspondência pessoal, desde que não existam, e enquanto não existem, entre ele e o destinatário, as distâncias que entende guardar com aqueles que lhe devem, como rei, alguma sombra de sujeição. É significativo que, após o exílio, desonerado enfim dos deveres que, enquanto chefe de Estado se havia imposto, vão desaparecer de um momento para outro essas distâncias. Torna-se agora bem mais expansivo, e a alguns amigos brasileiros passa a tratar com uma familiaridade de outrora inexistente.

Enquanto chefe de Estado, o poder de que se sentia investido não era, por certo, impessoal ou inumano, nem o livrava de praticar certas injustiças, do que teria consciência. Entrava aqui todo um jogo de contradições, nem sempre muito sutil, mas que o imperador não desejava notar, sobretudo não gostava que outros o notassem e comentassem. Insistia, apesar de tudo, na prática dessa difícil horticultura, tratando de aparar os galhos que sobressaíssem demais, podando frondosidades incômodas, ou impedindo que as ervas daninhas se alastrassem. E o mais curioso era que tais coisas ele as não fazia por prazer, e sim por um senso muito aguçado do dever, pelo constante afã de bem cumpri-lo, sem querer encarar ao menos os riscos a que, dessa forma, podia expor seu trono e seu povo. Esquivou-se sempre a tratar claramente dos limites naturais desse poder, e quando, em 1882, lhe disse o barão Alexandre von Hübner que, como imperador, ele verdadeiramente reinava e governava o país, seu revide foi pronto: "Vossa Excelência se engana. Eu deixo andar a máquina. Está bem montada e nela tenho confiança. Somente quando as rodas começam a ranger e ameaçam parar, ponho um pouco de graxa".

Em outra oportunidade explicará melhor ao barão seu modo especial de mexer com a máquina. Se a oposição começa a impacientar-se, ele trata de retirar seu apoio aos homens do ministério, que, por sua vez, passam para a oposição, mas não lhes tira as esperanças de tornarem a subir.[1] Pode recordar-se a propósito, para só ficar nos casos já abordados nestas páginas, a maneira como, à vista da veemente oposição desencadeada entre 1860 e 62 contra os "emperrados", d. Pedro teve o cuidado de afastar do poder o ministério Caxias, sem lhe retirar a confiança, e o declarou expressamente, de sorte que o manteve na expectativa de ser em breve chamado novamente. E depois, como a experiência com Zacarias de Góis, representante da facção oposta, fosse brusca demais para dar resultados seguros, cuidou de deitar mais graxa na engrenagem, chamando um gabinete descolorido que, em todo caso, suavizaria a transição para os opositores, caso se achassem estes realmente capacitados para pleitear o poder.

Na conversa com o austríaco, a simples alusão deste à máxima famosa de Thiers – "o rei reina, mas não governa" –, tão do agrado de certos políticos, para observar que ele a não praticava no Brasil, despertou uma pronta reação de protesto. A verdade é que em seus atos e até em palavras, embora raramente expressas de maneira inequívoca, inclina-se d. Pedro muito mais para a teoria oposta, a do visconde de Itaboraí enunciada em 1869 no Senado, de que o imperador "impera, governa e administra". Mas também é certo que o monarca brasileiro se deixa em geral seduzir mais pela sonoridade e celebridade de certas frases do que pelo seu conteúdo e, além disso, se esquiva a contrariar frontalmente uma fórmula a que, entre nós, até os conservadores aderem intimamente quando alijados do poder. E apesar disso resulta de sua confissão que a ele, e a ele só, compete medir em tal ou qual caso o grau de impaciência das oposições, e precisar a hora certa de pôr óleo nas rodas. Seria preciso muito mais para se concluir que assim se subvertiam os usos do sistema representativo? Com sua profunda ojeriza a tudo quanto se parecesse com uma democracia, Hübner, que passava, aliás, por filho de Metternich, não aceita sequer aquele fingimento de democracia praticado no Império do Brasil, mas tem de convir em que d. Pedro se sai da situação o melhor possível, poupando ao país o perigo de revoltas populares. Ainda assim não acreditava muito que isso durasse. Durou até então por causa do que chama a astúcia do monarca e da docilidade de seus súditos.

Era notório o gosto que tinha d. Pedro de trocar ideias em suas tertúlias palacianas, mas raramente se deixava arrastar, sobretudo com brasileiros, enquanto imperador, a expansões semelhantes, para não correr o risco de ver mal interpretado o seu comportamento político. Como lhe competia sempre escolher os assuntos e os interlocutores, não lhe era isso muito difícil. À primeira vista costumava, sem faltar à polidez, manter a conveniente distância os que dele se aproximavam, e toda a sua correspondência particular mostra uma reserva que não se desmancha nem diante dos mais íntimos. O hábito de retraimento e a isenção nos julgamentos acabaram por ser nele como uma segunda natureza, mormente no exercício do poder, porque em viagem ou em ocasiões festivas era capaz de amenidades. Ao conde de Gobineau escreveu que sua posição "não lhe permite a personalidade", mas ajuntou que nunca iria nesse ponto aos extremos a que chegava o amigo: "*je* ne *la pousserais p*as aussi loin *que vous*".[2] Parece malposta aqui essa palavra "personalidade", que, de qualquer modo, não é de exemplar clareza – a clareza está longe de ser um dos atributos da linguagem de d. Pedro, muitas vezes imprecisa e relaxada –, mas se quer significar o oposto daquela conduta impessoal a que se havia acostumado o monarca, não se imagina por onde pudesse encantar o conde francês, tão amigo de arrebatamentos.

Se alguma sedução podia ter d. Pedro para Gobineau, estaria nisto, que aquele homem ainda alourado, se bem que já um tanto encanecido, com olhos muito azuis, de estatura imponente, barba suficientemente cerrada para esconder o prognatismo hereditário, e que o mau destino quis pôr à testa de uma gente morena ou mestiça, parecia avivar, pelo contraste, as convicções arraigadas do francês acerca da desigualdade das raças humanas. A ideia de que essas aparências, assim como uma extraordinária resistência a incômodos e canseiras de toda ordem, indicariam excepcional robustez física no imperador do Brasil, foi constantemente admitida entre viajantes estrangeiros que tiveram ocasião de conhecê-lo de passagem, mas não era partilhada pelos que privaram mais intimamente com ele. Como conciliar tal noção com aquela sua voz aflautada e como de falsete? Ou com aquelas pernas finas demais para físico tão avantajado? Nas ocasiões mais solenes então, chegavam os contrastes a tornar-se gritantes, quando Sua Majestade, a empunhar o cetro, se apresentava em uniforme de gala: calças bem justas, sapatos de seda branca, manto de papos de tucano, segundo a convenção, alta e pesada coroa, que lhe circundava toda a cabeça, a indefectível cabeça de caju a encobrir uma pronunciada saliência da testa.

Esses pormenores, tão largamente explorados pelos caricaturistas, não impedia que muitos se intimidassem à sua presença, ainda que a todos procurasse tratar com perfeita urbanidade e com uma benevolência mesclada às vezes de desconfiança. Um de seus conselheiros disse que era avesso a "arrastamentos de coração" e que se alguma vez sentiu afeições, soube contê-las. No acesso mais franco e menos formal que deu a certos homens públicos, em primeiro lugar a Pedreira, o visconde do Bom Retiro, mas também a São Vicente, a Paranaguá, com alguma reserva a Caxias, e uns poucos mais, revelaria certo abandono de si, mas em muitos casos a estima pessoal se parecia, no seu caso, ao desempenho de uma obrigação. Queria corresponder à bondade de quem – são palavras de que se serve com frequência – sabe fazer-lhe justiça, ou a serviços desinteressados de que se considera de algum modo credor, ou, em um caso ao menos, no do segundo Paranaguá, a querer reparar um dano de que foi causa involuntária pessoa de sua família. Parece, entretanto, que não conseguiu, uma vez, impedir que o vissem enxugar os olhos, e foi diante do corpo de um amigo que acabava de morrer, o visconde do Bom Retiro.

A uma noção quase ascética do decoro pessoal podia prender-se nele um pudor excessivo no manifestar os próprios sentimentos. Assim escreveu certa vez que, não reconhecendo ninguém que o superasse no amor ao seu país, procurava não mostrá-lo a outros por uma questão de "decência": a palavra entra aqui, provavelmente, para significar certo recato em manifestações patrióticas que podem degenerar em efusões exageradas de sentimento ou em injustiças. Acolhia, contudo, e de bom grado, ocasiões em que pudesse, com lhaneza e sem ênfase, deixar transparecer seu patriotismo. Assim foi no auge da questão Christie, quando se misturou ao povo, no caminho para o arsenal de Marinha, no Rio de Janeiro, em vez de ceder às sugestões dos ministros para que ficasse no paço da cidade, ali perto. Bem expressiva de sua aversão à ênfase, mesmo no terreno literário, é uma carta de 29 de maio, onde agradece a Taunay um escrito, onde este o exaltava contra os poderosos da república recém-nascida, e faz a respeito algumas observações. Referindo-se à partida da família imperial, escrevera o visconde: "O mais ilustre chefe de Estado, após cinquenta anos de insano labor em bem da pátria, foi obrigado a embarcar por uma noite tempestuosa e mares encapelados...". Comentário de d. Pedro: "Agradeço a intenção, mas acho exagerada a expressão *mares encapelados*".[3] Em outro lugar, escrevera o mesmo Taunay: "Também de seus lábios irrompeu por fim uma exclamação...". Ao que pondera o imperador: "Também de seus lábios... Creio que aí também há poesia".[4]

O cuidado de não deixar transparecer os próprios sentimentos não lhe permitiria expansões de intimidade com os amigos, e a recíproca também é verdadeira. Do mesmo modo não se pode dizer que alimentasse validos, ao menos depois de alcançar certa maturidade. Na juventude não foi certamente insensível a intrigas palacianas inevitáveis num ambiente como o da quinta de São Cristóvão, e nos anos que imediatamente se seguiram à sua maioridade antecipada, viu-se cercado de áulicos, de cuja ascendência se foi aos poucos libertando. De um que conseguiu salvar-se do quase naufrágio geral, o conselheiro José Martins da Cruz Jobim, médico da Casa imperial desde 1831, restam-nos cartas ao imperador jovem cheias de lições de esperteza política, para não dizer do mais deslavado cinismo. Acusado durante longos anos de filiado à facção áulica, não hesita em adverti-lo, por volta de 1848, contra os principais representantes desse grupo e seus antigos comparsas: "Não caia", diz agora, "em chamar Aurelianos e Saturninos [...] uma vez que V. M. os deixou sair". Mas essas setas contra Aureliano Coutinho e Saturnino de Oliveira também alcançam os liberais (com os saquaremas já estava Jobim incompatibilizado), ao observar: "muito cuidado contra os Senhores Luzias". Achava e dizia que todo partido "patriótico", isto é, liberal, é contra a monarquia e o melhor seria ficar num meio-termo. Nem Paula Sousa, cuja retidão e desinteresse eram afirmados até pelos adversários das suas ideias, como Bernardo de Vasconcelos, e um deles fala na "alma cândida do velho Senador",[5] escapa à atroz maledicência do conselheiro, que o tem por um "velhacão": "Este homem é muito astuto, escreve, "é necessário que V. M. o gaste...". E se o "velhacão" não se deixasse gastar, e não "Vossa Majestade gaste o Montesuma, que é todo seu...".[6]

Paula Sousa vai deixar-se *gastar*. Vencido pela saúde precária e por escrúpulos de uma consciência timorata, ou seja, pelo defeito das boas qualidades que, em geral, lhe emprestaram amigos e adversários, com ele sucumbira afinal o partido liberal, para dar lugar ao ministério conservador de 29 de setembro (1848). Teria o imperador cedido às sugestões de seu médico? Embora tal possibilidade não possa ser terminantemente excluída, também é possível supor que tivesse cedido antes aos temores causados pelas alarmantes notícias da revolução de fevereiro e suas imediatas consequências na Europa. Tudo aconselhava, no momento, a chamar um liberal enquanto não se modificasse a situação.[7] Em tais circunstâncias não lhe restava, senão, voltar-se para um luzia e, mais precisamente, para um "venda-grande", pois Paula Sousa era paulista e era o mais prestigioso elemento da "escola" liberal, como se dizia. Sucede que, naqueles momentos de transição, justamente o dr. Jobim andou em grande evidência pelo pouco-caso com que, prevalecendo-se do acesso fácil que tinha no paço, pareceu referir-se a ministros de Estado que iam a São Cristóvão por dever de ofício.

O incidente que alcançou na época larga repercussão há de ser relembrado mais tarde no livro de Tito Franco de Almeida, onde se lê que o imperador foi mais do que insensível aos desatinos do médico e também do visconde de Macaé, camarista da semana, que brutalmente vedou o acesso dos ministros ao monarca, conforme dissera o libelo de Timandro.[8] Em nota escrita à margem desse passo de Franco de Almeida, pergunta d. Pedro: "Que fatos se deram depois desse gênero e qual o ministro que eu tenha maltratado?". E acrescenta: "Felizmente os que me prestaram serviços nessas categorias [de médico e camarista] podem ser castigados eficazmente, sem que eu deixe de manter a independência da minha casa".[9] Há nisso uma insinuação de que o médico (e o camarista) teria sido ao menos admoestado, tanto que os fatos incriminados não se repetirão. Admoestado, provavelmente, com o *suaviter loqui* de que costumava usar o monarca e de que se serviria com tanto mais razão, no caso, quanto só podia ver no dr. Jobim o profissional zeloso que o havia acompanhado desde a infância, infância de menino órfão, com poucos amigos e de saúde melindrosa. E em 1844, quando mais graves e públicos se tornaram os atritos com o conde de Áquila, seu cunhado, foi ele, Jobim, a pessoa de confiança que d. Pedro encontrou para ir tratar na Corte de Nápoles de tão delicado assunto de família.

À vista de tais condições são fáceis de imaginar os escrúpulos com que o monarca se terá decidido a chamar a atenção de seu médico para um tipo de comportamento que só podia prejudicar a própria Coroa. Os bons modos do monarca podiam bastar para bom entendedor, mesmo quando seguidos, como efetivamente o foram, de uma indiscreta promoção do dr. Jobim a diretor da Faculdade de Medicina. Mas se entendeu ele que, sendo empregado na casa do rei, não lhe convinha destratar ministros de Sua Majestade, não entendeu nem aparentemente lhe foi dito que se dispensasse de continuar a querer dar conselhos ao rei sobre a composição de seus governos. Tanto que entre as cartas suas, que vêm sendo utilizadas nestas páginas, uma há, de 6 de maio de 1863, começada com a observação de que nunca foi repreendido "por dizer o que sinto e tenho consciência de que falo desinteressadamente, no interesse de V. M. e do país...". Depois desse exórdio passa a justificar uma lista de nomes que sentia serem necessários no momento e que enviava em anexo. E muito embora se diga sobranceiro aos partidos, o que logo chama a atenção nessa lista é um indisfarçável predomínio do colorido ultravermelho, vermelho no sentido de conservador. Pois nada lhe parecia pior do que "atirarmo-nos de corpo e alma aos intitulados liberais", e, assim sendo, importava não dissolver a Câmara. É que, depois das artes de Ferraz, o efeito de tal medida seria uma vitória certa dos "patriotas" ou luzias. Não era mau se a estes, como ficha de consolação, se dessem umas três ou quatro cadeiras no Senado. Com o freio na mão e com "um governo de boa índole", esse gesto de generosidade seria antes um bem. Iria dar um pouco mais de vida à Câmara vitalícia e "por meu voto, já lá estava o Otoni há muito tempo, manso como um cordeiro".

Menos de uma semana irá dar-se inopinadamente o oposto de tudo quanto havia prescrito o doutor Jobim em sua receita. Assim é que a 12 de maio será assinado o decreto que prolonga a vida do ministério Olinda, com a dissolução da Câmara e convocação de outra, a reunir-se no dia 1º de janeiro de 1864. É provável que, atento ao coro crescente das vozes denunciadoras dos "quatorze anos de domínio da oligarquia", d. Pedro decidiu mudar de política, sentindo que não lhe era possível resistir por longo tempo a uma poderosa corrente da opinião pública. Se quisesse forçar uma situação favorável aos conservadores, não lhe custaria muito seguir agora os conselhos de seu conselheiro e médico, fazendo o que irá fazer em julho de 1868 e provavelmente sem provocar uma crise de iguais proporções. É que, agora, um ministério conservador contaria ainda com maioria na Câmara, ao passo que em 1868, quando a organização do gabinete Itaboraí vai forçar a queda do governo Zacarias de Góis, serão perto de 75% os deputados liberais ou progressistas, incompatíveis com a situação nova. Em 1864, o resultado das eleições é exatamente o que temiam os conservadores dos vários matizes, com o triunfo dos seus adversários até em alguns dos seus redutos tradicionais. Além de maioria esmagadora da Câmara terão eles seus assentos no Senado, e não apenas três ou quatro.

Assim é que Zacarias será nomeado a 10 de fevereiro de 1864, quando já havia assumido pela segunda vez a presidência do conselho. No Senado irá encontrar-se já com Nabuco de Araújo, que, tendo sido seu competidor para a lista tríplice de 1858, foi contemplado com a escolha imperial, apesar de obter menos votos do que ele. Agora, quem concorria com Zacarias era Saraiva, que entretanto precisará esperar até a vaga seguinte na representação baiana, e a vaga se abrirá só em 1867, com a morte de Ferraz, já barão de Uruguaiana. Com esses estará completa a poderosa trindade progressista, tão poderosa que a José de Alencar, homem do freio, em contraste com o pai, que fora um libertário convicto, há de lembrar o famoso *trimourti* indiano: Nabuco, o criador, Saraiva, o conservador, Zacarias, o destruidor.[10] Mais importante, como inovação, do que o acesso desses "desertores" da falange saquarema é, porém, a volta dos "históricos". Teófilo Otoni, eleito em dezembro na lista tríplice, é enfim nomeado para a Câmara vitalícia já a 9 de janeiro. A nomeação de Antonio Pinto Chichorro da Gama a 14 de junho de 1865 tem um sentido mais surpreendente porque soa como uma desforra a longo prazo dos praieiros, o movimento que serviu de motivo ou pretexto para a reação conservadora de 1848. Duas vezes havia alcançado a maior votação nas listas tríplices para a senatoria, na vaga deixada por Antonio Carlos, paulista de origem, mas representante de Pernambuco, e ambas as eleições foram anuladas. Passados mais de quinze anos em que era escusado renovar essas tentativas contra a oposição da "oligarquia", consegue Chichorro superar, no Rio de Janeiro, os demais concorrentes à vaga do visconde de Maranguape. No Senado irá encontrá-lo, no ano seguinte, Francisco Otaviano de Almeida Rosa, outro "histórico" de convicções, não de tradição, que trabalhou como poucos para a formação da Liga...

Nunca faltou quem tentasse discernir boa dose de sonsice na maneira como d. Pedro tratava os homens públicos, embora nada autorize a supô-lo capaz de cavilações maliciosas como as que lhe sugeriu mais de uma vez seu médico. Suspicácia era o que não lhe faltava, como não lhe faltava a aptidão para esconder os sentimentos, nem a obstinação encoberta, que pode, no entanto, subir à tona em melhor oportunidade. Malícia? "Não sou dissimulado", escreve em seu diário, "e apenas esforço-me por não dizer senão o que é preciso, e se se enganam comigo algumas vezes, não é porque eu procure enganar..." E escreve ainda: "creio que me defendo mal de algumas acusações que julgo injustas".[11] Precatado geralmente diante dos simples intrigantes, tolera por vezes a discreta ou disfarçada maledicência e, além de ler em folhas de oposição diatribes contra seus ministros, também guarda cartas anônimas em que são acusados homens públicos ou empregados do Estado. Só se impacienta quando a inconfidência é desmedida, ou deixa transparecer intentos de lisonja. Observador atento, não lhe escapam, especialmente durante os despachos, a palavra mais distraída e o gesto mais inadvertido de tal ou qual ministro, e procura adivinhar o que neles se esconda. Na ojeriza à lisonja entraria um pouco de sua íntima aversão a quaisquer exageros de expressão, mas também sua repulsa às cortesanias que disfarçam os verdadeiros sentimentos e por onde um indivíduo trata de parecer diferente do que é a fim de impor-se de algum modo ao lisonjeado. Quando leu os originais de sua biografia pelo monsenhor Pinto de Campos, irritaram-no os encômios excessivos que lhe fazia o autor, e passou a tratar com frieza o padre pernambucano, que se cansaria de esperar, sem resultado, por uma cadeira no Senado ou por uma diocese.

Aceitava e animava até contraditas de ministros, cedendo ou ao menos parecendo ceder a opiniões deles, se manifestadas com insistência. Em todo caso queria que ficasse deles conhecido seu pensamento. Num despacho chegou a dizer que estimaria ser tratado como se também ele fosse ministro, um oitavo ministro. Os outros, contudo, saberiam dar o devido desconto a tais palavras, partidas de quem era livre para os exonerar e que, pelo menos uma vez, conspirou de certa forma contra um governo que lhe desagradava.[12] Não escondia, em alguns casos, a satisfação que lhe davam certas críticas a atos dos ministérios, desde que não descambassem para a rude agressão pessoal e ressalvassem sua própria e sagrada irresponsabilidade. Os atos, mormente os atos impopulares dos ministros, não haveriam de envolvê-lo. Já ao fim da vida ainda lamentará os governos ruins que teve de aturar e motivaram críticas que o feriram. Aturou-os sem amor, mas sem rancor visível: consolava-o a inabalável crença de que os agravos a ele feitos provinham de algum mal-entendido passageiro, que o tempo, a maior educação do povo e a ponderação acabariam por desfazer. Se não lhe faziam justiça os contemporâneos, teria de seu lado "a justiça de Deus na voz da História".

Confiava cegamente no futuro, e devia esperar que um belo dia haveria de cessar qualquer oposição a Sua Majestade, para dar lugar à oposição *de* Sua Majestade. Mais ou menos como na Inglaterra. E na medida do possível tratou de dissipar desentendimentos ainda em vida, chamando a si os seus maiores detratores, com o risco, a que não escapou, de se ver tachado de corruptor de consciências. Em 1862 pensou em atrair Teófilo Otoni, mas achava que convinha "ir chamando sem parecer cortejo de medo a essa pessoa que merece não ser desprezada".[13] E quando o visconde de Albuquerque, ministro da Fazenda do gabinete Olinda de 30 de maio (1862), lembrou o nome de Martinho Campos, que, liberal destemperado, faria profissão de fé de "escravocrata da gema", para fazer parte de uma comissão de inquérito sobre irregularidades na Alfândega da Corte, retrucou-lhe d. Pedro com o de Otoni. Este, é verdade, o ofendera gravemente na pessoa de seu pai, a propósito da "mentira de bronze", isto é, da estátua erigida ao primeiro imperador, mas parecia-lhe melhor do que o outro, que achava "muito espalha-brasas". A parte que teve o monarca nessa escolha não se divulgou na época. A muitos pareceria até natural que, sendo um dos componentes da comissão antigo ministro da Fazenda que se ligava aos "emperrados", o outro fosse um liberal notório, e este não podia ser, por exemplo, Saldanha Marinho, então amigo e correligionário de Otoni, além de bom conhecedor do assunto, visto ter sido quem primeiro denunciou na Câmara as irregularidades a serem apuradas, por conseguinte suspeito de parcialidade.

Em compensação haverá quem procure associar a uma fria dissimulação as muitas atenções de que cumulou d. Pedro um Sales Torres Homem, especialmente, o Timandro do *Libelo do Povo*, que foi sucessivamente ministro, Senador do Império, visconde, com grandeza, de Inhomirim e conselheiro de Estado. Segundo uma anedota que, verídica ou não, ilustra bem a ausência de "personalidade do imperador", ao próprio Sales, que, em certa ocasião, lhe falou no panfleto com o intuito de retratar-se de um erro da mocidade petulante, declarou que não só podia como *devia* esquecer-se de agravos semelhantes porque era brasileiro e o Brasil precisava dos homens de valor.[14] Em tais casos não podia entrar sua "pessoa em jogo". Mesmo se inverídica, uma declaração tal está muito de acordo com outras manifestações de um rei que se julgava na obrigação de apagar os próprios ressentimentos onde o que importava acima de tudo era o interesse nacional. É certamente fantasiosa, por outro lado, a versão muito espalhada entre os contemporâneos de que, na escolha do título dado a Sales, teria agido d. Pedro propositadamente com requintes de maldosa sutileza, depois que algum especialista em facécias descobriu que no topônimo Inhomirim entrava, ao lado do diminutivo português *inho*, a palavra tupi para "pequeno". Igualmente explorado foi o caso de Lafaiete Rodrigues Pereira, que, tendo presidido, em 1870, assembleia do Partido Republicano, presidirá em 1883 o gabinete imperial de 24 de maio, e que, além de ministro, há de ser conselheiro e Senador durante a monarquia. Ou ainda o de Ferreira Viana, que, tendo apostrofado em 1884, com uma dureza sem exemplo na Câmara dos Deputados, a pessoa e os atos de d. Pedro, alcançará em 1888 lugar de realce nos conselhos da Coroa. E mais alto subiria provavelmente, se o advento da república não lhe cortasse a carreira política.

A atenção miúda que dava o monarca aos homens e às coisas tinha, sem dúvida, seus lados negativos, pois tomava frequentemente o lugar de um interesse mais envolvente dos problemas de conjunto. Não deixava de vislumbrar a alta importância de umas tantas reformas de que andava precisado o Império, mas, em geral, pretendendo tudo prover, tudo prevenir, tudo saber, sua vigilância absorvente e muitas vezes dispersiva, longe de animar, acabava por entorpecer ou adiar qualquer iniciativa. Naquele seu cacoete do "já sei, já sei" apenas revive, agora mais dono de si, o não menos famoso "hein? hein?" do avô paterno. Escrevendo de Santa Catarina a Nabuco, durante a viagem ao Rio Grande do Sul invadido, assim se exprimia Ferraz: "O ministro desapareceu. O imperador lança-se a tudo, até aos mínimos detalhes, e tudo atrapalha. Dispõe até dos meus oficiais de gabinete e no cabo se arrepende. É impossível que eu resista".[15] Arrependia-se, mas nada de emendar-se, porque algumas semanas depois o mesmo Ferraz escreve a Saraiva, que o substitui interinamente na pasta da Guerra:

> [...] na viagem quer demais, quer de tudo. O imperador atropela tudo; em dois dias com suas marchas forçadas estragou toda a cavalhada e boiada das carretas e carretilhas; não quer ouvir ninguém nas marchas, não dá descanso. No primeiro dia ninguém comeu debaixo de uma chuva grossa e em maus caminhos, onde tudo ficou estragado. Marchou de uma e meia horas da tarde quatro e meia léguas! Estou envelhecendo e me mortificando.[16]

Em outros passos da mesma carta, "um desabafo muito confidencial que faço a V. Exª", segundo diz, sustenta que a viagem do imperador não serviu senão para "atrapalhar a marcha da administração muitas vezes. Grandes amofinações tenho tido...". Tão absorvente quanto o próprio d. Pedro, queixa-se, no entanto, de que o queriam reduzir a chefe de bagagem, "e como tal devo fornecer tudo para os oficiais de

Guerra e Mar, os ajudantes de campo, cornetas, arranjos de carretas, arreios, o diabo [...]. A despesa é grandíssima". Também a Caxias, que anda meio arredio devido à presença de Ferraz, com quem se tornara definitivamente incompatível – o marquês "parece muito doente", escreve André Rebouças em setembro de 1865, "e inteiramente estranho aos movimentos belicosos"[17] –, preocupa-se com a frenética mobilidade de d. Pedro, que ao cabo nada produz de útil e tudo baralha. "Se não fossem os Príncipes, principalmente o duque de Saxe", escreve à mulher, "o Imperador não ia daqui tão cedo, pois parece que, como o não deixaram fazer as criancices na idade própria, que as quer fazer agora, que já tem muitos cabelos brancos; não há extravagâncias que ele não queira fazer, estragando sua saúde sem necessidade."[18] E acrescenta ainda: "Felizmente pelo lado das 'molheres' tem se portado bem, creio que por vergonha dos genros, que lhe servem de modelo por essa parte".

Essa agitação toda ainda deixa lugar, entretanto, ao monarca, para observar o mal-estar produzido pela desinteligência existente entre o ministro da Guerra e o mais notável chefe militar do Império, e chega a fazer tentativas para compor a situação, embora sem resultado. O próprio Ferraz parece encarar sem desagrado o amuo do general e, com a sobranceria a que se julga autorizado pelo seu cargo, é incansável no tomar providências acerca de questões bélicas. Na carta já citada a Saraiva, depois de deter-se nas atribulações a que se vê sujeito, assim se expande: "Eu estou desesperado com estas coisas, mas felizmente reina grande harmonia, menos por parte de Caxias que, como mesmo reconheceu o Imperador, está desapontado, porque procurava vir tomar o comando do Exército, no que já me falou ou tocou indiretamente o Imperador, como apalpando-me, referindo-se ao desgosto de Caxias, o que repeli".

A especialidade que tem d. Pedro de esmerilhar tudo, de em tudo envolver-se, e quase sempre com muita pressa, é um suplício para seus acompanhantes. Quando, em 1859, visitou a Bahia, um correspondente de *A Marmota*, folha que se imprimia na Corte, assim registra sua movimentação: "O imperador é incansável; de manhã muito cedo, quando talvez muitos operários estejam na cama, já é visto na rua, visitando repartições, quartéis, estabelecimentos públicos, estradas etc....".[19] Na excursão que então fez pelo Recôncavo e outros sítios da província, percorreu em dez dias cerca de trinta cidades ou localidades diferentes. Essa rapidez de movimentos não excluía, por curioso que pareça, sua capacidade de tudo observar e reter na memória. Quando na Corte, a pressa com que se locomovia o coche imperial era um espetáculo habitual, de que se recordam todos os que viveram no Rio de Janeiro antes de proclamada a república. "Foi sempre com sobressalto e exaltação patriótica", escreve um autor,

> que na minha mocidade eu via o imperador. Ver o imperador era, aliás, ver passar o cortejo imperial. Em frente dois batedores de espada desembainhada, a seguir a grande sege, puxada a quatro com lacaios montados nas alimárias, tendo por detrás, de pé, ainda outros dois, todos com uns chapéus de veludo redondos, de pala; e por fim o grande piquete, que seguia ao lado da portinhola do coche. O cortejo passava; toda a gente parava, olhava, tirava o chapéu e, como eu, sem dúvida, se inundava com maior ou menor intensidade, de um eflúvio estranho, sobrenatural. O Imperador! Alguma coisa de diferente, de sobrenatural, de inacessível. Geralmente, na passagem do cortejo imperial, pouco se via do Imperador; dele, sentado no fundo do carro sombrio, na disparada em que passava, quando a vista o alcançava, apenas se vislumbrava o branco das grandes barbas.[20]

Nem nessas correrias por entre as ruas estreitas e mal calçadas da Corte conhecia pausa sua curiosidade impaciente: certa vez, no auge do chamado "motim do vintém", em 1880, teve meios de perceber de sua carruagem, quando ia ao colégio Pedro II, um grupo de populares que resmungava alguma coisa em sua direção, e apenas não distinguiu as suas palavras. Nestes, a passagem do cortejo imperial estaria longe, certamente, de despertar aquele encantamento que invadia o neto do doutor Langaard.

Se os brasileiros cedo se familiarizaram com o ritmo vertiginoso em que se comprazia seu imperador, e uns raros ainda tentariam copiá-lo por obrigação de ofício ou cortesania, pode-se bem imaginar outro tanto não sucedesse com estrangeiros e sobretudo fora do país. Explica-se assim que em sua visita à Califórnia, em 1876, pudesse achar impontuais os norte-americanos. "Que gente ativa – para fazer dinheiro!", manda dizer à condessa de Barral. "Para o mais, acho-a preguiçosa, e *time is money* não serve senão para enriquecerem. Que falta de pontualidade no mais!"[21] A pressa com que se transporta em viaturas – tem, em geral, um andar mais pausado – não o impede, quando lhe acontece interessar-se por uma obra ou um melhoramento, de se deter horas a fio, fazendo uma pergunta atrás de outra, sobre as mais insignificantes minúcias técnicas, sem se dar e sem dar repouso aos circunstantes. Como não havia incômodos que não soubesse aturar, julgava os outros por si, passando facilmente por desatencioso. O arquiduque Maximiliano seu primo, e futuro imperador do México, escrevendo do Rio de Janeiro ao irmão Francisco José, tem estas palavras a seu respeito: "Parece-me que o imperador não se ocupa devidamente com sua comitiva, já que obriga os que o cercam a permanecerem de pé durante horas, sob o maior calor e sem chapéu".[22]

Essa notícia combina bem com o que consta sobre os despachos ministeriais, em que d. Pedro costumava, na hora aprazada, receber primeiramente o presidente do conselho, com quem se entretinha por vezes mais de hora enquanto os outros ministros aguardavam o momento de serem recebidos numa saleta onde não havia sequer uma cadeira ou divã onde se acomodassem. Esse sistema de não se dar assento aos conselheiros da coroa só teria sido abolido em seguida a uma reclamação do general Osório, titular da Guerra no gabinete Sinimbu de 5 de janeiro (1878), que não podia permanecer longo tempo em pé devido a ferimentos recebidos durante a campanha do Paraguai.[23] Provavelmente não ocorreria ao imperador que pudesse alguém constranger-se ou agastar-se em situações tais, quando ele próprio, segundo a mesma fonte, chegou a presidir mais de uma reunião de ministério, equilibrando-se mal ou bem numa cadeira que tinha um dos pés quebrados, sem que isso parecesse causar-lhe maiores preocupações. Foi preciso que um ministro chamasse a atenção do mordomo do paço para que se mudasse ou consertasse o traste velho.

Da preocupação constante no imperador em andar ao par das mínimas particularidades da administração pública, há sinal manifesto no fato de, pelo menos a partir de certo momento, reclamar insistentemente de seus ministros extratos ou provas dos relatórios, que devolvia depois, acompanhados de seus comentários ou reflexões a respeito de cada ponto abordado. Voltavam tais documentos infalivelmente seguidos de anotações do próprio punho do monarca, "todas insignificantes, algumas tolas", dirá Cotegipe em 1869, quando observa que essa espécie de censura era coisa nova, pois até 1857 não existiu.[24] Antigo ministro do gabinete Paraná, que ficou, por morte deste, sob a chefia de Caxias até maio de 1857, o político baiano podia falar, no caso, por experiência própria. Verdade é que tinha ocupado, então, a pasta da Fazenda, e d. Pedro esquivava-se geralmente de discutir questões financeiras, que não lhe ofereciam atrativos maiores, e para as quais talvez se sentisse despreparado.

O que ainda hoje se pode conhecer das notas do imperador aos relatórios ou aos projetos do executivo ajuda-nos a melhor conhecer o que eram e o que valiam os despachos com os ministérios, onde tais notas eram certamente debatidas. Prolongando-se às vezes por seis horas e mais, representariam provavelmente das mais duras provas a que se viam sujeitos os homens de governo. Em tais condições, por mais que pretendesse d. Pedro seguir a regra de não impor jamais a própria vontade, parece lícito admitir que muitos acabassem desistindo de qualquer resistência maior por força do cansaço, não dos argumentos imperiais. Do zelo extremamente prolixo que costumava ele devotar aos negócios do Estado, poucos serão tão eloquentes quanto as anotações a lápis que escreveu às margens e, não raro, nas entrelinhas do projeto de reforma eleitoral, que podem ser lidos hoje no arquivo do Museu Imperial, em Petrópolis.[25] Mostram elas como não há talvez uma linha, certamente nenhum artigo, a que deixasse de dar a mais cuidadosa atenção.

Verifica-se, de fato, à leitura desses papéis que, no intuito de poder melhor discutir com os ministros, apelou para obras dos especialistas, consultou pessoas doutas, balançou cuidadosamente os pareceres divergentes, extraindo, ao cabo, suas próprias conclusões, ou hesitações para, provido de tão meticuloso arsenal, ter como levantar dúvidas, formular perguntas ou sugerir alvitres. Por exemplo, à margem do art. 3º, § 2º, onde entre as provas de renda requeridas do eleitor – um dos pontos mais controvertidos da lei Saraiva –, se fala em "certidão ou talão de pagamento do imposto de indústria ou profissão por qualquer título na importância de 24 mil-réis...", o imperador interrompe o enunciado para observar em nota: "primeiramente eram 12". Continuando, o texto reza: "[...] no município da Corte, a 12 mil-réis dentro das cidades e 6 mil-réis nos demais lugares do Império". E vem outra nota: "*Como* se calculou? Dias de Carvalho acha pouco o que sublinhei, se é anual. Elevaria ao dobro". A simples pergunta sobre o como se calculou já se prestaria naturalmente a divagações infindáveis, que deixariam em sérias dificuldades o ministério. Do mesmo modo, à margem do art. 8º, § 1º, onde, entre as condições de elegibilidade para vereador e juiz de paz, se menciona a da "residência durante dois anos

As "Falas do Trono", que abriam e encerravam as sessões parlamentares, eram a voz oficial do governo e valorizavam a figura do Imperador. Quando o poder de D. Pedro II entrou em declínio, esses discursos, embora elaborados pelos assessores de gabinete, começaram a surtir efeito contrário, servindo de munição para a oposição. Rio de Janeiro, *Revista Ilustrada. Coleção Emanoel Araújo.*

Novo marco zero na historiografia brasileira

CARLOS GUILHERME MOTA
Especial para a "Folha"

HISTÓRIA GERAL DA CIVILIZAÇÃO BRASILEIRA (volume 11: Economia e Cultura) direção de Boris Fausto. Difel. 666 págs. Cr$ 23.200.

Chega ao fim a publicação da **História Geral da Civilização Brasileira**. Fato digno de registro, por se tratar de um projeto editorial de grande porte, bancado por Paul-Jean Monteil, um tipo raro e ilustrado de editor, o saudoso Monsieur Monteil da Livraria Francesa e da D. E. L. Representou ele um personagem que hoje escasseia em nosso mercado de livros, possuidor de uma perspectiva cultural, científica e empresarial que esteve associado a uma nova época para as ciências humanas no Brasil. De fato, suas iniciativas respondiam a um clima cultural novo, não só pela sua livraria, uma das maiores fora da França, mas sobretudo por empreendimentos de peso, entre eles as traduções da **História Geral das Civilizações** (dirigida por M. Crouzet), da **História Geral das Ciências** (dirigida por R. Tatton), das obras de Montaigne, Sartre e Simone (magistralmente traduzidas por Sérgio Milliet), etc. etc. No plano da História do Brasil, avulta esta iniciativa maior, a **História Geral da Civilização Brasileira**, dirigida por Sérgio Buarque de Holanda, dos volumes 1 ao 7, e por Boris Fausto, do volume 8 ao 11.

Sérgio Buarque coordenou a fase inicial da "História Geral da Civilização Brasileira", que posteriormente foi dirigida por Boris Fausto

O historiador zeloso

Não foi muito o que se escreveu sobre os volumes dirigidos por Sérgio Buarque, que abrigam algumas das mais notáveis análises sobre a história do Brasil no período colonial e no período imperial. Com efeito, os estudos coloniais de Alice Canabrava sobre a grande lavoura, de Florestan Fernandes sobre a organização social dos indígenas, de Lourival Gomes Machado sobre o absolutismo e o barraco, de Antonio Candido sobre o mundo das idéias no Brasil Colonial — entre outros — só encontram rebate nos capítulos primorosos de autoria do próprio diretor da obra coletiva. Os capítulos de autoria de Sérgio Buarque tornaram-se clássicos, sobretudo as visões que produziu sobre a sociedade da mineração e sobre a desagregação da "herança colonial".

Naqueles volumes produzidos nos anos 60, esse esforço coletivo redundou num passo decisivo para a "redescoberta" do Brasil. Alguns dos mecanismos da colonização e da expansão territorial ficaram indicados, oferecendo ao estudioso um panorama novo da vida colonial. É certo que o conjunto das análises revelava já um caráter algo inarticulado, de que aliás se ressentem em geral obras coletivas, que os capítulos do coordenador se esforçavam por costurar e encobrir. E certamente já surpreendia ao leitor dos anos 60/ 70 lacunas nessa obra grandiosa, como é o caso das teorias de Fernando A. Novais sobre o Brasil nos quadros do Antigo Sistema Colonial, ou os estudos de Amaral Lapa sobre as conexões internacionais do Brasil-Colônia, estudos que então despontavam, mas não foram incorporados à coleção que abrigou capítulos redigidos por historiadores por vezes distanciados da problemática do período.

Mas houve a incorporação de experiências historiográficas importantes, seja na compreensão do processo de emancipação política, com a fundação de um império liberal à sombra da expansão inglesa — que o estudo pertinente de Olga Pantaleão detalha —, seja na apreciação da agitação republicana no Nordeste, com a contribuição do historiador pernambucano Amaro Quintas. No primeiro dos 5 volumes dedicados ao Brasil Monárquico faltou, apenas, uma visão sintética e articulada da Revolução e Contra-revolução da Independência, tema caro ao historiador José Honório Rodrigues, que aliás não comparece nessa obra coletiva. Entretanto, a ação das sociedades secretas e a fermentação das novas idéias ficam bem indicadas na interpretação de Célia de Barros Barreto e na do saudoso professor Cruz Costa, precursor da história do pensamento entre nós.

Nos demais volumes dedicados ao período monárquico, encontra-se talvez o mais completo conjunto de estudos já reunidos sobre o período, cobrindo no tempo e no espaço as vicissitudes da história imperial, do ponto de vista econômico, cultural, social, político e internacional. A "dispersão e unidade" do Império são examinadas por vários autores com pormenor e rigor, mas em tratamentos estanques, de tal sorte que o leitor dificilmente se dará conta das bases do sistema cultural e político que se articulou nessa fase decisiva da História do País. Um exemplo: embora importante, o capítulo sobre "A Cultura Jurídica" surge desligado do contexto sócio-político em que dominava tal "cultura"; mais entranhada na vida social está, em contrapartida, a análise da vida literária durante o Império, desligada embora de outros capítulos sobre cultura.

Algumas lacunas

Com o tempo, é natural que críticas a eventuais defeitos dessa obra coletiva se acentuem, e que inúmeras qualidades sejam apreciadas sob ângulos novos. Impõe-se notar que a vida imperial não foi pensada em termos de um sistema político-administrativo e sócio-cultural mais ou menos coeso. Ou seja, não levaram em conta os autores a existência de uma obra de fundamental importância, **Os Donos do Poder** (1958), de Raymundo Faoro, que já desmontara dez anos antes, com acendrado vigor, os mecanismos de dominação do patronato político brasileiro.

Além disso, sobre esse período do século 19, em que se afirma historicamente o estamento burocrático que passará a dominar a vida do Império e da República, teria sido fundamental fixar alguns traços definidores de nosso sistema político, em suas conexões internacionais. Toda a problemática do que se denominaria "dependências" já estava posta, bem como a natureza do Estado nacional, que traz desde o início as marcas de sua ação repressiva e/ou desmobilizadora e/ou cooptadora. Estado que se aprimora cada vez que emergem movimentos sociais que retomam, ao longo do século 19, as linhas da descolonização. Assim é que se desmantelam insurreições do porte da Praieira, da Cabanagem, da Farroupilha — a exemplo do que ocorreu com as Insurreições nordestinas de 1817 e 1824 (a Confederação do Equador, do Frei Caneca).

Pena que o conjunto de estudos não ofereça uma visão articulada disso tudo, — o que aliás era bem acompanhado pelos argutos comandantes ingleses da **South American Station**. Processos que deixaram fundas cicatrizes e sestros na fisionomia doEstado nacional brasileiro, e das quais Sérgio Buarque deve ter-se dado conta, pois encerrou o período monárquico com um brilhante volume, de sua autoria exclusiva, esmiuçando as características mais agudas desse "modelo" político, em que o poder pessoal definia o caráter da nossa "democracia improvisada", dando a forma e o método do reformismo, da conciliação e desse estranho "liberalismo" (haja aspas) brasileiro. Que, de resto, está aí outra vez.

Maior organicidade

A obra coletiva adquire maior organicidade ao alcançar o Brasil Republicano (volumes 8 a 11), já sob a direção de Bóris Fausto. No primeiro volume, que localiza o sistema oligárquico, a economia e as finanças nos primórdios da República, delineia-se um panorama em que a expansão cafeeira, a industrialização e a economia do açúcar ganham relevo, processos estudados à luz do contexto do capitalismo internacional. Não só uma brilhante interpretação do sistema oligárquico é efetuada (por Fernando Henrique Cardoso), como as linhas-mestras da história econômica da República Velha (1889-1930) são teorizadas por estudiosos do porte de Paul Singer e Francisco de Oliveira, não descuidando do contexto da economia internacional. A registrar a pletora excessiva de "brazilianists" que participa do volume. No segundo volume (vol. 9), dedicado à sociedade e instituições, as chamadas classes médias, o proletariado industrial, a imigração e os movimentos messiânicos são pesquisados em relação ao Estado, sempre se considerando o peso desses segmentos sociais no conjunto da sociedade. Particularmente fecundo o estudo do saudoso Douglas Teixeira Monteiro no confronto que elaborou entre Juazeiro, Canudos e Contestado. É instigante a análise de José Murilo de Carvalho sobre as Forças Armadas, funcionando — nada de novo no front — como "poder desestabilizador". Menos coerente é o último bloco sobre "Cultura, Igreja, Ideologia e Diplomacia", onde — entre outros — encontra-se um rigoroso capítulo de síntese sobre "As Crises dos Anos Vinte e a Revolução de 1930", que dá passagem aos volumes seguintes.

Nos dois últimos volumes, que encerram a coleção, a demarcação cronológica é segura: 1930-1964. O volume 10 tratava da Sociedade e da política; o volume 11, ora publicado, da economia e da cultura. Desnecessário sugerir que são volumes destinados à mais calorosa polêmica, nestes tempos em que o pensamento crítico se esvazia nos compromissos político-culturais da "verdadeira conciliação". Reacendem-se neles várias questões, extremamente controvertidas, que vão da interpretação sobre o significado da Revolução de 1930 — enleada num complexo sistema de compromissos — ao discutível papel do Exército na política industrial; das relações de classe sob o Estado Novo à composição e atuação do PCB; da natureza do Estado e da política "populista" no Brasil (1954-1964) à questão da terra e ao comportamento político da "classe média"; e se retoma o velho tema da rígida elite política brasileira — que aliás ainda está mandando.

Ensaios estimulantes

Particularmente estimulante é este último volume, que vem à luz num momento de pasmaceira cultural. Será curioso acompanhar as polêmicas que se travarão — "wishfull thinking"? — entre os produtores de visões "alternativas", da vanguarda dos "silenciados" e dos "desconstrutores" da história dos "vencedores", e os autores destes ponderáveis estudos. Alguns autores se rebelam contra a cronologia, alcançando os anos 70 e 80. É o caso do gaúcho Guilhermino César, que no estudo sobre a produção poética e a prosa de ficção oferece uma visão de conjunto, extremamente lúcida, em que "recupera" (termo universitário infeliz) figuras como a de Augusto Meyer. É o caso da nova história da Igreja, marcada pela Revolução de 30, pela chamada redemocratização de 1945 e abalada pelas transformações de 1945 e 1970. Caso, também, da análise econômica de Singer ("Interpretação do Brasil") que alcança as greves de 1978-80 e discute a natureza das classes sociais "modernas"; da agropecuária, que sofreu transformações radicais entre 1930-1970; e da educação, da MPB e do teatro. Neste último capítulo, o da história recente do teatro, Décio de Almeida Prado produziu ensaio de interpretação fundamental que, ao lado das interpretações de Oscar Beozzo, sobre a nova história da Igreja, do citado Paul Singer sobre a experiência desenvolvimentista brasileira, de Celso Beisigel sobre a educação e sociedade pós-30 e de Matinas Suzuki/ Gilberto Vasconcelos sobre a malandragem e a formação da MPB, constitui o início do complexo processo de articulação da memória de um passado recente e difícil.

Será natural a ausência de certos capítulos, sobre artes plásticas, ou sobre a história do pensamento científico e das instituições culturais? E os meios de comunicação de massa, jornais, rádio e TV, não possuem história? A exemplo dos volumes anteriores, a história da cultura — e sobretudo a história das ideologias culturais — ainda está por se fazer. A unidade existente entre os estudos ora publicados é frágil, pois não se procurou, num trabalho preliminar, detectar os sistemas culturais, para verificar como sustentam o quadro tenebroso das primitivas relações de dominação no Brasil. Quadro cultural e econômico que a malandragem comenta, que o teatro contesta, que o cinema denuncia, que a universidade apascenta, mas que continua aí, impávido colosso.

Em qualquer hipótese, trata-se de iniciativa editorial corajosa, que cheta a bom termo sob a coordenação sóbria de um historiador de mérito, Bóris Fausto, autor de obra séria, útil e legível.

CARLOS GUILHERME MOTA é historiador, professor titular de História Contemporânea da FFLCHUSP e autor, entre outros livros, de **Idéia de Revolução no Brasil** e **Ideologia da Cultura Brasileira**

Resenha de Carlos Guilherme Mota sobre a Coleção História Geral da Civilização Brasileira. *Folha de S.Paulo*, 30/9/1984.
Imagens-Arquivo Central/ SIARQ – UNICAMP.

Sérgio Buarque de Holanda com um exemplar da revista *Klaxon* durante entrevista sobre a Semana de 22. São Paulo, 1982.
Imagens-Arquivo Central/ SIARQ – UNICAMP.

Prezado
Artur Cesar Ferreira Reis.

Uma série de contratempos impediu-me de responder com a conveniente rapidez à sua carta de 16 do corrente, recebida há alguns dias. Nela v. me repreende com alguma ponta de azedume para finalizar, depois de sugerir que eu me emende, com um complacente "Certo ?"

Acontece que o pito é que não está certo. Para começo de conversa v. se declara "pasmo com a total ausência de referencia, por mais reduzida que fosse, à Amazonia no periodo que é objeto dos dois volumes em questão (6º e 7º). No caso do último (7º), todo de autoria minha, devo explicar que não pretende ser senão uma síntese predominantemente da política interna do referido período. Como eu me estendesse em demasia, não foi possivel fazer dêle um simples capítulo do anterior (6º), com o qual terminaria o tratamento do Brasil Monárquico. Ainda assim, precisei reduzir o texto que, de outra forma, ficaria muito prolixo. De qualquer maneira o material que não correspondesse mais diretamente a uma periodização ditada pela política interna ficaria excluido, ou porque já saiu no livro e capítulo competente, ou porque deva ser incluido no tomo da República. Assim, o caso a que v. se refere da "exploração de um hinterland que aguçou o interesse de cientistas brasileiros e estrangeiros etc." e que v. ficou pasmo de não ver abordado nos volumes incriminados. Não o poderia ver mesmo, pois o assunto já foi tratado devidamente em dois longos capítulos, o VII e o VIII do vol. 5º (sem falar no capº V do 3º) que abrangem todo o Brasil Monárquico, inclusive o periodo que, de um prisma puramente político, corresponderia ao 7º. E acho que naquêles capítulos à Amazonia coube, com justiça, a parte de leão. Para que repetir, mesmo resumidamente, o que já está dito ?

Diz mais sua carta que a Amazonia também provocou a "incorporação de novas áreas territoriais e, por fim, a série de conflitos com os vizinhos de uma gigantesca frlonteira. Porque êsse esquecimento ?". Não houve esquecimento algum. Ou eu muito me engano ou a primeira parte aqui se refere ao Acre. Essa e as outras questões de limites, com os seus respectivos antecedentes, caberão melhor nos volumes relativos à República. Parece-me que o nosso desentendimento, nêste e nos outros casos, resulta do fato de, pessoalmente, não me dar eu muito bem com a historiografia varejista, que procura retalhar tudo num vasto compendio de eras,

ACIMA E PÁGINA AO LADO:

Carta de Sérgio Buarque de Holanda ao historiador amazonense Artur César Ferreira Reis, respondendo os comentários feitos à Coleção História Geral da Civilização Brasileira. *Imagens-Arquivo Central/ SIARQ – UNICAMP.*

com ou sem erros. A outra discrepância parece-me vir do fato de ter eu procurado em um dos volumes, o 2º do Brasil Monárquico, optado pelos enfoques regionais, onde pude contar, aliás, com a sua preciosa colaboração. Isso talvez sugerisse que os demais volumes seguiriam identico critério. Houve, contudo, um motivo especial para semelhante solução no caso. É que feita a Independência e reunidas as províncias, com a Côrte no Rio de Janeiro, haveriam de aguçar-se momentaneamente ao menos, os ciumes e peculiaridades regionais, que poderiam repercutir mais tarde de algum modo, mas que seriam amainados, ou amordaçados, se v. quizer, por volta de 1848/49. A partir de então passa a haver uma centralização excessiva do ponto de vista político, reforçada ainda mais pelo novo eixo econômico, devido ao maior desenvolvimento da lavoura cafeeira ao redor da Côrte. O tratamento unitário, a partr de então, parece condizer melhor com um período em que a própria unidade nacional deixa de ser desafiada com a mesma força. Além dessa razão, há outra que se refere à economia geral da obra. A abordagem por miudo até o final do Império e mais tarde acarretaria o risco de aumentar de forma intoleravel as dimensões da mesma obra.

Ia esquecendo-me, com essas explicações, de outras questões que, a seu ver não foram objeto de qualquer referência, por mais reduzida que fosse. Uma diz respeito à abertura das águas do Amazonas a embarcações de todos os paizes, com os problemas internacionais que antecederam a medida. Está às páginas 54 e 55 do volume, naturalmente sem o desenvolvimento amplo que se deu a outros problemas que aparentemente afetaram mais a vida interna do pais: a Guerra do Paraguai, por exemplo. Queixa-se v. também da omissão total de referencia ao ter provocado a Amazonia o "movimento migratorio nordestino" e "no campo das relações internacionais, a nossa participação com o monopolio da borracha". Está às páginas 248-249. São ao todo 78 linhas, e linhas de mais de 70 espaços, o que não é pouco a meu ver. E se v. ainda achar pouco repare no final, onde está dito: "Seu apogeu e colapso [da borracha] não pertencem ao Brasil monárquivo. Baste notar que o valor da borracha exportada pelo país durante todo o último decênio da Monarquia ainda é inferior à média que alcançou em cada um dos primeiros anos do presente século".

Isto quer dizer que v. talvez possa ver nos volumes restantes(da República) muito do que v. não quiz ver, ou viu com maus olhos nos dois úlyimos. Quem sabe se aparecerá até a Transamazonica ? Todavia não afirmo nada, porque resolvi, com o 7º aposentar-me também da História Geral, porque preciso de mais tempo para outros trabalhos urgentes. Ainda não está bem decidido sôbre quem será meu sucessor. Quando muito colaborarei com êle em algum capítulo que me interesse particularmente. Sei que há outros pecados e certamente mais graves do que aquêles que v. observou com tamanha veemencia. Os que v. denunciou ou não são pecados, ou não são mortais, e só agora percebo que me mostrei respondão demais. É verdade que sou muito suspeito. Certo ?

Um abraço do

A VIDA FLUMINENSE

Boatos da tarde de 21

Cahio o ministerio!... O ministerio cahio!... Que ventura!!!...

Realidade da manhã de 22

O ministerio não cahio! Que decepção! Ficamos todos com nariz de palmo e meio!...

Na Revista oitocentista *Vida Fluminense*, as caricaturas de Angelo Agostini caracterizam a crise política de 1868. Rio de Janeiro, 15/2/1868. *Acervo da Fundação Biblioteca Nacional – Brasil. Reprodução: Francisco Moreira da Costa.*

Angelo Agostini ironiza a falta de visão prática do Imperador, sempre com os olhos voltados para o céu. *Acervo Iconographia.*

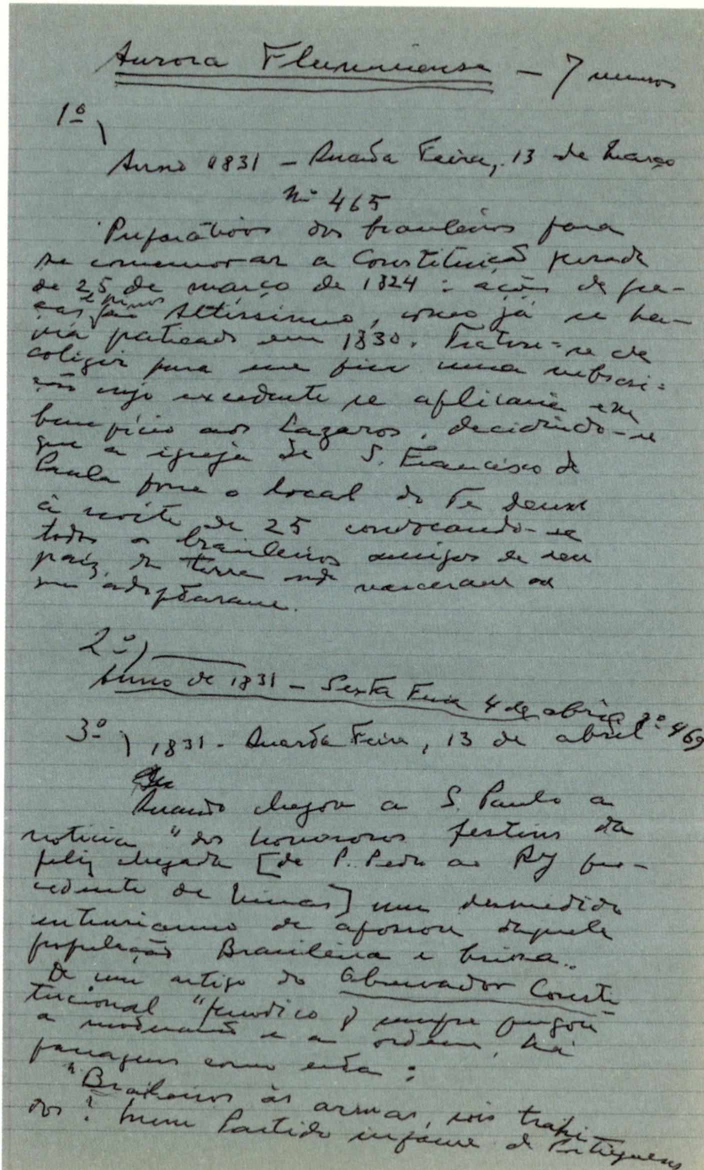
Aurora Fluminense — 7 números

1º)

Anno 1831 — Quarta Feira, 13 de Março

Nº 465

Preparativos dos brasileiros para se comemorar a Constituição jurada de 25 de março de 1824: ações de graças ao Altíssimo, como já se havia praticado em 1830. Tratou-se de coligir para esse fim uma subscrição cujo excedente se aplicaria em benefício dos Lazaros, decidindo-se que a igreja de S. Francisco de Paula fosse o local do Te Deum à noite de 25 convocando-se todos os brasileiros amigos de seu país, da terra onde nasceram ou adotaram.

2º)

Anno de 1831 — Sexta Feira 4 de abril

3º) 1831 — Quarta Feira, 13 de abril nº 469

Quando chegou a S. Paulo a notícia "dos honrosos festins da feliz chegada [de D. Pedro ao RJ procedente de Minas] um desmedido entusiasmo se apossou daquela população Brasileira e briosa..."

De um artigo do Observador Constitucional "periódico q. sempre pugnou a moderação e a ordem, há passagens como esta:

"Brasileiros às armas, sois traídos! Hum Partido infame de Portugueses

ACIMA E PÁGINA AO LADO:

Anotações do autor que serviram para a redação de seus estudos históricos sobre o Brasil.
Imagens-Arquivo Central/ SIARQ – UNICAMP.

absolutistas tem usado levantar o colo
no RJ. Tem-se enchido de impro-
perios o nome ~~de~~ Brasileiro. Cidadãos
livres tem sido insultados por em-
uôso só por terem nascido no Brasil
o amargam; e tem o nome sempre tem já
do; e tem corrido impune: que vergo-
nha! No meio das scenas de horror que
apresentarão ao RJ nas noites dos dias
13, 14 e 15 do p.p., as autoridades, que
deverão velar ~~pela~~ na tranquilidade,
se tem mostrado indifferentes; tem-
se procurado desarmar a tropa Bra-
sileira, e com apática
indifferença e criminosa
esse partido tem-se animado
os crimes, assassine a que commetta todos
todos os Brasileiros, se for possível,
dos cabras, e acabe a raça
infames", segundo a expressão desses"
- -
"Os planos do 'malvado gabinete se-
creto' de que tanto se falava começarão
a ter execução. A ida do Impera-
dor a Minas estava ordenada n'esse
plano; e a sua proclamação, impolítica,
anti-constitucional e anti-brasi-
leira he obra desse gabinete: ~~a entra-~~
~~da e mesmo Imperante consentisse~~
~~em sua presença pessoas~~ os insultos,
nas noites de ~~12~~ 13 e 14, vesperas de sua
chegada forão autorizados por tem ~~gabinete~~
gabinete; e mesmo Imperante consen-
tiu ~~que em~~ sua presença pessoas de
sua ~~comitiva~~ comitiva atacassem ~~os~~ Bra-
~~sileiros~~ zileiros que encontravão, obrigando-
os a dar vivas ao Imperador, e morras
~~ao~~ Republica".
- - - - - - - - - - - - - -

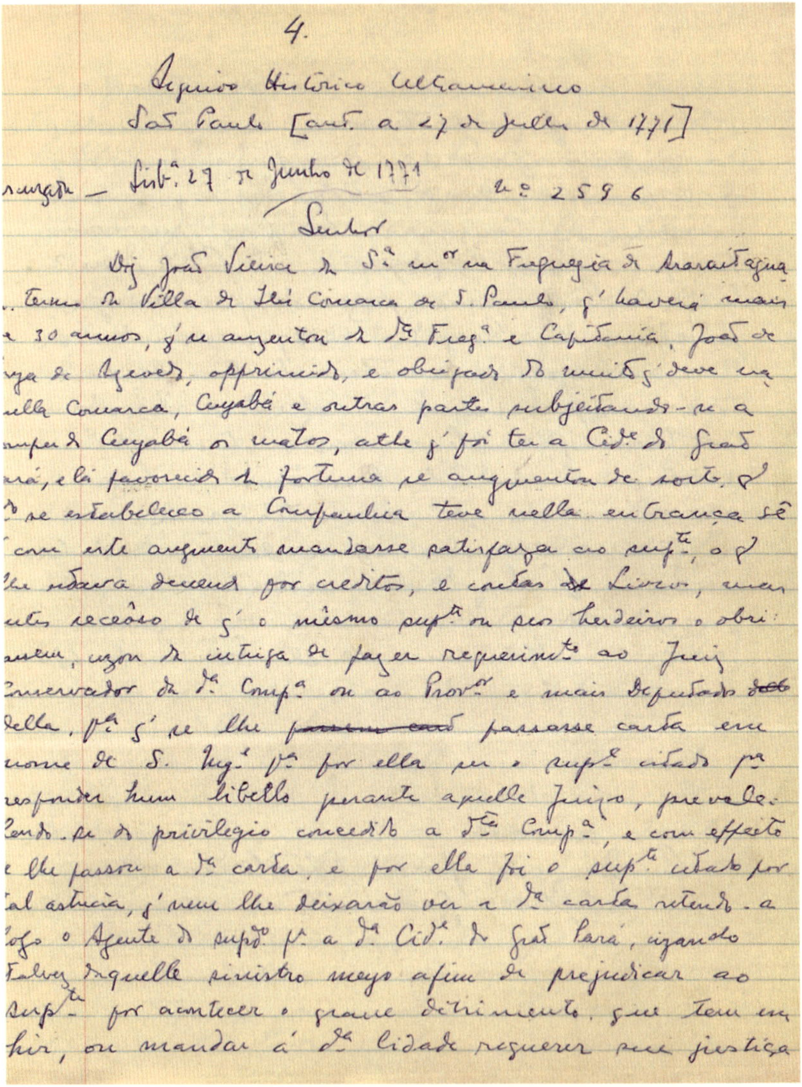

4.

Arquivo Histórico Ultramarino

São Paulo [ant. a 27 de julho de 1771]

..rogação — Lisb.a 27 de Junho de 1771 — n.º 2596

Senhor

Diz João Vieira de S.a m.or na Freguezia de Araraitaguaba
.. termo da Villa de Itú Comarca de S. Paulo, q' haverá mais
de 30 annos, q' se auzentou da d.a Freg.a e Capitania, João de
..ga de Azevedo, opprimido, e obrigado do muito q' devia na
..lla Comarca, Cuyabá e outras partes, subjeitando-se a
..mpa do Cuyabá os matos, athe q' foi ter a Cid.e do Grão
..rá, e lá favorecido da fortuna se augmentou de sorte, q'
..do se estabeleceo a Companhia teve nella entrança sê
.. com este augmento mandasse satisfazer ao sup.te o q'
lhe restava devendo por creditos, e contas de Livro, mas
antes receôso de q' o mesmo sup.te ou seos herdeiros o obri-
gassem, uzou da intriga de fazer requerim.to ao Juiz
Conservador da d.a Comp.a ou ao Prov.or e mais Deputados ~~da~~
della, p.a q' se lhe ~~passasse carta~~ passasse carta em
nome de S. Mag.e p.a por ella ser o sup.te citado p.a
responder hum libello perante aquelle Juizo, prevale-
cendo-se do privilegio concedido a d.ta Comp.a, e com effeito
se lhe passou a d.a carta, e por ella foi o sup.te citado por
tal astucia, q' nem lhe deixarão ver a d.a carta retendo-a
logo o Agente do supp.do p.a a d.a Cid.e do Grão Pará, uzando
talvez daquelle sinistro meyo afim de prejudicar ao
sup.te por acontecer o grave detrimento, que tem em
hir, ou mandar á d.a Cidade requerer sua justiça

Anotações de pesquisa de Sérgio Buarque de Holanda.
Imagens-Arquivo Central/ SIARQ – UNICAMP.

Rio, 25 de novembro de 1972.

Prezado Sérgio Buarque de Holanda,

cumprimentos.

Quero agradecer-lhe o oferecimento do volume O BRASIL MONÁRQUICO,DO IMPÉRIO À REPÚBLICA,da HISTÓRIA GERAL DA CIVILIZAÇÃO BRASILEIRA.

Sua dedicatória,extremamente gentil,contém a interrogação: se está certa a sua interpretação da "fronda pretoriana". Penso que,tratando-se de alguém com a sua autoridade,não se coloca o problema de estar certa ou errada esta ou aquela interpretação ; trata-se de ângulos e maneiras diferentes de interpretar o mesmo processo ou episódio. Eu jamais me aventuraria a julgar um trabalho científico do ponto de vista do certo ou errado. A minha interpretação difere da sua,na verdade. Mas considero a sua importante e respeito-a,como ao autor.

Sem mais,um abraço do velho admirador e amº

(Nelson Werneck Sodré)

rua Dona Mariana,35-ap.202-Rio(GB)

Carta de Nelson Werneck Sodré agradecendo a Sérgio Buarque o envio do livro *O Brasil Monárquico do Império a República*, da coleção História Geral da Civilização Brasileira. Rio de Janeiro, 25/11/1972. *Imagens-Arquivo Central/ SIARQ – UNICAMP.*

El Rey, nosso Senhor, e amo, dorme o sono da indiferença. Os jornais que diariamente trazem os desmandos desta situação parecem produzir em Sua Majestade o efeito de um narcótico.

As caricaturas impressas em periódicos tanto serviam para popularizar a imagem do Imperador como revelavam os impasses e a fragilidade do sistema político. *Coleção Emanuel Araújo.*

Mais uma vez, o caricaturista Angelo Agostini expõe as grandes fraturas do Império. Diante de tantos embaraços políticos e econômicos, não há ciência ou projeto literário romântico que dê conta. A carruagem vai mesmo tombar. *Revista Ilustrada*, 28/7/1885. *Acervo Iconographia*.

"O Ministério e a oposição" por Angelo Agostini.
Vida Fluminense, Rio de Janeiro, 15/2/1868. *Acervo da Fundação Biblioteca Nacional – Brasil. Reprodução: Francisco Moreira Costa.*

administrações locais não se cansavam de socorrer-se dos cofres da nação para as mais comesinhas despezas.

A possibilidade que tinham, ainda assim, alguns presidentes ou assembléias de granjear os favores do poder central, não só estimulavam êsses gastos tidos por sumptuários, como emperravam todas as tentativas feitas no sentido de se corrigirem os processos rotineiros de arrecadação. Em 1835 queixou-se em relatório o presidente Antonio Paulino Limpo de Abreu, de Minas Gerais, de que só pagava imposto ali quem quizesse pagar *. No entanto, por maior empenho que se puzesse em melhorar aquêles processos, surgiam sempre dificuldades para se obter um equilíbrio satisfatório entre os gastos gerais e os provinciais. O primeiro passo para se remediar o mal será dado quando ficar deliberado que o montante das remunerações dos juizes de Direito passe a correr por conta do ministério da Fazenda, còm o que se evitarão sangrias consideraveis nos cofres provinciais. Em 1846 mantêm-se na lei orçamentaria os suprimentos para as províncias, onde tal recurso já se convertera em norma corrente, mas reduzidos de 50 %, com a especificação de que as somas pagas devem servir para o pagamento das pessoas empregadas nos serviços do culto. Finalmente, a partir de 1847, serão efetuados pelo Ministério da Fazenda os pagamentos destinados à Guarda Nacional, justiças de primeira instância e culto.

Mesmo essa redistribuição não aliviará senão em parte a situação financeira escabrosa em que viviam as províncias em sua maior parte. Em muitos casos trataram as legislaturas de dar-lhes remédio apelando para impostos de exportação que foram objeto de muitas críticas justificadas, uma vez que representavam uma invasão da esfera do poder central. Defendiam-se os adeptos de tais medidas, observando que o Ato Adicional, ainda que reservasse ao governo geral a capacidade de legislar sobre impostos de importação, era omisso no que diz respeito aos de exportação, e não custava interpretar o silêncio como licença. Além disso a própria circunstância de reservar-se o governo geral o direito exclusivo de taxar produtos importados estava sendo ignorada por varias províncias, de sorte que iam lançando impostos sobre artigos trazidos do exterior, de outra província e até de um para outro município. Tanto que, entre 1835 e 1861, nada menos de que 15 legislaturas provinciais aprovaram medidas nesses sentidos **. Ora, se legislavam sobre o que lhes era expressamente vedado, como querer que essas e ou-

(*) Francisco Iglesias, Política Económica do Governo Provincial Mineiro (1835-1889), Rio de Janeiro, Instituto Nacional do Livro, pág. 182.-*

(**) Visconde do Uruguay, op. cit., tº 1º, pág. 301.-*

ACIMA E PÁGINA SEGUINTE:

Páginas de *Capítulos de história do Império*. O original datilografado e com emendas feitas à mão por Sérgio Buarque de Holanda tinha cerca de 150 páginas. *Acervo Fernando A. Novais.*

tras assembléias deixassem de praticar o que lhes parecia tacitamente facultado ?

Forçados os presidentes a um equilibrio dificil entre o que dêles se esperava, como agentes de confiança do governo que os nomeou, e as aspirações justas ou não dos governados, seu mister comparava-se, não raro, ao de quem se propuzesse dar movimento a um hemiplégico. No exercício do posto precisariam primeiramente de gente merecedora de sua confiança e que, sabendo das necessidades locais, estivesse em condições de os ajudar. Com o escasso tempo de que ordinariamente dispunham, fazia-se dificil a bôa escolha, e assim, mesmo que os guiasse o propósito de bem administrar, costumavam ser presa fácil de interesses particulares e, em suma, da pequena política. A regra, em todo caso, era ficarem atentos em primeiro lugar ao que ia pela Côrte. A esta espécie pertenceria, por exemplo, Henrique Pereira de Lucena, mandado a presidir o Rio Grande do Sul em 1887, se merecer fé o testemunho de um estrangeiro que com êle e sua família privou na mesma época *. Tendo presidido anteriormente Pernambuco, sua província, assim como o Rio Grande do Norte e a Bahia, e vivendo, de ordinário, no Rio de Janeiro, jámais conseguiu, segundo o mesmo testemunho, acostumar-se com a vida no Sul e disso não fazia segredo. "Bandidos" e "doidos" eram os mimosos epítetos que dava aos naturais da província que agora presidia. Não só êle, mas todos os seus, viam no viajante um excêntrico, pois de outra forma como qualificar quem abandonara voluntariamente as amenidades da Côrte para ir tiritar de frio naquêles confins do Império, perguntavam, esquecidos de que para seu interlocutor, um russo, o argumento não devia ser de grande peso.

O sentimento regionalista era um traço distintivo do presidente, mais do que a paixão político-partidária. Todos os grandes homens do país tinham vindo do norte, a seu ver, isto é de Pernambuco e quando muito da Bahia. A propósito, o nome que mais citava era o de Joaquim Nabuco, o qual, se pecava como liberal, redimia-se como pernambucano. Entretanto era missão nitidamente política a que devia cumprir Lucena, pois fôra incumbido de ganhar para os conservadores, e para o ministério Cotegipe, o marechal de campo Manuel Deodoro da Fonseca. Se bem sucedido, passaria o governo ao general e ganharia, êle próprio, para começar, um título de barão, uma pasta no ministério, e uma senatoria. É que faltava aos conservadores um soldado ilustre na câmara vitalícia, desde o desaparecimento de Caxias. Assim como Pelotas fora representar no senado a tradição de Osório, não poderiam os outros levar tambem Deo-

---

(*) Alexander Jonin, Durch Südamerika, 1º vol., Berlim, Verlag Siegfried Cronbach, 1895, pags. 146 e 211.-*

pelo menos no município", o que parece perfeitamente claro, vem nota à margem: "definir esta residência".

Além de querer tudo definido e precisado, preocupa-se muito com as mil e uma omissões possíveis em tal ou qual circunstância. A propósito das inelegibilidades para Senadores, deputados e membros de assembleias provinciais atêm-se minuciosamente aos casos particulares de que não pode e não precisa cogitar a legislação vigente, e por isso não constam dos repertórios conhecidos.[26] Assim, quando no art. 9º se diz que não poderão ser votados a) em todo o império, os ministros do Supremo Tribunal de Justiça, os diretores gerais do Tesouro e os diretores gerais das secretarias e b) nas províncias onde exercem autoridade ou jurisdição, os comandantes de armas, acrescenta-se, em a) – lembrete ou pergunta? – "diretor do telégrafo" e em b) "inspetores de tropas, comandantes de fronteiras, diretores das secretarias provinciais, das estradas de ferro, das terras públicas...". Ora, acontece que tais casos se acham em geral implicitamente abrangidos na própria Constituição do Império, onde se trata (art. 32) da incompatibilidade entre o exercício de empregos públicos e as funções de deputado e Senador, enquanto durem os trabalhos legislativos.

Essa exigência de explicitações pormenorizadas encontra-se já com relação ao art. 3º, § 3º, onde se requer que o empregado civil ou oficial do Exército demonstre perceber vencimentos não inferiores a 200 mil-réis, com direito à aposentadoria ou reforma para fazer jus ao título de eleitor. Na nota à margem lê-se "E os pensionistas? Voluntários da Pátria? Honorários com soldo?". No art. 2º lê-se: "É eleitor todo cidadão brasileiro, nato ou naturalizado...". Nota: "Dias de Carvalho quer tempo de residência". Continua o texto do mesmo artigo: "... católico ou acatólico...". E o imperador: "judeu?". Seria plausível a pergunta se a palavra "acatólico" não tivesse ampla latitude de significação, de modo a abranger indiscriminadamente todos os que não professassem a religião do Estado, por conseguinte também os judeus.

A julgar por amostras como essas, que poderiam ser multiplicadas, tudo precisaria ser expressamente previsto, no entender de d. Pedro, a fim de não ficar margem para o arbítrio e a malícia, embora devesse o projeto ser submetido ao corpo legislativo, onde podia ser emendado abundantemente, e talvez para pior. Não se pode negar, aliás, que algumas de suas notas refletem escrúpulos estimáveis. O discutível, porém, é se essa preocupação com tantos pormenores acerca dos problemas mais vários e mais árduos da administração representassem ao cabo um benefício real para a boa marcha dos negócios públicos. Tudo leva a crer que a continuada interferência de uma entidade que busca investir-se de sobre-humana onisciência terá mais probabilidades de converter-se, ao contrário, em um transtorno constante para seu melhor andamento.

Seria querer muito de um rei, com os poderes de que dispunha o imperador do Brasil, pretender que fosse dotado, ao mesmo tempo, de imaginação generosa e capaz de altos voos, e de um senso preciso das realidades mais prementes. Pois são atributos, esses, que em geral não gostam de andar de mãos dadas. Nem se pode dizer que d. Pedro costumava imolar a imaginação criadora ou o alto descortino a um senso muito exigente da realidade, porque nele o senso do real tinha toda a aparência de um detalhismo de dona de casa. No entanto essa meticulosa atenção não a dirigia ele a coisas que pessoalmente lhe tocassem de perto como o seu trajar-se e seu ambiente caseiro. Chamava atenção, com efeito, sua incúria no trajar-se, que tomava tanto maior realce quanto sobre sua casaca amarfanhada fazia reluzir indefectivelmente as insígnias do Tosão de Ouro. O paço de São Cristóvão, e o da Cidade ainda mais, notabilizavam-se pelo desleixo nas arrumações e pelo descuido na limpeza e conservação do mobiliário: o caso já aqui lembrado da cadeira capenga de onde chegou a presidir despachos com os conselheiros da Coroa é significativo e não é único. Indiferente a esses e outros descômodos, tinha sempre como explicá-los dizendo que não era amigo de luxos e afetações.

Tais fatos são como a contraparte de seu detalhismo, que se exprime singularmente em um dos traços constantes do modo que tinha de governar, fingindo que reinava. É bem sabido que se negava em geral a aprovar qualquer proposta de nomeação ou de promoção nas carreiras civil, militar ou eclesiástica, sem antes ter esmiuçado por todos os meios ao seu alcance a vida pregressa dos candidatos. Ajudado de uma curiosidade inexpugnável e de uma rara memória, invadia os mais íntimos recessos da existência da pessoa alvitrada para certificar-se de que nada haveria em tais esconderijos que pudesse repugnar a um moralismo de cunho ascético. Ora, há pecados que costumam resguardar-se de bisbilhotices, mas por motivos diversos daqueles que podem levar algum indivíduo a esconder a própria incompetência, ou a ignorância ou a improbidade, por exemplo, e no entanto, ao contrário do que sucede com esses defeitos, não incapacitam necessariamente para o bom desempenho do serviço público. Era contudo contra os primeiros que costumava aguçar-se em geral sua vigilância implacável. Quanto a outros tipos de denúncia, o que de vários depoimentos resulta é que se inclinava com muita frequência – por natural bonomia? por desconfiado dos maldizentes? – a não lhes dar maior crédito. A tal ponto que não consentiu fosse processado o ladrão de umas joias desaparecidas da residência imperial nem permitiu que se detivesse um irmão deste, servidor do paço e supostamente conivente no roubo.

A imprensa antimonárquica não deixou de explorar esse caso, como não se cansava, mesmo sem precisar descer ao nível do Corsário de Apulco de Castro, de repisar no tema dos amores de d. Pedro II. A terem fundamento algumas dessas escabrosidades não seria o sábio imperador do Brasil muito diverso de um dos seus antepassados remotos, Filipe II, o qual, segundo uma das *relazioni* venezianas de que se valeu Ranke ao estudar a monarquia espanhola nos séculos XVI e XVII, "nelli piaceri delle donne é incontinentissimo", com toda a máscara de austeridade monástica que usava. Para começar, um tal retrato mal se coaduna com tudo quanto se possa saber de quem, como d. Pedro, sempre se deu mal com as coisas superlativas, fossem quais fossem. Depois, seria tudo menos monacal uma austeridade real, mas que fora do Paço ou do exercício dos deveres que incumbem a um monarca, e sobretudo durante as viagens e vilegiaturas, sabia distrair-se em danças e contradanças, menos frequentes, aliás, nos últimos tempos, ou então nos folguedos do entrudo. Certa vez, já cinquentão, mas parecendo mais velho, tendo chegado a Nápoles em pleno Carnaval, deu o imperador de atirar confetes e *coriandoli* nos transeuntes, das janelas da casa do vice-cônsul brasileiro: apenas não trocaria por aquelas estrangeirices os bons limões de cheiro de sua Petrópolis. Outra era sua conduta, porém, no trato de questões de mais peso, e os mesmos que alguma vez chegaram a surpreendê-lo em momentos de transigência descuidosa logo aprenderam a sentir e a devidamente respeitar tal mudança.

Em todo caso, por menos que se possa ver no segundo imperador do Brasil um representante conspícuo do *genus virile*, é de notar-se o obsessivo cuidado que ele punha sempre no querer bem escondidos certos traços de seu comportamento particular, que ele afinal tinha de quem herdar, sob uma capa de solene *pruderie*, que adotou como chefe de Estado. Ao menos nesse ponto parecia o oposto do pai, que não se preocupava em viver constantemente embuçado. A espécie de desencontro entre o que há de real e o que há de fingido na personalidade de Pedro II não deixava ele de ressenti-la, e às primeiras páginas de seu diário de 1861-2 deixou esta confissão: "[...] viveria mais tranquilo em minha consciência se meu coração já fosse um pouco mais velho do que eu; contudo respeito e estimo sinceramente minha mulher...".[27] Passados vinte anos, irá retomar a mesma imagem, com o mesmo eufemismo, em passagens várias de sua correspondência com a Barral. Nesta, por exemplo: "A idade não tem podido contra um coração todo seu".[28] Ainda sentiria os velhos escrúpulos de consciência? O caso é que, ao longo dessas muitas cartas à condessa, perpassa aqui e ali a sombra de *alguém*, e o intruso, assim posto em itálico, é a imperatriz, a mulher que "contudo respeito e estimo sinceramente".

Por irrelevantes que possam parecer tais pormenores, apontam eles inevitavelmente para uma reflexão que diz respeito à ação política de quem a exerceu por força de um mandato popular somado à graça de Deus. É fora de discussão que uma severa vigilância a que ninguém devia escapar se compadecia naturalmente com o cunho de alta circunspecção que d. Pedro procurou sempre imprimir a seus atos públicos, mas se sabe que ele se permitia infringir tão exigente código de ética, ao mesmo tempo que teimava em querer preservar aparências que tão enfaticamente o desmentiam; torna-se compreensível então o *sermo durus* dos que o acusavam de maquiavélica duplicidade no seu trato com homens de Estado. Transferida essa conduta para a esfera do político, pode assumir várias figuras, de sorte que, se os devotos do monarca lhe dão o nome de sabedoria, a seus desafetos não custa tachá-la de hipocrisia. À amiga dileta que se permitia dizer-lhe verdades ferinas, que ele não estava habituado a ouvir de políticos e cortesãos, retrucou certa vez com estas palavras: "Por que me chamou de hipócrita? Você sabe por que não posso [ser] sempre franco. Desejava sê-lo, mesmo porque não se pode ser inteiramente feliz vivendo rebuçado".[29] Defendia-se mal, admitindo meio relutante a própria culpa, que preferia encarar como uma fatal desdita.

Entrava aqui apenas um aspeto dos muitos pendores contraditórios que distinguiam o imperador, e que se anulavam não raro, bloqueando as possibilidades de qualquer ação eficaz. Se é certo que sempre foi incansável no trabalho e no movimento, dominava-o de outro lado a ideia fatalista de que todas as coisas haveriam de resolver-se a seu tempo, convindo, em tais condições, evitar qualquer afoiteza. Ao esforço fecundo contrapunha sempre a perplexidade diante de um salto no escuro. O resultado era que um insopitável afã de mobilidade se perdia muitas vezes em si mesmo, como uma dança de são guido. E como acabava sendo sempre ele próprio, por mais que pensasse ou dissesse o contrário, juiz inapelável da boa oportunidade de agir, tudo se ia paralisando, ou esperando o momento em que uma espera maior podia ter efeito catastrófico para o país ou para as instituições. Que era em geral de d. Pedro a decisão última nos negócios importantes, ainda quando suas não fossem as iniciativas, é indubitável. Pode dizer-se que o querer ver prevalecer constantemente os próprios alvitres só encontrava um corretivo nos escrúpulos que tinha em não querer parecer que os impunha.

Temeroso de ferir suscetibilidades, era ao mesmo tempo cioso da dignidade imperial, mas procurava não dar a entender que a associava a razões pessoais, superiores às leis que o investiam dessa dignidade. E apesar de associar valor supremo aos dotes do espírito, sabia de suas limitações nesse particular, chegando a confessá-las com uma honestidade e uma lhaneza de que dificilmente se achará outro exemplo. Aos 36 anos de idade, ainda escreve para si mesmo nestes termos: "Sou dotado de algum talento, mas o que sei devo-o sobretudo a minha aplicação...".[30] Já em 1879, em carta à condessa de Barral, chega a declarar: "Cada vez reconheço mais que sei muito menos que muita gente e que não é pela inteligência que me distingo, embora com perseverança tudo possa aprender".[31] Finalmente, no exílio, escreverá e fará publicar sua *Fé de ofício*, onde está dito: "O que sei devo-o sobretudo à pertinácia. Reconheço que sou muito somenos no que é relativo aos dotes de imaginação, que posso bem apreciar nos outros".[32]

Aplicação, perseverança, pertinácia... São atributos, esses, cuja importância não podem desdenhá-la mesmo os indivíduos dotados, talvez, de generosa imaginação e inteligência. Mas atributos que se inutilizam se exercidos sobre um campo ilimitado e de objetos díspares, correndo o risco de não deixar que se atinja algum alvo definido. Sucede que d. Pedro II, em geral tão comedido nos seus atos, se há coisa em que não conhece limitações é na sua voracidade de saber. Não parecia entender que a ele próprio pudesse aplicar-se aquele ditado que refere em carta a Gobineau a propósito da sociologia de Spencer: *Qui trop embrasse, mal etreint.*[33] Nas últimas décadas de seu reinado, longe de amainar-se, tornou-se mais aguda ainda sua insaciável curiosidade. Era como se quisesse urgentemente aproveitar o pouco tempo que lhe restava de vida, para aprofundar-se no estudo das matérias que ignorasse. Continuou a dedicar-se tão atentamente quanto possível aos negócios do Estado, mas principalmente depois de sua última e grave moléstia, parecia meio abúlico e desatento a muita coisa que diziam os jornais. Não parecia mais o homem de outros tempos, dos tempos em que, além de ler todas as folhas da Corte, acompanhava através de recortes ou cópias o que se publicava no resto do Império. Sabe-se que só no ano de 1857 chegou a ler quatrocentos extratos de jornais de província, e as observações que escreveu às margens sugerem que os leu atentamente.[34] Esses extratos, que eram feitos de costume no Ministério da Justiça, deixaram de ser mandados a São Cristóvão quando José de Alencar se viu encarregado dessa repartição, sob o ministério de 16 de julho (1868). O romancista determinou a cessação do costume, aparentemente, por julgá-lo de pouca utilidade, mas é possível que tal decisão só servisse para tornar invencível a antipatia entre ele e o imperador. Aos poucos passaria a tolerar cada vez menos o que chamava os "miasmas" da política, e foi ao ponto, em 1880, de não comparecer à solenidade da *Fala do trono*, pedindo a Saraiva, presidente do Conselho, de proceder, em seu nome, à leitura da peça.

Com tudo isso mostrava grande solicitude no ir assistir por exemplo ao funcionamento dos freios de uma estrada de ferro, ou em acompanhar certas experiências acerca da fisiologia dos cachorros, examinar um aparelho para secar café, a instalação de um novo processo de fabricar gelo... Além disso, mostrava-se assíduo às aulas de sânscrito que lhe dava o dr. Carl Henning, e só as perdia quando o professor, velho e achacoso, deixava de aparecer. Restaria saber se durante as lições não lhe acontecia dormir, como nas sessões do Instituto Histórico, nos concursos do colégio Pedro II, em salas de espetáculo, até em reuniões de ministério. Em 1881 pensou em retomar com o conhecido orientalista Gustav, barão Von Schreiner, suas antigas lições de hebraico, com quem chegou a falar no assunto. Parece que as aulas não continuaram ou foram interrompidas, porque o barão, ministro da Áustria, foi logo depois designado por seu governo para outra missão diplomática, e precisou deixar o Rio de Janeiro. Tão seriamente se empenhava em tais estudos que não largava os mestres nem quando se ausentava do Brasil. Tanto que Henning e mais tarde seu sucessor, o dr. Christian Friedrich Seybold, foram incluídos em comitivas imperiais com destino ao estrangeiro.

Bem ou mal – mal, segundo alguns dos seus detratores – exprimia-se em numerosas línguas vivas ou mortas. Dominava quatorze línguas, diz um depoimento da princesa Teresa da Baviera, que o visitou no Brasil quase às vésperas da queda da monarquia.[35] E tão bem sabia o hebraico, acrescentou, que praticava a façanha de traduzir desse idioma para latim textos considerados dificílimos. Quando esteve em Petrópolis, costumava visitá-lo diariamente em Palácio e lhe aconteceu, em certo dia de setembro de 1888, surpreendê-lo ali mergulhado nos seus estudos de árabe que, diz, "ele fala com fluência". Admirou-se ainda, ao percorrer a biblioteca pessoal do imperador, ao deparar com grande número de obras escritas em russo. Por esse, ou por algum motivo mais plausível, concluiu que ele dominava igualmente tal idioma.

Faltam-nos elementos para saber até onde as habilitações linguísticas da visitante bávara davam peso a juízos tão cabais a respeito dos conhecimentos do imperador do Brasil sobre o hebraico, o árabe ou o russo. Ao penetrar em área que lhe deve ser mais familiar, diz do gosto com que d. Pedro se distraia ultimamente em falar com ela da literatura clássica alemã. "O caso é", acrescenta, "que o eminente senhor [*der hohe Herr*] muitíssimo se compraz em tal tema e, dotado que é de prodigiosa memória, revela-se bem mais entendido no assunto do que eu." Ajunta que mais tarde, no próprio navio que o levou em 1889 para o exílio, começou o monarca a traduzir "A canção do sino", de Schiller, para o português, que iria concluir no verão de 1890, e saiu-se bem na empresa. Aqui também apresenta-se a questão de saber se os conhecimentos de português da princesa eram bastantes para lhe permitir certificar-se da bondade da versão. De qualquer modo é um pormenor curioso e que, aparentemente, escapou aos historiadores, esse do imperador, em meio às atribulações da sua última e melancólica viagem, ter ânimo para se meter numa tarefa tão espinhosa. Tanto mais que, longo de 426 versos, é um *lied* particularmente trabalhoso que o próprio autor consumiu anos seguidos em sua elaboração[36] e que oferece problemas a um tradutor. Não diz Teresa da Baviera se, apto a traduzir Schiller, d. Pedro dominaria tão bem a língua de Schiller que nela pudesse exprimir-se correntemente. Não figurou o alemão, com o francês e o inglês, entre os primeiros idiomas que teve de aprender o "pupilo da nação", filho de uma arquiduquesa da Áustria, embora se saiba que pouco mais tarde o estudou, assim como o italiano. Mesmo o seu inglês falado só principiaria a desembaraçar-se em sua viagem de 1876 aos Estados Unidos, e que eram em francês suas cartas a Longfellow, apesar de tradutor da *Evangelina*.

O gosto pronunciado de d. Pedro pelos livros, que ele atribuía ao tipo de educação a que se viu sujeito desde a idade de cinco anos na quinta da Boa Vista, aonde raros amigos tinham acesso, iria acompanhá-lo o resto da vida. Um cultor de sua memória referiu sem malícia, invocando o testemunho de Ramiz Galvão, que costumava ele dizer dos livros, que os apreciava com satisfação dos cinco sentidos, isto é: *visão*, graças à impressão externa ou ao aspecto do volume; *tato*, quando lhe manuseia a maciez ou aspereza das páginas; *audição*, devido ao brando crepitar, quando folheado; *olfato*, pelo acentuado cheiro do papel impresso ou do fino couro empregado na encadernação; *paladar*, pelo sabor intelectual (!) da obra ou até pelo físico, se ligeiramente umedecidos os cantos das folhas para virá-las.[37] Serve a anedota ao menos para ilustrar um tipo de erudição eminentemente livresca, adquirida sem dúvida com notável pertinácia, mas de forma desconexa e indisciplinada, como uma fruição dos sentidos. Grande perguntador, deleitava-se o monarca em indagar pormenorizadamente de tudo quanto dissesse respeito a tal ou qual invenção ou inovação mecânica, parecendo retirar dessas explicações uma espécie de satisfação estética. Mesmo as ciências aparentemente mais áridas – as matemáticas só começaram a seduzi-lo mais vivamente após a "grande moléstia" ou, a rigor, já no exílio – deviam dar-lhe um prazer semelhante. A Gobineau confessou por sinal que sentia um "entusiasmo quase poético pelas ciências".[38] Assim dizia a propósito da eletricidade, um dos seus amores por volta de 1881, e tão empolgante que o levava a ir saboreando todas as publicações saídas sobre o assunto, sem deixar escapar uma só. Também na correspondência com o conde pretende muitas vezes preferir as ciências às artes, mas isso mesmo depende do humor momentâneo, porque há ocasiões em que não é a Ciência, mas sim a Poesia que ocupa o lugar mais eminente em seu altar-mor.

Desse saber extensivo e sem pouso certo, mal se há de esperar no caso de d. Pedro que, atuando poderosamente sobre a inteligência, fosse apto a operar qualquer transformação mental apreciável. Grande colecionador de devoções intelectuais, a nenhuma se entregava incondicionalmente, e de nenhuma se deixava contaminar. Maldotado no tocante ao poder de expressão oral ou escrita, sabia admirar generosamente aqueles que o tivessem.[39] Não é um pouco o que reza sua *Fé de ofício*, onde observa em dado momento que, somenos, embora, quanto aos dotes de imaginação, bem pode admirá-los em outros? O que costuma admirar acima de tudo em vários autores é, de fato, o *talento* de bem-dizer, não é tanto a bondade do que digam. Nesses limites pode bem admirar a obra de Proudhon, por exemplo, sem que as doutrinações anarquistas o alarmem – "Admirei sempre o talento de Proudhon, mas não sei em que me poderia aproveitar", escreverá já do exílio a um amigo fiel[40] – e sem que deixe de admirar a do conde de Gobineau, que se situa nos antípodas de todo pensamento socialista.

Nada impede que um processo compensatório semelhante habilite aqueles que, como Proudhon, ou como Gobineau, têm a coragem de todas as demasias. Homem do meio-termo, bem pode contemplá-los d. Pedro com uma curiosidade de espectador atento, embevecido talvez, e nada sobranceiro, mas que se sente dispensado dessas intemperanças. Contemporâneo do reinado de Luís Filipe desde sua meninice até a precoce maturidade, muita coisa em todo o seu comportamento pode fazer pensar em uma caricatura daquele *juste milieu*, que celebrizou o mundo do rei-cidadão. Caricatura... Querer forçar muito mais a parecença é esquecer que o Brasil, além de conservar muito do passado colonial e depender largamente do trabalho escravo, não tinha nem banqueiros, nem riqueza mobiliária, a bem dizer, nem burguesia, que foram os principais suportes da Monarquia de Julho e de tudo quanto ela representou. Seja como for, o homem que, por volta de 1848, se havia emancipado de áulicos ou de entidades de "reposteiro" que, no começo, tinham guiado sua inexperiência, se conservará o mesmo até o fim da vida. Nem os livros sem conta que leu, nem os conselheiros de que se rodeou, nem os sábios com os quais passou a corresponder-se, nem a idade, parecem afetar daí por diante seu modo de ser. As reações e as opiniões que deixou dispersas em cartas a amigos, diários íntimos, em instruções ou indicações a ministros, notas de leitura, conselhos à princesa herdeira e três vezes regente do Império, reiteram-se até a monotonia, não raro com as mesmas palavras, trazendo a marca da perfeita coerência e imobilidade mental.

Sem embargo de tudo isso, julga-se identificado com seu século e tem, por conseguinte a religião do Progresso. "*Je ne suis pas ennemi de mon siècle comme vous*", escreve a Gobineau, que tem a nostalgia do feudalismo, detesta o regime representativo, abomina parlamentos, que, em sua definição, não são mais do que a "gárrula incompetência", ao mesmo tempo que execra o princípio da igualdade dos cidadãos ou sobretudo das raças humanas. Mas o próprio progresso, tal como d. Pedro o entende, não deixa de ser palavra equívoca e chega a trair, com frequência, um pensamento fundamentalmente conservador, pois, dado que não nos é lícito escapar a sua lei, e sendo certo que seus frutos hão de aparecer na hora devida, por que tentar precipitar a colheita? Não seria mais prudente dar tempo ao tempo, evitando assim os perigos de um passo em falso? Como se o perseguisse no íntimo a imagem bucolizada do "país essencialmente agrícola", constantemente se mostrou favorecer uma industrialização fictícia, admitindo apenas as tarifas fiscais porque, de outra forma, não haveria como cobrir os *deficits* do Estado. Nem parecia acreditar que os fabricantes, mesmo os fabricantes de gêneros alimentícios ou de tecidos de algodão, esperassem sustentar seus estabelecimentos, a não ser graças a favores oficiais. A um dos diretores da Companhia Brasil Industrial que, na década dos 1870, se referiu à grande aceitação obtida por um dos produtos da firma, tamanha que algumas casas importadoras estrangeiras passaram a mover-lhe guerra, mandando fazer produtos semelhantes e de qualidade inferior, d. Pedro perguntou desconfiado "mas a sua fábrica rende, rende, rende?", enquanto esfregava o polegar contra o indicador.[41] Apesar disso o liberalismo clássico, ele não o admitia sem cautelas e por isso desaprovava muito certas campanhas de Tavares Bastos. Mais do que ao progresso material dava importância à educação moral do povo que bastaria para fazer, em todos os sentidos, a felicidade do Brasil. Também quanto a esse ponto era inabalável sua confiança no futuro.

Com todas essas limitações e por maior que possa ser a tentação de querer reduzir o papel que um homem só possa exercer no curso da história, força é confessar que os poderes que enfeixava o imperador, e ninguém mais os teve no mesmo grau entre nós, não deixam silenciá-lo ou subestimá-lo. O que cabe dizer é que ele os utilizou, entretanto, no sentido de moderar, de imobilizar e até de quebrantar as reformas mais importantes para a modernização do país. É certo que parecia ceder, por vezes, a objeções de ministros insistentes – ministros cuja ascensão e cuja queda só dependiam, no fundo, de seu arbítrio pessoal – para não parecer que queria impor sua opinião contra os princípios que hão de guiar o verdadeiro rei constitucional. Com isso, o país podia parecer seguir as boas normas do sistema representativo, embora se tratasse aqui de mais uma caricatura. De fato os poderes imperiais que tentavam dissimular-se funcionaram muitas vezes como catalisadores de uma resistência surda às mudanças na estrutura tradicional, quando as mudanças importavam mais do que uma estabilidade estéril e mentirosa. Era pela supressão dos abusos que comportava a praxe eleitoral e talvez preferisse o sufrágio universal, mas reputava-a "ainda por ora impraticável", conforme se pode ler na *Fé de ofício*, mas as medidas que tiveram nesse sentido sua aprovação acabaram por afastar drasticamente das urnas a quase totalidade da população ativa do Império e transformaram o direito de votar em um privilégio. Queria a extinção do trabalho escravo, mas achava que toda prudência era pouca nesse assunto e, estivesse no país em maio de 1888, não teria sido assinada a "lei áurea", como ele próprio chegou a admitir. Queria que o país tivesse sempre em boa ordem as finanças e a moeda sólida, por lhe parecerem exigidas por uma elementar prudência, ainda quando a realização de tais desejos pudesse perturbar a promoção do desenvolvimento material, da instrução pública, da imigração, que também queria. Ora, a meticulosa cautela deixa de ser virtude no momento em que passa a ser estorvo: lastro demais para pouca vela.

PARTE II

I
Crise do regime

•

A PROPÓSITO DA RECOMPOSIÇÃO DE FORÇAS e programas político-partidários operada no Império do Brasil em julho de 1868, com a queda do ministério Zacarias de Góis e Vasconcelos e a ascensão do gabinete Itaboraí a 16 do mesmo mês e ano, já houve quem dissesse que, desde esse momento, começa a crescer a onda que, ao cabo, levará de roldão o próprio regime. A monarquia viverá ainda algum tempo, às vezes com uma pujança aparente. Os homens mais lúcidos sabem, no entanto, que ela está condenada, já dera o que tinha a dar, mostrando seus lados positivos ou negativos.[1] Agora irá viver meio vegetativamente. Seus limites são sabidos. Pode dizer-se, com efeito, que os mais recentes acontecimentos marcaram bem uma clivagem na história política do país e deixaram à vista sinais nítidos de deterioração.

Ainda quando pudessem subsistir dúvidas acerca de seu significado real, ninguém, a começar pelo próprio imperador, alimentava muitas ilusões sobre os riscos assumidos com a súbita mudança da política. Mesmo o visconde de Itaboraí, quando convidado a formar ministério novo, leva a certeza de que precisará enfrentar, bem ou mal, perigosa tarefa. Estas palavras, "perigosa tarefa", aparecem, aliás, no programa com que o visconde se apresenta aos representantes da nação e nada sugere que tenham um significado simplesmente convencional. Aprovada por larguíssima diferença, de 85 contra dez votos, a moção de desconfiança ao novo ministério conservador, apresentada a 17 de julho por José Bonifácio, o Moço, numa das suas tiradas de seguro efeito oratório ("hoje, do dia para a noite, um ministério cai no meio de numerosa maioria parlamentar, e inopinadamente surgem os nobres ministros como hóspedes importunos, que batem fora de horas e pedem agasalho em casa desconhecida"), parece uma senha para a fusão inesperada e tida até às vésperas por impossível, entre os grupos parlamentares dos "liberais históricos" e dos "progressistas", só unidos durante muito tempo pela comum hostilidade ao partido conservador.

A altanaria conhecida e, não raro, os maus modos de Zacarias, que havia sido o principal artífice do "Progresso", ou progressismo, fruto de uma cisão entre conservadores, havia aprofundado ultimamente o fosso que o separava e, com ele, os seus parciais, do elemento propriamente "liberal" ou dos "históricos", assim chamado porque reivindicava para si, sem partilha, a herança das velhas glórias do 7 de abril de 1835 e do Ato Adicional de 1834. Até de um combativo órgão de imprensa passavam agora a dispor os dessa facção mais extremada, quando Rangel Pestana, Henrique Limpo de Abreu e Monteiro de Souza criaram, na Corte, a *Opinião Liberal*, onde não se poupam nem os atos, nem a pessoa do presidente do Conselho, nem sequer a dos parlamentares intitulados "históricos", dos quais publicamente se separavam para constituir seu rancho à parte. Suas críticas maiores eram endereçadas, em todo caso, ao chefe de governo resignatário, a quem chamavam, entre outros nomes feios, de "histrião, bifronte, vaidoso, ignorante, trânsfuga de todos os partidos".[2]

Procurando jogar toda a culpa pela situação calamitosa que o país atravessava, às voltas com uma guerra exterior interminável, sobre os ombros do imperador, dizia ainda a desabusada folha que o monarca, depois de ter estimulado o surto do progressismo, como já o teria feito com a "conciliação", proscrevia e comprimia os partidos políticos e, "com as fezes de ambos manda criar um partido puramente oficial, composto de especuladores sem crença, de insaciável avidez". Ao lado de diatribes como essa, até a oposição dos conservadores ao antigo presidente do Conselho, e extensiva ao monarca, haveria de parecer pálida e tíbia. Na mesma trincheira, durante o ministério de Zacarias de Góis, podiam ver-se conservadores lado a lado com históricos, como se a presença, no vértice do poder, de um comum inimigo, tivesse o dom de apagar velhas malquerenças. Não faltou, por momentos, quem cuidasse discernir entre uns e outros sinais de boa inteligência, a qual poderia, uma vez consolidada, dar novo rumo à ação do monarca, se fosse seu intento confiar a gestão dos negócios públicos à gente "saquarema", ou seja, aos conservadores imaculados. Não foi por outro motivo, talvez, que nos últimos tempos dera o próprio conselheiro Zacarias para dizer-se, ele com seu ministério, um liberal, tão somente liberal, sem adjetivo, como se quisesse relegar ao esquecimento os rótulos, já meio gastos, de Liga, ligueiros, Progresso, progressistas, Liga Progressista e Partido Progressista,[3] que se haviam tornado alvo de críticas dos mais variados setores.

A substituição do ministério, tal como foi feita, além de deixar claros o artifício e a burla em que todo o sistema assentava, dissipou as esperanças daqueles que achassem viável uma amálgama de elementos tão díspares. Apanhados de supetão pela extraordinária desenvoltura de que o rei se mostrou capaz, ao fazer uso dos desmedidos poderes de que efetivamente dispunha, os históricos e os progressistas renunciam, ao menos no âmbito parlamentar, às suas divergências, para cerrarem fileira em volta do estadista que os caprichos de São Cristóvão acabavam de sacrificar tão duramente. De fora só haviam ficado os mais impacientes, que passarão a formar o bando dos radicais, já na antessala do Partido Republicano, a ser fundado dois anos mais tarde. O ter-se prestado José Bonifácio o Moço, mais chegado aos históricos, a fazer-se o porta-voz da moção de desconfiança aos ministros novos já bastava para sugerir que alguma coisa havia mudado, ou seja, que haviam sido acertadas as pazes entre duas facções que até então se haviam digladiado. O nome de "liberais" era dado agora indiscriminadamente aos 85 deputados que negaram confiança ao ministério retintamente conservador do visconde de Itaboraí, enquanto os outros dez pertenciam aos conservadores. Destes, nove já se filiavam aos últimos, mas, segundo uma testemunha autorizada, deputado que foi à mesma legislatura, bandeou-se à última hora um antigo progressista para os que davam apoio ao novo governo.[4]

Aos 16 de julho reúne-se o Conselho de Estado para tratar de "negócio urgentíssimo". Se algum dos conselheiros convocados ignorasse qual o assunto tão urgente que determinara o convite, acabaria por sabê-lo ao transpor os portões da Imperial Quinta da Boa Vista, onde teria lugar a reunião. Tratava-se de ouvir a opinião dos conselheiros sobre se convinha ou não dissolver a Câmara dos Deputados, uma vez que esta negava peremptoriamente ao governo os meios de "sustentar as operações no Paraguai, e fazer frente aos compromissos que pesam sobre o Tesouro nacional". A questão não era exatamente essa, conforme observará um dos conselheiros. Nem podia separar-se de outra, como seja a discordância havida entre o gabinete dissolvido e a Coroa sobre uma atribuição do Poder Real. Além disso, na sessão anterior, havia a Câmara votado todos os meios precisos para desempenho do serviço ordinário e de todas as necessidades da guerra. E na presente sessão aprovou e enviou para o Senado as duas leis ânuas, onde fixavam, uma as forças de terra, outra as forças de mar para o exercício de 1869-70. Aquela já havia passado na Câmara vitalícia, com uma presteza talvez sem exemplo na história do Império, e tanto mais digna de consideração quanto o país atravessava um momento sumamente delicado.

Apesar de tudo, a dissolução da Câmara parecia já assente no ânimo do imperador, para quem as "delongas" de Caxias no Paraguai seriam largamente atribuíveis a divergências sempre latentes entre o general-chefe e o gabinete liberal-progressista. É evidente, por outro lado, que a reviravolta operada com a substituição do ministério de 3 de agosto (1866) por outro, recrutado entre seus antagonistas tradicionais, poderia ter, na política interna do país, consequências não menos perigosas. Foi por esse motivo, talvez, que correu durante algum tempo a versão de que a sucessão do ministério ainda no poder seria confiada aos históricos, que sempre toleraram mal, ou de todo não toleraram, o convívio dos homens do Progresso, por mais que a estes já não repugnasse o rótulo de "liberais", que só posteriormente os irmanaria.[5] Até Caxias, sempre fiel ao seu partido, tinha amigos entre elementos históricos, a começar por Osório, e ao tempo em que se correspondiam, são frequentes os desabafos de um e outro contra a heresia progressista, abominada por ambos.

Mas se a ideia de convocar um ministério liberal chegou a entrar em cogitação, parece ter sido descartada desde que o conselheiro objetou, por não a julgar acertada, à escolha de Sales Torres Homem para Senador, em detrimento de outro candidato pela mesma província do Rio Grande do Norte, filiado, este, ao partido do governo. Sabe-se que, no dia 14, Zacarias, chamado ao Paço, foi solicitado por d. Pedro a indicar o nome de quem poderia formar o novo ministério. Tratava-se de uma formalidade, naturalmente admitida pelos ministros demissionários, mas que dificilmente poderia ser aceita pelo chefe do 3 de agosto. No seu entender a participação dos ministérios nas decisões do Poder Moderador era um princípio por ele vigorosamente afirmado, pelo menos desde 1860, e de que não abdicava. Nessas condições, indicar um sucessor aceitável para o monarca seria uma abdicação, pois equivaleria implicitamente a transigir, por um subterfúgio a que não podia sujeitar-se sem perda de dignidade, já que se acumpliciaria com o erro.

Assim, "pediu respeitosamente" – são suas mesmas palavras – para ser dispensado de fazer a indicação. É provável que essa recusa surpreendesse d. Pedro, pois passaram-se alguns instantes de silêncio. Só depois, como a recusa fosse taxativa, *ordenou-lhe* que chamasse com urgência o visconde de Itaboraí. É, em suma, o que consta de uns comentários redigidos pelo conselheiro ao bilhete do imperador chamando-o ao Paço, e cujo texto manuscrito se guarda hoje no Arquivo do Museu Imperial, em Petrópolis.[6] O presidente demissionário tinha suas razões para assim reagir. Como indicar para suceder-lhe um gabinete conservador, que haveria de contrariar toda a política seguida por ele até o momento? Nem poderia apelar para os seus adeptos, porque, se o chefe de Estado optasse por um ministério liberal, não seria razoável manter o gabinete que se despedia?

A convocação do Conselho de Estado em casos tais pertencia (mas não necessariamente, pois tudo dependia da entidade irresponsável) ao ritual, ou antes, ao folclore do regime. Não havia mal em que fossem descumpridos seus pronunciamentos, uma vez que se tratava de órgão meramente consultivo, nem havia por que reclamar se assim acontecesse. No entanto timbrava sempre Sua Majestade o imperador em mencionar a consulta havida, sem julgar-se obrigado a dizer se venceu tal ou qual modo de ver. "Tendo ouvido o Conselho de Estado, hei por bem dissolver a Câmara dos Deputados": essa a fórmula invariável no caso. Para mau entendedor do que se passasse nos arcanos do pensamento imperial, a simples menção do órgão consultado, podia induzir a crer que, antes de anunciar-se a decisão extrema, induziria a crer que a medida foi tomada em decorrência do que deliberaram os conselheiros: se assim não fosse, por que então dizer que eles foram ouvidos?

Na reunião do dia 16 não venceu parecer contrário nem

favorável à dissolução. Simplesmente houve empate.[7] Dos oito conselheiros presentes (só faltou o marquês de Olinda), pronunciaram-se quatro contra a medida proposta: Abaetê, Jequitinhonha, Nabuco de Araújo e Souza Franco, os dois últimos liberais confessos e os dois primeiros apartidários, mas cujos antecedentes liberais repontavam em geral das suas manifestações. Dos outros, ao menos três dificilmente haveriam de discrepar de um ponto de vista, mesmo se inexpresso, do imperador. A começar pelo visconde do Bom Retiro, tido geralmente como seu *alter ego*. Mas também Pimenta Bueno, futuro visconde e, afinal, marquês de São Vicente, e Sapucaí, pertencentes à roda mais íntima do Paço, que eram ouvidos constantemente pelo imperador antes de qualquer decisão mais importante: o primeiro era, por assim dizer, uma espécie de jurisconsulto oficial da Coroa, e Sapucaí foi tido sempre no maior conceito pelo monarca, desde os tempos da menoridade, quando mestre de literatura e "ciências positivas" do imperial menino. Quanto ao conselheiro Sales Torres Homem, que em eras já remotas escrevera tremendo libelo contra o imperador e sua família, mas que agora só deixaria de dar seu voto (favorável à dissolução) se jurasse suspeição, por ter sido, de algum modo, parte nos incidentes que deram lugar à retirada do ministério, mas tal não sucedeu.

Encerrado o cerimonial do Conselho de Estado, tudo estava pronto para expedir-se o correspondente decreto. Como caísse o dia seguinte em domingo, só na segunda-feira, 20 de junho, armou-se o cenário adequado aos acontecimentos, com grande concentração de tropas nos quarteirões vizinhos do Paço da Cidade e da Câmara. Não era outro o assunto de todas as conversas e motivo de graves apreensões até entre conservadores, os beneficiários do sucesso. E dessa vez o grande alvo das críticas era d. Pedro, que claramente precipitou a solução afinal adotada. Na reunião da Quinta da Boa Vista, um conselheiro houve, cuja carreira política datava dos dias da Independência, que chegou a empregar a palavra maldita "ditadura" –, ao considerar que só ela podia definir a inopinada dissolução de uma Câmara representativa da imensa maioria da nação, seguida de um governo que rudemente a contrariava. E um político liberal já quase de malas feitas para passar-se ao republicanismo, Joaquim Saldanha Marinho, usou, a propósito, de uma expressão que logo se popularizou, quando, em plena Câmara dos Deputados, comparou o novo golpe nas instituições ao que, vinte anos antes, havia derrubado o gabinete Paula Sousa de 31 de maio (1848), para em seu lugar instalar os famosos "catorze anos da oligarquia conservadora".[8] "Protesto!", clamou Saldanha entre aplausos frementes das galerias, "protesto contra o presente estelionato de 1868, igual ao estelionato de 1848..."

Até no Paço, e entre familiares de d. Pedro, ecoam as preocupações gerais ante as possíveis consequências da crise política subversiva das boas normas do governo representativo. Mesmo o conde d'Eu, em carta ao pai, o duque de Némours, escrevia que d. Pedro agiu, no caso, de um modo que não condizia com seu caráter nem com os princípios do parlamentarismo.[9] Dadas as relações cordiais que costumava manter o príncipe com o elemento liberal ou, ao menos, com vários próceres do liberalismo, não andaria ele longe de partilhar das impaciências que faziam a Câmara dissolvida trombetear contra a lentidão de Caxias no curso da guerra, apesar de todo o empenho do sogro em prestigiar e manter a qualquer preço o general-chefe. Por ora, comentava ainda o Orleans, a agitação parecia ter-se apagado, mas ninguém podia saber se a calma iria prevalecer até depois do fim do ano. Janeiro, o mês das eleições, era também o mês em que o sol a pino pode predispor a agitações tumultuárias. Pelo menos era o que lhe dizia a experiência.

Observadores estrangeiros bem familiarizados com as coisas do Império não escondem em geral seu pessimismo. Entre eles, o jornalista irlandês domiciliado no Rio de Janeiro, William Scully, que sob o pretexto de promover uma campanha, no exterior, em favor da imigração, havia conseguido uma boa fatia no orçamento do ministério Zacarias de Góis, foi dos que contribuíram fortemente para a eclosão da crise, desde que publicamente desconceituou, em seu *Anglo-Brazilian Times*, impresso na Corte, a primeira espada do Império, fazendo coro com a mais iracunda imprensa da oposição, que só queria ver nos acontecimentos do Paraguai um agouro mau para o regime. Apenas jornais como a *Opinião Liberal*, fustigando, embora, o militar conservador, não admitiam que outro tanto fizesse o "foliculário estrangeiro", e a coisa parecia ainda mais grave ao próprio Caxias, por isso que Scully era subsidiado pelos cofres da nação.

Mais longe ainda vai o plenipotenciário dos Estados Unidos, James Watson Webb, de quem escreveu um seu biógrafo que, em 1869, ao deixar o posto, seu país será muito menos popular no Império do que o fora oito anos antes, quando pela primeira vez desembarcou no porto do Rio.[10] Em despacho que endereçou ao Departamento de Estado, em Washington, trata resolutamente de desenvolver uma teoria nova pela qual foi ele, o general Webb, *pars magna* nos acontecimentos ultimamente verificados na política interna do país, desde que adotou uma "atitude varonil" no caso da canhoneira norte-americana *Wasp*, incumbida de ir buscar em Assunção o ministro Charles Ames Washburn, único diplomata estrangeiro acreditado junto ao governo de Francisco Solano López na época, e que, apesar de pretender cumprir missão oficial da Casa Branca, foi impedido de seguir viagem pelos chefes militares aliados. Segundo a curiosa explicação de Webb, que tem escapado, com razão, à sagacidade dos historiadores, muito se empenhou o conselheiro Zacarias por evitar uma ruptura com Washington, mas esbarrou na teimosia de d. Pedro, que não desistia de querer dar mão forte ao famoso marquês. A queda do ministério de 3 de agosto teria tido origem nessa divergência.

Mas a situação não ia ficar só nisso, e arriscava uma profecia, ao dizer que, no Brasil, o trono dos Braganças não teria terceiro ocupante. E dizia mais: "Não dou nem dez anos para que este país se transforme em república".[11] Exagerava o belicoso general (e exagerava sobretudo quando logo em seguida admitiu que, se a mudança do regime se fizesse daí a dez meses, não seria uma surpresa para ele), mas só pela metade: estaria perto da verdade caso dilatasse seu prazo de dez para vinte anos. Conquanto em seus despachos oficiais se tenha mostrado frequentemente simpático à causa do Império nos conflitos platinos, e especialmente, desde o começo, na campanha do Paraguai, onde só tinha a deplorar a incompetência e os movimentos lerdos das forças armadas brasileiras, não foram poucas as vezes em que seus métodos diplomáticos nada ortodoxos embaraçaram o gabinete de São Cristóvão.

O admirável Richard Burton, que, tendo estado à testa do consulado inglês em Santos, teria suas ocasiões de privar com ele, dizia que os amigos do general não perdiam oportunidade de instigá-lo a castigar sem dó os desaforos de brasileiros, enquanto seus desafetos mais bem-intencionados diziam que ele tinha "uma verdadeira mania de pedir os passaportes" sob todo e qualquer pretexto.[12] De fato aquela mania se convertera, em seu caso, numa verdadeira técnica de intimidação, lhanamente confessada, aliás, em despachos a seu governo, onde diz que age dessa maneira para assustar o governo brasileiro e reforçar as reclamações feitas, saindo-se sempre bem.

A técnica deu, com efeito, muitas vezes, o resultado desejado, pois às voltas com uma guerra cruenta e ronceira, não tinha o Império interesse em criar novas zonas de atrito. E dessa vez havia motivos dobrados para uma posição cautelosa. Da leitura de sua correspondência ativa com o governo dos Estados Unidos, resulta que a ameaça não era bravata sem consequências maiores. O certo é que Webb não agiu nesse caso apenas por iniciativa. Sua ameaça de ruptura de relações vinha bem respaldada por Seward, secretário de Estado, que não só a apoiou mas expressamente a recomendou, dispondo-se até a mandar uma esquadra ao Prata para forçar, se preciso, a passagem da canhoneira. E a notícia circulou imediatamente por toda parte, principalmente nas rodas diplomáticas, onde o problema das relações entre São Cristóvão e a Casa Branca se tornava, cada vez mais, alvo de intensa curiosidade.

Do ponto de vista da política interna do Império, pior momento não se poderia esperar para mais esse contratempo. Já estava à vista uma grave crise do poder no Brasil, embora na fase nebulosa dos rumores desencontrados e sem confirmação certa, quando, no dia 1º de julho (1868), o conselheiro João Silveira de Sousa deparou em seu gabinete com a imponente figura daquele general, filho e pai de generais de verdade, ambos, por sinal, heróis de guerra, o primeiro, já das campanhas da Independência, o outro da batalha de Gettysburg, na Guerra de Secessão, e no comando de tropas no exército do Potomac. Webb, com os cabelos revoltos como sempre e as largas costeletas, sobraçava enorme papelada, falava, rubro de indignação e voz ameaçadora, contra a vexatória medida dos generais: um atentado contra os usos das nações que não ficaria sem a devida resposta enquanto não fosse revogado embargo e não se punissem devidamente os responsáveis por tamanho insulto.

Silveira, que ainda não tinha o hábito dessas truculências e com apenas mês e meio de exercício na pasta do Exterior, tentou todas as explicações para o caso, procurou mostrar que o Brasil não iria criar embaraços ao trânsito de Washburn e sugeriu, a propósito, a via terrestre para o ministro em Assunção, que não prejudicaria as operações em curso. Era pouco para o diplomata, ou melhor, não era nada, pois a canhoneira tinha instruções precisas para seguir viagem até a capital paraguaia. Atento aos sérios problemas surgidos, não estava, porém, o ministério, no momento, em situação de anuir com pressa a uma exigência apresentada inesperadamente e de modo terminante. Mas antes de tudo precisaria informar-se com o governo das notícias chegadas da frente de combate e entender-se, além disso, com seus colegas sobre as providências cabíveis. Passaram-se quase duas semanas depois da visita, até que no dia 13 apareceu de novo Webb, e o *ultimatum* que consigo levou não admitia tergiversações. Ou o governo imperial atenderia imediatamente os passaportes ou, caso contrário, arcaria com as consequências de sua recalcitrância.

Acontece, porém, que no dia seguinte, enquanto a legação dos Estados Unidos aguardava impaciente pela resposta esperada, o que chega a seu conhecimento é a notícia de outro contratempo: a notícia de que às duas da tarde o conselheiro Zacarias havia sido chamado urgentemente ao Paço, e às três chegava o visconde de Itaboraí para receber a incumbência de organizar novo ministério. Queria isso dizer que, em vez de saírem as satisfações tão aguardadas pelo representante diplomático da Casa Branca, o que saía era o ministério inteiro, de sorte que se tornava preciso recomeçar da estaca zero todas as negociações sobre o caso da canhoneira, e agora com os senhores da nova situação, menos dispostos do que os do gabinete anterior a acatar as reclamações do general Webb. Esse enlaçar-se aparente de dois assuntos de natureza diversa, a mudança na política e os protestos do governo dos Estados Unidos contra as medidas que embaraçavam a missão da *Wasp*, tinha por onde incitar a imaginação naturalmente frondosa do general a ver no caso mais do que uma coincidência fortuita e, por conseguinte, a forjar para a crise ministerial no Brasil uma explicação onde ele próprio haveria de aparecer como personagem principal.

Seja como for, a solução do problema só irá ocorrer já sob o governo Itaboraí, sendo ministro de Estrangeiros do Império José Maria da Silva Paranhos, que não se deixou intimidar pelos destemperos de linguagem do diplomata. Independentemente da mudança na situação política do Brasil, a lentidão com que o gabinete de São Cristóvão parecia agir diante dos protestos norte-americanos contra os empecilhos opostos à passagem da *Wasp* rumo a Assunção, através das linhas aliadas, era perfeitamente explicável pelos transtornos que ela poderia causar às operações em curso no rumo de Humaitá. Como se tal motivo não bastasse, as esquivanças do governo imperial provocaram várias especulações, mal ou bem fundadas, entre o pessoal do corpo diplomático, e com isso passariam para trás os palpites sobre a política interna. Especialmente intrigado parecia Guillaume de Roquette, que, com a morte do cavaleiro de St. George, e enquanto não vinha o novo ministro, o conde de Gobineau estava à testa da representação diplomática da França.

O que o deixava perplexo, no caso, era que a pouca solicitude mostrada pelo governo de São Cristóvão em atender às imperiosas exigências da Casa Branca contrastava rudemente com tudo quanto comunicara em despachos anteriores ao gabinete das Tulherias sobre uma pretensa docilidade do Império aos desejos de Washington.[13] Não é este o lugar próprio para serem tratados os desdobramentos do incidente da *Wasp*, que só ficará resolvido depois que, a 5 de agosto, estiverem completamente expugnadas a praça de Humaitá e suas redondezas. Quanto a outras atividades em que se destacaria o general Webb no trato com os homens e as coisas do Brasil, baste-nos dizer que se tornaria uma figura sumamente incômoda no Rio de Janeiro, e não encerrará ali sua missão e sua carreira diplomática, sem provocar uma ruptura de relações entre os Estados Unidos e o Império do Brasil. Ruptura que não durará, entretanto, mais de doze dias, motivada, como seria de esperar, por sua reincidência insopitável na técnica de intimidação como arma diplomática, e que foi afinal reprovada pelo próprio governo da Casa Branca.

Foi, aliás, o primeiro de toda uma série de dissabores a que teve de sujeitar-se, e que lhe fechariam o caminho de acesso na diplomacia, além de um processo por peculato. Não tendo prestado contas satisfatórias acerca de certa soma recebida do governo imperial, a título de indenização, defendeu-se com a alegação de que necessitou utilizar a maior parte da soma recebida em subornos a altas autoridades brasileiras, sem o que não teria ganho de causa num pleito cujo feliz desfecho alcançado por obra sua, só podia merecer o maior empenho da legação norte-americana, entregue a seus cuidados. A desculpa não chegou a parecer convincente nem ao secretário de Estado, nem ao procurador-geral, mas como o acusado, em resposta a uma inquirição, declarou que não se sentia no direito nem na obrigação de denunciar os funcionários brasileiros beneficiados com as propinas, o juiz federal, a quem esteve afeta a questão, não se julgou com meios para forçá-lo a fazer as tais denúncias. Contra Webb não faltavam provas circunstanciais para as suspeitas de que se teria apropriado de uma parte substancial das somas que efetivamente recebeu do governo do Império. A dúvida girava em torno da conveniência ou não de dar projeção maior ao escândalo, entre tantos outros que maculariam para sempre os dois períodos presidenciais do general Ulysses Grant, tantos e tamanhos que, nas palavras de um historiador ilustre, melhor teria sido para sua reputação se tivesse tido a coragem de largar de todo a vida pública logo em seguida à vitória de Appomattox,[15] que encerrou gloriosamente a Guerra Civil nos Estados Unidos.

Evocar ainda no pórtico do presente estudo um episódio da vida doméstica, do país que se arriscou de algum modo a ganhar até dimensões internacionais, alheias, embora, na sua maior parte, ao conhecimento público, não significa procurar realçá-lo indevidamente, como se correspondesse a uma situação insólita na vida do país quando, ao contrário, é um fenômeno que deita raízes nas próprias entranhas de nosso regime. Foi um pouco o que refletiu o desabafo de Saldanha Marinho, aqui já lembrado, onde lembrou o "estelionato político" de 1848, que pôs termo ao ministério liberal de 31 de maio (1848) encabeçado por Paula Sousa e abriu caminho para um gabinete dominado pela gente saquarema.

Subjazendo ao longo de toda a história do Império, é pelo alarde produzido, após um desuso relativamente prolongado, não é propriamente pela novidade, que a mudança ou, melhor, a inversão político-partidária, operada em julho de 1868, se faz notar com estrondo. Seja como for, essa crise que o imperador não cuida de dissimular deixa bem à mostra o que existe de frágil e quebradiço no pomposo arcabouço do que eu chamaria o nosso *sistema* imperial se nele entrasse alguma coisa de sistemático. O certo é que a capacidade de formação de um núcleo relativamente estável de poder, apto a garantir aquele mínimo de continuidade na ação administrativa, esgrimida por alguns nostálgicos como a virtude indelével das monarquias, foi sempre de extrema deficiência no Império do Brasil. Já se disse dos abalos então produzidos no mesmo Império pela rotação caprichosa dos gabinetes, com seu infalível cortejo de demissões e substituições dos empregados públicos, as célebres *derrubadas*, que podem comparar-se aos motins políticos que sacodem de modo mais ou menos endêmico tantas repúblicas de fala castelhana, vizinhas nossas.

Em seguida a toda a efervescência que caracterizou, entre nós, o Primeiro Reinado e a Menoridade, os oito anos que vêm após a ascensão de d. Pedro II, provocada, aliás, por um golpe de Estado que engendraram os opositores ao segundo regente, são marcados pela dança dos gabinetes: a média de duração de cada um desses gabinetes é de mais de um por ano. Os agrupamentos que disputam então o poder central e que já se intitulam "partidos" começam a definir-se mais claramente em 1837, quando Bernardo Pereira de Vasconcelos prega a necessidade de se fazer parar o carro da Revolução, diante das agitações que iam pululando em todas as partes. E vai mais longe: tendo sido um dos grandes artífices do Ato Adicional de 1834, que assegurou autonomia maior para as províncias, passa a considerá-lo, cada vez mais, o "código da anarquia" e já se preparava para incentivar sua reforma, a qual, por um curioso eufemismo, se chamará "interpretação", a qual, antes mesmo da declaração da maioridade de d. Pedro e estando ainda no poder os elementos "regressistas" que o acompanham, se converte em lei (lei interpretativa de 12 de maio de 1840).

PARTE III

[Capítulo I]

IMPUSERA-SE O PRINCÍPIO DURANTE A MENORIDADE do segundo imperador quando, segundo um dos estadistas mais ilustres do "Regresso", teria havido somente um poder: o da Câmara dos Deputados. "Quase todos os ministérios das regências, para me servir da expressão de um nobre deputado pela província da Bahia", acrescentara o futuro visconde do Uruguai,[1] "eram levados a reboque por esse poder. [...] O Senado mesmo, em alguns tempos, não exerceu na política do país e nos negócios públicos, aquela importantíssima influência que, pela Constituição, é chamado a exercer. Todo poder, toda a importância política, estava na Câmara." Era inevitável, depois disso, que só através de uma luta sem tréguas contra os direitos adquiridos da casa eletiva pudesse a Coroa desconhecer ou abertamente desafiar sua decisiva importância política. E d. Pedro II, atingida a maioridade, não a maioridade simplesmente decretada, de julho de 1840, mas a que lhe daria a certeza de poder governar-se e governar sem apelar para outros, deixaria de arrostar francamente um sistema já aparentemente consagrado, sobretudo quando o afiançava a influência de insignes modelos estrangeiros.

Entre as influências estrangeiras situa-se a criação em 1847, em caráter oficial, da figura do presidente do Conselho de Ministros, que nos chegou aparentemente depois de passar pelo filtro francês, a julgar pelo nome adotado, embora fosse originária da Inglaterra, onde o chefe do governo se intitula primeiro-ministro. Todavia a presença do chefe do governo, que serviria, em suma, para dar unidade maior ao ministério, era quase uma imposição do sistema de governos responsáveis, e mesmo no Brasil chegara a adotar-se, na prática, antes mesmo de oficializada, quando a organização do ministério de 23 de janeiro de 1843 fora confiada pelo imperador a Honório Hermeto Carneiro Leão. Em uma das notas a lápis que escreveu à margem do livro de Tito Franco de Almeida sobre o conselheiro Francisco José Furtado,[2] d. Pedro II diz que a medida mereceu sua aprovação, pois além de permitir unificar o pensamento político do governo em seu chefe, poderia servir, ao cabo, para resguardar de más interpretações a própria intervenção de Sua Majestade, "intervenção inevitável", escreve, nos atos do poder executivo.

Segundo uma opinião muito generalizada, melhor seria a adoção de um regulamento para o Conselho de Ministros sujeito agora a um presidente, e o imperador deplora, na mesma nota, o não haver sido feito o regulamento. Já nesse ponto distanciava-se o pensamento imperial das sugestões do modelo inglês. Na Inglaterra, além de faltar semelhante regulamento, a própria lei ignorava o primeiro-ministro. Descrevendo a evolução dos governos de gabinete, observou Maitland[3] como, a partir do momento em que a Casa dos Comuns passou a querer a presença dos ministros em seu recinto, para apoiá-los, para atacá-los, para encará-los como a um todo, para considerá-los, não apenas como os representantes do rei, mas como os representantes de um partido, de sorte que uma derrota de um ministro equivaleria a uma derrota do partido, iria aos poucos surgir naturalmente, e quase necessariamente, a pessoa do chefe do ministério. Surge, não através de leis ou regulamentos, mas da praxe parlamentar, a ideia de que, entre os ministros, havia um primeiro-ministro, com certa autoridade sobre os colegas, e que de algum modo se situa entre estes e a Coroa. Walpole, por exemplo, embora tivesse grande autoridade sobre os companheiros de governo, não consentia que o chamassem de primeiro-ministro. Salisbury era considerado secretário de Estado de Negócios Estrangeiros e primeiro-ministro, mas legalmente ele não era senão um dos principais secretários de Estado de Sua Majestade.

Outro ponto por onde se distanciava o pensamento do imperador do Brasil do modelo inglês está em que d. Pedro II nunca renunciou às prerrogativas especiais que a Constituição lhe atribuía em face do Parlamento, pois que era chamado o primeiro representante da Nação, e em face do governo, sendo, como era, o chefe do Poder Executivo. Onde Franco de Almeida, que se filiara ao liberalismo extremo, escreve em seu livro que o direito do imperador de nomear e demitir ministérios não é absoluto, como nenhum outro, comenta: "Não é absoluto; mas *existe*, e eu *procurava* indicar sempre os que me parecessem reunir as qualidades precisas ao bom desempenho das respectivas pastas". Na mesma nota, referindo-se aparentemente à passagem do biógrafo de Furtado de onde consta que se vinha inculcando, desde a declaração da Maioridade, que a Coroa perde a sua força e dignidade quando se conforma com a opinião das Câmaras no tocante à formação e demissão de ministérios, diz que, ao intervir, procura não abusar inscientemente da fraqueza dos ministérios, e ajunta que se tem esmerado em exercer a atribuição do poder moderador, de modo a evitar a acusação de que não atende à opinião das Câmaras.

Quando afirma que, mesmo sem ser absoluto, o seu poder *existe*, e grifa significativamente a última palavra, não se aparta d. Pedro do texto constitucional. E ainda nas palavras seguintes, ao dizer que *procurava* indicar sempre os que lhe parecessem reunir as qualidades necessárias para o exercício das obrigações das respectivas pastas, dá a entender claramente que a atribuição lhe pertence, e a ela não renuncia em atenção a qualquer lei ou praxe, mas pelo escrúpulo pessoal de quem não quer esquivar-se aos clamores da opinião pública, expressa pelos representantes da nação. Em 1862, quando novamente se acirram as paixões partidárias no país, lembra um pensamento de Lord Brougham, o qual, referindo-se ao reinado de Jorge III, diz que "certamente, querer ter soberano é querer que sua voz seja ouvida e sua influência sentida na administração dos negócios públicos", e fez-lhe este comentário: "Assim o entendo, e creio que não tenho excedido os limites que me escreve o sistema de governo que nos rege".[4] Pronunciamentos dessa ordem, sempre reiterados até o fim do Segundo Reinado e do regime, mostram uma convicção incansável do imperador, ainda quando parecesse tolerar a manifestação de pontos de vista diversos dos seus.

Ora, segundo o modelo ideal da Constituição não escrita do Império, onde não tinha lugar a própria palavra "soberano", empregada com relação ao rei, e caída finalmente em desuso, pois só se admite soberania do povo, semelhante concepção passaria por eminentemente retrógrada. Segundo o sistema britânico, o rei não age (ao menos quando se trate de assunto importante) sem antes ouvir os ministros. E para escolher os ministros, ou mais exatamente o primeiro-ministro, pois a este cabe a escolha dos demais, há de ceder à vontade da Casa dos Comuns. Por mais que existisse talvez um pendor da opinião pública para subestimar a influência da rainha Vitória na vida administrativa inglesa, sabia-se que essa influência tinha limites, que não se traçavam, é certo, através de leis, mas pertenciam, de qualquer modo, a uma espécie de código inexpresso de moralidade política. Infringi-lo seria não só pouco decente como acarretaria males que superariam largamente suas possíveis vantagens, e não seria preciso mais para desacreditar qualquer tentação de fazê-lo.

Com a curiosidade continuamente vigilante que o segundo imperador do Brasil costumava devotar aos homens de governo e aos seus menores atos e gestos, seria de todo impossível fazer vigorar, por exemplo, o princípio de que os reis não assistiriam às reuniões do gabinete e que o resultado do que nelas *se* discutisse poderia ser simplesmente comunicado à Coroa por um dos ministros, se assim se julgasse necessário. Na Grã-Bretanha, entretanto, essa praxe introduzira-se desde o começo do século XVIII, com a ascensão da casa de Hanover, e nem mesmo Jorge III, tão cioso do poder régio, tivera ânimo para alterá-la. Aliás ninguém poderá dizer que a inobservância de regra semelhante constituísse um dos alvos da crítica liberal a d. Pedro II e ao seu reinado. Quando muito entraria nas censuras mais ou menos jocosas ao paternalismo onipresente do imperador e nesse censurá-lo estavam acordes não apenas grande parte dos liberais como alguns conservadores genuínos, no caso, em particular, o conselheiro José de Alencar.

É fora de dúvida, porém que essa incapacidade de omitir-se diante das questões mais insignificantes, levando-o a opinar até sobre assuntos mais especializados e que escapavam ao seu alcance, não só irritava os políticos mais suscetíveis como indicava um traço do caráter incompatível, a rigor, com a fórmula desde cedo abraçada pelos nossos estadistas de que "o rei reina e não governa". E embora a fórmula fosse abertamente repudiada por numerosos conservadores, como o visconde de Itaboraí, o significado que lhe costumavam atribuir integra-se bem na ideia da Constituição "não escrita" que aos poucos vai deixando de representar um patrimônio de partido. Em realidade é a partir sobretudo dela que numerosos políticos, e não políticos que se presumem liberais, costumam apostrofar frequentemente certos atos do monarca, mesmo aqueles atos que não ultrapassassem os limites prescritos pela Constituição.

Até mesmo um Cotegipe, de quem escreverá Joaquim Nabuco que o preconceito de partido o levava ao extremo de não deixar de ver no liberal um tipo inferior de homem,[5] se ressentirá ante a impaciência com que o imperador quer forçar o segundo ministério Itaboraí, de que faz parte, a dar um passo mais arrojad*o no trato da questão* do elemento *servil, julgando-a contrária à índole* do regime. Ora, essa índole do regime visava exatamente a quebrantar o poder pessoal do monarca em benefício dos partidos, contra o que estipula a lei escrita. Ainda mais apegado a tal modo de sentir-se mostrava o estadista baiano quando, na chefia do gabinete de 20 de agosto, sua denodada resistência à campanha abolicionista acabará por torná-lo ainda mais conservador, conservador da "junta do coice". Assim é que, segundo seu testemunho pessoal, interpelado já quase às vésperas da Lei Áurea, sobre a posição do ministério diante daquela campanha, chegara ao ponto de aconselhar a princesa a deixar essa, e as questões políticas, aos partidos, como o fazia a rainha Vitória.[6] Retrucou dª Isabel alegando o direito que lhe assistia de envolver-se no assunto, que tanto dividia os partidos, acrescentando, com o apoio do conde d'Eu, presente à conferência, que a rainha da Inglaterra muito ia perdendo ou já perdera com essa sua neutralidade.

Era inevitável que a tendência corrente, mesmo entre os conservadores mais recalcitrantes, teria como efeito inevitável reduzir-se o papel do monarca na direção ou até na inspeção dos negócios públicos. Quase todos os homens públicos de ambos os partidos encaravam com *igual* mau humor tudo quanto parecesse uma intervenção aberta da Coroa na ação governamental, sobretudo quando pudesse ferir seus interesses político-partidários. Não se pode dizer, assim, que a simples presença do imperador no ápice do sistema político devesse impedir sempre e de modo decisivo a volatilidade dos atos e critérios administrativos. A Coroa não deixava, é certo, de utilizar recursos que a Constituição escrita lhe garantia, para a conservação e a substituição, conforme o caso, do pessoal dirigente, mas procurava fazê-lo, se possível, sem ferir melindres, justos ou não. Ainda assim, sempre que agia desta ou daquela maneira punha forçosamente em risco a imagem pública da entidade irresponsável.

A falta de continuidade na administração tornava-se especialmente sensível nas províncias, onde os presidentes, expedidos da Corte, só permaneciam o tempo necessário para assegurar a vitória da política ministerial. Cabia-lhes situar, expedir com a necessária antecedência as ordens às Câmaras para formarem as juntas de qualificação de cada município, atrair e captar as simpatias dos chefes locais em condições de darem aquela vitória nos colégios eleitorais, dispor com largueza de postos da Guarda Nacional, afastar por meio do recrutamento os indivíduos notoriamente adversos ou simplesmente suspeitos ao governo, nomear autoridades policiais para diferentes distritos, destituindo e transferindo outras, atender com a possível solicitude pretensões das pessoas julgadas capazes de cooperar para o feliz sucesso de sua missão. Cumpridas essas obrigações, cuidariam os presidentes, geralmente, de largar o posto a um dos substitutos legais, em regra naturais da província ou nela residentes. Não admira, assim, que, nos 67 anos em que durou a monarquia no Brasil, muitas províncias chegaram a ter mais de uma centena de administrações, e há caso, o de Minas Gerais, em que foi a mais de 130 o seu número.

Se o presidente nomeado tivesse assento na legislatura geral, só exercia o cargo durante as férias parlamentares, e enquanto não tivesse negócio a tratar na Corte. Casos excepcionais são os daqueles que, residentes na província para onde são nomeados, e não exercendo atividade parlamentar, podem exercer o mandato sem interrupção. É o caso, por exemplo, de João Teodoro Xavier, que assumindo a presidência de São Paulo em dezembro de 1872, nela ficou durante quase dois anos e meio. É preciso notar, aliás, que presidiu a província sob o ministério Rio Branco, e esse ministério perdurou no poder por longo tempo, longo, ao menos, segundo os padrões imperiais: aparentemente não teve o mesmo governo razões para querer substituí-lo. Embora pela Constituição fossem os presidentes de província nomeados pelo imperador, que os poderia remover quando julgasse que assim convinha ao bem do Estado, d. Pedro II tratou, nesse ponto, de conformar-se com as escolhas dos ministérios, mesmo se intimamente as desaprovasse, para não estorvar os governos.[7] Pimenta Bueno, que acabaria sendo uma espécie de jurisconsulto oficial do Império, disse, de fato, que os presidentes eram os representantes e complementos da administração central ou, melhor, "emanações e canais de sua luz e movimento".[8]

À descontinuidade no governo central haveria de corresponder necessariamente, e com razão maior, a descontinuidade na administração das províncias. As presidências, mormente depois da lei interpretativa, se tinham tornado uma peça de alta significação no jogo ministerial. Fortes, da força que lhes comunicava a autoridade dos gabinetes, não tinham, é certo, um movimento próprio: moviam-se pelos engonços que lhes punha o verdadeiro centro decisório instalado na Corte. Isso fazia com que algumas presidências fossem encaradas como postos de sacrifício, mas sacrifício indispensável para quem tivesse aspirações mais altas. Competia-lhes apenas fazer cumprir as instruções recebidas, podendo logo depois largar a terra que os hospedou durante poucos meses, e onde não quiseram ou não puderam deitar raízes.

Da instabilidade dos governos provinciais há notável exemplo em Minas Gerais, onde houve presidente empossado a 7 de julho de 1841 e outro logo a 19 do mesmo mês e ano: ao primeiro coube, pois, doze dias de exercício do cargo. Ainda mais curioso é o ocorrido no Maranhão, onde a 24 de março de 1861 se empossa um presidente, achando-se já nomeado (a 21 de março) quem o haverá de suceder. A propósito do

Maranhão escreve aliás Tavares Bastos, que entre 1834 e 1869, isto é em 45 anos, houve 75 administrações: a média para cada uma seria de sete meses e onze dias. Nada há aqui de excepcional, já que outro tanto, segundo ajunta o mesmo escritor,[9] se poderia dizer de quase todas as províncias, e depois de 1850 se teria agravado consideravelmente esse mal. "Nas províncias maiores, em regra, o presidente renova-se cada verão, depois de encerradas as Câmaras."

Com efeito, uma estimativa para todas as províncias durante todo o tempo em que durou a monarquia, mostrará como gira em torno de sete meses a média de duração de cada presidência. Em províncias onde maior é o contingente de eleitores, costuma ser menor essa média. Assim, para Minas Gerais, Bahia e Rio de Janeiro, não chega a um semestre. Por outro lado, onde é reduzido o eleitorado, dá-se exatamente o oposto. Em Goiás, por exemplo, que nunca chegou a dar mais de dois deputados gerais, a duração média é de mais de um ano, e em Mato Grosso, com dois deputados igualmente, quase alcança um ano. As dificuldades que enfrentariam os governos na escolha de presidentes destinados a províncias remotas e atrasadas, superavam-se com melhores ordenados e ajudas de custo aos escolhidos. Mato Grosso, em particular, foi durante algum tempo um posto especialmente bem pago, pois, além de distante, acompanhava a oeste e ao sul uma extensa faixa de fronteira do Império, de sorte que seus presidentes arcavam com graves responsabilidades.

Sujeitos aos ministérios, precisavam os presidentes sobretudo nas províncias importantes, de tino e prestígio junto ao governo central, se quisessem governar a contento. Quase sempre iam encontrar nelas uma situação de grave apuro financeiro que só poderia ter remédio recorrendo-se aos cofres gerais. Durante o Primeiro Reinado e até 1834 não se apresentava o problema de forma aguda, porque não havia limites muito rígidos entre o que representasse despesas da União e das províncias. Com o Ato Adicional, porém, o maior grau de autonomia de que passam a dispor as diferentes províncias traz de contrapeso a sua obrigação de prover às próprias dificuldades financeiras. Entretanto os legisladores trataram, na discriminação das rendas, de favorecer decididamente a receita geral em detrimento das rendas provinciais. Em tais condições era natural que se passasse a avaliar os méritos dos delegados do poder central, segundo sua capacidade de recorrer com bom sucesso ao Tesouro Nacional para sanar as dificuldades locais.

No próprio ano de 1834 já se torna bem nítida essa situação quando a Assembleia Provincial de Minas Gerais manda uma representação ao ministério, alegando que a receita da província cobria apenas uma terça parte das despesas. Aproximadamente o mesmo sucedia com a Bahia: para uma receita de 400 contos de réis só se cobraram pouco mais de 130 contos. Mais alarmante ainda era a situação em Sergipe, onde a despesa seria de perto de 139 contos, ao passo que a receita era estimada em pouco mais de 25. A legislação previra para tais casos o sistema do suprimento de verbas: deveria o presidente da província pleitear do governo a soma necessária para a cobertura do *deficit*, justificando bem essa necessidade, e então correriam os gastos pelas rendas gerais. Tal solução fora prevista inicialmente para situações excepcionais, mas rapidamente se foi generalizando por quase todo o Império. Apenas três províncias, as do Rio de Janeiro, São Paulo e Rio Grande do Sul, puderam dispensar os suprimentos. Todas as outras passaram a apelar para o remédio, que representou notável sangria para os cofres públicos durante longo tempo.[10]

Em muitos casos puderam os presidentes e as assembleias legislativas provinciais ser acusados de excessiva prodigalidade no trato dos dinheiros públicos. Gastava-se demais no supérfluo, ficando o essencial para segundo plano, e então não custava pedir socorro ao Rio de Janeiro. Em dado momento parece que o alvo maior das acusações passou a concentrar-se nas construções de teatros, que se tornariam uma espécie de ponto de honra de muita capital, que se esforçava com isso para superar suas rivais. Assim, em janeiro de 1844 saiu um aviso censurando a assembleia da Bahia pelas avultadas somas destinadas ao teatro da cidade do Salvador, lembrando como o suprimento de 150 contos deveria empregar-se em negócio de maior urgência. Quase pela mesma época estranhava-se no Conselho de Estado que em Pernambuco se esbanjassem somas avultadas na edificação do teatro Santa Isabel, quando a província recorrera aos cofres gerais para o atendimento de suas mais elementares despesas.

A possibilidade de apelar com bom êxito para os favores da Corte não só animava essas despesas consideradas suntuárias como dificultava todo esforço maior no sentido de se corrigirem os métodos defeituosos de arrecadação.[11] Por mais que se aperfeiçoassem esses métodos, era duvidoso porém que se equilibrassem satisfatoriamente as despesas gerais e provinciais. Um primeiro passo para corrigir-se esse mal de origem foi dado quando, para o exercício de 1842-3 se mandou deduzir dos suprimentos o montante das remunerações dos juízes de direito, que passariam a ser dadas pelo Ministério da Fazenda. Em 1846, a lei orçamentária mantém para as províncias anteriormente beneficiadas o pagamento de suprimentos, reduzindo-os contudo à metade e ainda especificando que essas somas deveriam destinar-se às pessoas empregadas no serviço do culto público. Finalmente em 1847 passam a correr pelos cofres gerais as despesas com a Guarda Nacional, as justiças de primeira instância e o culto.

Essa redistribuição das despesas gerais e provinciais apenas aliviará em parte a situação financeira precária em que viveram sempre numerosas províncias. Em muitos casos trataram as legislaturas de adotar medidas tais como os impostos de exportação, que invadiam uma esfera pertencente ao poder geral de acordo com as interpretações mais rigorosas. A interpretação mais liberal, que tolera tais impostos, procedia do fato de declarar o Ato Adicional que não podiam as províncias legislar sobre impostos de importação, reservados unicamente à União. Subentendeu-se que eram livres de legislar sobre os de exportação, visto não serem expressamente nomeados. Ora, se numerosas províncias infringiram a medida proibitiva – entre 1835 e 1861, nada menos de quinze legislaram sobre a importação de artigos procedentes do exterior, de outras províncias, de um município para outro[12] –, mal se haveria de esperar que se mostrassem menos pressurosos a respeito do que lhes parecia facultado, ao menos por omissão.

São esses alguns dos problemas que deviam resolver os presidentes, forçados a manter-se no difícil equilíbrio entre o que deles se desejava como agentes de confiança do governo que os nomeou e as pretensões, legítimas ou não, dos seus governados. Sentinelas avançadas da ação executiva, nas palavras de Pimenta Bueno, sua posição nesse particular tornava-se frequentemente incompatível com a promoção do desenvolvimento e do bem-estar das províncias que lhes eram confiadas. No exercício do cargo precisavam, antes de tudo, saber rodear-se de pessoas que lhes merecessem confiança e que estivessem dispostas sempre a ajudá-los no cumprimento de sua missão: o provável, porém, com o pouco tempo de que geralmente dispunham, era que a escolha recaísse sobre os que lhes fossem indicados como aptos a bem servir os interesses partidários, de sorte que os negócios administrativos se viam sacrificados aos critérios políticos momentaneamente dominantes. De olhos fitos sobre o que se passava na Corte, os presidentes só se preocupavam, em regra, com o que satisfizesse suas ambições particulares.

De um desses agentes itinerantes do poder central, existe curioso depoimento deixado por um estrangeiro que com ele privou e que, no realismo do traço grosso, parece retratar o comum dos administradores que só querem ver no cargo um degrau para postos mais altos. Segundo resulta desse depoimento, Henrique Pereira de Lucena, enviado a administrar o

Rio Grande do Sul em 1887, só se preocupava em contar os dias em que ficaria naquele desterro fazendo jus a um lugar no ministério, que tinha como coisa certa. Tudo lhe repugnava na província: "bandidos" e "loucos" eram os epítetos mais mimosos que dava aos naturais do Rio Grande. Tanto ele como toda a sua família achavam uma excentricidade do estrangeiro, russo de nascimento, gastar em terra tão fria como Porto Alegre o tempo que poderia melhor aproveitar entre as amenidades do Rio de Janeiro. No seu entender só em outro lugar do Império, além da Corte, poderia dar-se bem um homem culto, e era Pernambuco, terra natal do presidente. Em Lucena pode-se dizer que predominava a paixão regional até sobre a paixão política e partidária. Todos os homens superiores do Brasil, dizia, vinham do Norte, de Pernambuco sobretudo, e um pouco da Bahia, e não se cansava de chamar a [...]

[Capítulo II]

A CAPRICHOSA ROTAÇÃO DOS GOVERNOS, e seu cortejo infalível de demissões ou de substituições em massa de empregados públicos, é um dos distintivos da política brasileira durante a maior parte do século passado. De toda a efervescência que caracterizou o Primeiro Reinado e a Menoridade, os oito anos que se seguem à ascensão de d. Pedro II ainda são marcados pela dança dos gabinetes: a média é de um por ano. Em 1848 sobe ao poder um ministério conservador que já pode desenvolver, sem estorvo, um processo de acentuada centralização, ao mesmo tempo que sugere a impressão da maturidade afinal alcançada pelo regime. Com a expansão da lavoura cafeeira ao longo da bacia do Paraíba, a pouca distância da Corte, o processo político parece receber um notável suporte econômico. A esse conjunto de circunstâncias devem os homens do ministério de 29 de setembro de 1848 (gabinete Olinda-Monte-Alegre), que se alonga, com pouca diferença, no primeiro governo de Itaboraí (11 de maio de 1852), muito de seu bom sucesso. Outro tanto pode dizer-se do esforço conciliatório empreendido com o gabinete Paraná, de 6 de setembro de 1853. Com a morte, porém, do presidente do Conselho em 1856, irá desfazer-se pouco a pouco a ilusão: antes de 1860 já se vão acumulando as desinteligências político-partidárias que a Conciliação havia dissimulado e, com ela, sobe de novo à tona a instabilidade antiga, que prossegue até o colapso da monarquia.

Excetuados os quatro anos e alguns meses do ministério de 7 de março de 1871, encabeçado pelo visconde do Rio Branco, o que vemos é um alternar-se constante de gabinetes com orientações discrepantes ou antagônicas. À falta de coisa melhor, contentam-se os detentores ocasionais do poder com a formação de clientelas que lhes sirvam de consolo e esperança em tempos de adversidade. Quanto ao mais, deixam-se levar pelo dia a dia dos acontecimentos. Com efeito, dificilmente se havia de esperar dos governos qualquer ação a prazo longo, quando ninguém ignorava o solo movediço onde todos pisavam. O resultado era viverem no eterno provisório. Independentemente dos matizes políticos que exibem e onde costumam entrincheirar-se, há questões que acabam por penetrar no consenso geral, e deixam então de apresentar-se como reivindicações partidárias. Mas ainda em tais casos, as substituições frequentes de ministérios vão prejudicar qualquer ação administrativa pronta.

Lembre-se a respeito o problema da revogação da famosa lei de 3 de dezembro de 1841, que havia dado aos chefes de polícia nomeados pelos governos atribuições outrora confiadas aos juízes de paz eletivos. Sendo a medida de forja conservadora, ou saquarema, como então se dizia, fez com que esse partido pudesse com facilidade desmontar os liberais, chamados também luzias, depois da vitória das forças legalistas em Santa Luzia, na província de Minas Gerais, em 1842. Dessa forma acabaram por substituir seus adversários nas posições de mando, onde se haviam instalado com o golpe maioristas e onde as chamadas "eleições a cacete" os haviam conservado ou reposto. Os luzias, ou santas-luzias, trataram de combater a medida por todas as formas, até de armas na mão, lançando o opróbrio sobre os contrários, que tão desdenhosos pareciam mostrar-se dos mais elementares direitos humanos. Os saquaremas, de seu lado, não hesitaram de início em assumir responsabilidade total pela lei tão combatida, com a justificativa de que, nas horas de perigo para a nação, as exigências da ordem política e social mais importam do que as da liberdade ou segurança pessoal. E tanto se aferraram à lei repressiva que foram ao ponto de erigi-la em emblema partidário: havia até quem nela visse a obra mestra de sua facção, símbolo da fé e unidade da família saquarema.[1] Cedo, porém, irão desenganar-se os seus turiferários, ao verem como ela se mostrava igualmente prestativa para os liberais que sobem ao poder. Voltava-se então contra os criadores a criatura, e a reforma da lei de 3 de dezembro passa a ser alternativamente reclamada e combatida por gente das duas facções adversas.

Entre as críticas feitas aos liberais, uma das mais comuns é a de que combatiam com aspereza, quando na oposição, as mesmas leis que preservavam intactas quando no governo. A censura só em parte se justifica. Sabe-se que, ao resignar o ministério conservador de 23 de janeiro de 1843, depois de um atrito entre seu chefe, Honório Hermeto, e o imperador adolescente, não ocorreu a d. Pedro ou a seus mentores apelar para a oposição, ainda mal refeita das cicatrizes da Venda Grande, Silveira e Santa Luzia, em que liberais paulistas e mineiros foram militarmente subjugados. Os homens chamados agora ao poder estão ligados, de fato, à mesma facção "regressista" que acabava de deixá-lo. Acontece, apenas, que não podem contar com a solidariedade dos amigos da véspera e voltam-se então para os inimigos da véspera. Assim é que, depois de votar todas as medidas acremente censuradas pelos liberais, como a da "interpretação" do Ato Adicional, do restabelecimento do Conselho de Estado, da mesma lei de 3 de dezembro, sua decisão de anistiar os rebeldes, que antes atacaram duramente a tribuna parlamentar, não reflete senão o oportunismo de quem pretenda guardar a todo preço a posição conquistada.

Dos que entram no novo gabinete, de 2 de fevereiro de 1844, só Manuel Alves Branco não provém, a rigor, da tribo saquarema. Apesar disso anda bem longe de poder passar por um liberal imaculado quem havia sustentado até pouco antes, de viva voz, todas as odiosas medidas conservadoras contra a gente de seu agrupamento. Além disso, se o sinete liberal lhe vem de ter pertencido ao último gabinete do regente Feijó, tendo caído quando subiu o regente Araújo Lima, não é menos certo que serviu depois em dois gabinetes da Regência Araújo Lima, interrompida pela antecipação da Maioridade. Dizia-se que era incapaz de teimar por uma ideia, sempre que se tratasse de galgar posições de realce, ou também que, se tinha uma cor política, seria antes a de um regressista acabado, embora soubesse disfarçá-la.[2] Outro era o caso de Holanda Cavalcanti, que, sendo liberal na Corte, tanto que fez parte do ministério da Maioridade, passa por "guabiru na sua província de Pernambuco. Holanda pertenceu também ao ministério de 2 de fevereiro (1844), mas nele só entrou quando já se havia definido a fisionomia nova política dos que o compunham.

Seja como for, o pecado original desse ministério, assim como o de todos quantos a ele se seguem, até chegar-se a setembro de 1848, está nisto que, com uma exceção, todos aderiram a um liberalismo de emergência. A exceção é o gabinete Paula Sousa, de 31 de maio de 1848, onde se mostra indisfarçável o selo liberal, mas a verdade é que esse ministério não cessou de engatinhar desde que nasceu, e veio a morrer quando ia completar quatro meses de existência. Com ele desaparece também o "primeiro quinquênio liberal, assim chamado apesar de tudo. "Primeiro", porque ainda haverá "segundo", o que se encerra em julho de 1868, com a estrepitosa queda do último ministério Zacarias de Góis e Vasconcelos, formado igualmente de egressos da grei conservadora. Para completar o paralelo dos dois quinquênios, não falta sequer, agora, um ministério que se vai entroncar no velho liberalismo sem jaça de um Paula Sousa, e é o de 31 de agosto de 1864, presidido pelo conselheiro Francisco José Furtado. Este se arrastará no poder durante pouco mais de oito meses, e a exiguidade do tempo, somada à feição cada vez mais grave que tomam os negócios do Prata, não deixa caminho livre para a execução de grandes reformas.

A ascensão do ministério Paula Sousa coincidiu com uma hora de maré montante, no Brasil, para a reação monárquica, e em 1848, a reação monárquica é tão decididamente saquarema como foi liberal em 1840, o ano da proclamação da Maioridade. Contudo os gestos ainda trêmulos de d. Pedro II, que mal se inicia na arte de reinar por conta própria, não se podem guiar pelos ímpetos de uma vontade caprichosa. Consta que as primeiras notícias da revolução de fevereiro, ele as teve num teatro onde se achava certa noite de abril, mês fatídico para o reinado de seu pai, e que, um tanto alterado, cuidou de mandar buscar os jornais vindos num paquete que acabava de ancorar.[3] Ateado no Velho Mundo, o fogo revolucionário rapidamente se alastrava e bem podia suceder que alcançasse afinal a monarquia americana, assim como a revolução de julho, depois de sacudir a França, veio afetar também o Brasil, onde precipitou os acontecimentos que puseram termo ao Primeiro Reinado. Agora, a abdicação, a 24 de fevereiro, do rei dos franceses, que por princípio sempre timbrou em fugir às posições extremadas, mostrava a d. Pedro, que a seu modo procurará também seguir a regra do *juste milieu*, como nem essa cautela oferece um escudo seguro contra a impaciência dos povos. E mais grave ainda lhe pareceria a advertência, quando o casamento recente do príncipe de Joinville com sua própria irmã dona Francisca o vinculava estreitamente à casa de Orleans. É evidente que um fundo abismo separava da estrutura social da monarquia burguesa, que inopinadamente cedeu lugar à Segunda República na França, e as articulações internas que serviam de suporte ao Império sul-americano, um Estado que ainda não comportava uma verdadeira burguesia e onde, por conseguinte, a sede de bens materiais, a própria ideia de abastança, tinham outra dimensão diferente, embora a presença desse contraste não se fizesse tão patente entre nós, pelos detentores do poder. E que o fossem era inevitável a lembrança dos sucessos de 1831, por menos que se assemelhassem os motivos que os precipitaram àqueles que, no ano antecedente, haviam dado lugar, na França, à queda dos Bourbons do ramo primogênito.

Mal segura e solitária em um continente republicano, a monarquia, que nasceu, no Brasil, do 7 de setembro, e pôde sobreviver ao 7 de abril, ainda dependia muito, para bem sustentar-se, da presença, do brilho e da pujança que lhe emprestassem os similares ultramarinos. Acontece que, no correr das semanas seguintes, as novas que rapidamente se espalhavam pela Corte à chegada de cada paquete com as gazetas que sofregamente eram disputadas, só indicavam a enorme capacidade de contágio da febre revolucionária que abateu inopinadamente o regime de Luís Filipe. Dos distúrbios de março, em Viena, que puseram em fuga Metternich, o homem que, em tempos idos, chegou a ditar ordens à Europa, ao menos tinha saído ileso o infeliz imperador da Áustria, tio e padrinho de nosso d. Pedro, mas restava saber até quando seria poupado o herdeiro dos Césares. Outro Fernando, o rei das duas Sicílias, irmão de dª Tereza Cristina e cunhado, por conseguinte, do monarca brasileiro, pôde postergar a ruína de seu trono já cambaleante, em seguida a uma transigência fatal, por isso que dissiparia depois os escrúpulos dos que veem em seu reino e em sua dinastia um estorvo para a unificação política da península: declarou-se neutro na guerra nacional dos patriotas italianos e licenciou a tropa que havia mandado socorrê-los. Seguia, assim, a pouca distância o exemplo de Pio IX, o papa que ainda passava por liberal, quando, em proclamação feita à revelia de seus próprios ministros, disse que, ao chefe da igreja católica, não competia da guerra à Áustria, potência tradicionalmente católica. Essa proclamação, acompanhada da retirada da tropa pontifícia da frente de combate, foi interpretada como uma triste defecção, pois rompia um compromisso entre a Santa Sé e o neoguelfismo, um mês depois da visita a Roma de seu principal apóstolo, Vincenzo Gioberti, como padre católico e ministro, então, do rei da Sardenha.[4] Já agora não seria surpresa para ninguém a inclusão da obra de Gioberti no *Index*, determinada em 1849 e reiterada em 1851, o ano da morte de quem tanto se bateu pela unidade da Itália.

É de notar, em todo caso, que ambas as transigências, a de Nápoles e a da Santa Sé, são transigências não com a revolução mas com a reação, que na Itália, como na Alemanha, se encarna principalmente na casa de Habsburgo. Numa hora em que a onda de rebeldia começa a inundar a península italiana, toda a Europa Central, e em que até um autocrata consumado como o rei Carlos Alberto do Piemonte-Sardenha, cujas afinidades com o carlismo espanhol haviam levado em tempos idos a pronunciar-se pelo miguelismo em Portugal contra d. Maria da Glória, a brasileira, dá a seus súditos uma pseudoconstituição – o *Statuto* –, gestos como esse parecem premonitórios de fim próximo da primavera libertária. De fato, iniciado a 12 de junho com o bombardeio de Praga, o extermínio das veleidades autonomistas da Boêmia completa-se em cinco dias, e é um passo primeiro para o restabelecimento pleno da soberania da casa d Áustria. Em quatro dias é esmagado em Paris um levante de operários principiado em 23, e que já se pretende socialista. A presença de semelhante perigo amedronta a tal ponto os burgueses e os camponeses, que a própria ideia liberal entra em crise. Alguns dos cidadãos mais prestantes reúnem-se agora sob a bandeira da Ordem, e esta velha palavra – ordem – ganha de súbito um prestígio a que mal podia aspirar o lema da Contrarrevolução sem disfarce.

Os sinais da mudança que nesse mesmo mês de junho repontam com as vitórias sucessivas dos exércitos austríacos na Lombardia, dão alento em toda parte aos mais hesitantes.

Como se agisse de concerto, a reação assume na Europa uma estratégia feita de recuos aparentes, para desenvolverem, na hora adequada, uma tática decisiva. Assim é que, em Viena, o imperador Fernando I abdica em favor do sobrinho Francisco José, que se apressa em promulgar uma Constituição a sua maneira. A atividade, a energia, até os dezoito anos do novo imperador, que não sofria dos achaques do tio octogenário suscitam esperanças lisonjeiras de que partilham ambas as facções em luta. Entretanto Francisco José prefere combater os reformadores e, para começar, suprimiu a rebelião republicana da Hungria, com a ajuda das forças do czar, que aceitou pressuroso. Depois venceu os vênetos e os toscanos sublevados, e ainda forçou a Prússia a desistir de unificar a Alemanha sob um regime parlamentarista. Processo paralelo verifica-se simultaneamente na França, onde os republicanos, que tanto haviam combatido o voto restritivo de Luís Filipe e Guizot, adotam, por coerência, o sufrágio universal. Em dezembro, no mesmo mês e ano (1848) em que Francisco José sobe ao trono da Áustria, realiza-se finalmente o pleito presidencial, mas é eleito um príncipe-presidente e um Bonaparte. Resultado: dois anos depois, a Segunda República francesa será convertida no Segundo Império por um golpe de Estado: o 18 Brumário Bonaparte. E pela mesma época, outro golpe, ocorrido em Viena, levará Francisco José a desfazer-se da Constituição que ele mesmo outorgou a seus Estados, para restabelecer o absolutismo puro e simples.[5]

Seria desnecessário dizer que, no Brasil, um processo iniciado aparentemente sob iguais auspícios não tinha por onde chegar a desfechos idênticos, sem embargo da ilusão de óptica dos que buscavam a qualquer preço correspondentes indígenas de sucessos do Velho Mundo, não tendo em conta a diversidade dos contextos históricos que os condicionam. Porque, assim como num país como o nosso, onde ainda não havia burguesia, nem banqueiros – e aliás nem bancos –, era irrisório querer procurar afinidades com a monarquia de julho francesa, por mais que fornecesse esta a muitos estadistas do Império seus modelos diletos, também a inexistência aqui de socialistas, de aristocratas de linhagem e ainda de "camponeses" e de operariado urbano ou rural, impedia que se produzisse uma réplica entre nós do 1848 europeu, de que tais figuras são inseparáveis. Quando muito pode-se dizer que a notícia dos acontecimentos de fevereiro em Paris, com suas imediatas irradiações, ecoou aqui como um conselho de prudência que ajudou a prolongar ainda o predomínio "liberal" até que se definisse melhor a situação. E a esse primeiro rebate se seguiu, também entre nós, uma etapa retrocessiva que se concretiza na solução saquarema, finalmente adotada, mas nesse ponto cessa a afinidade, ou resume-se numa sincronia aproximada.

Na Europa a revolução social e a revolta das minorias nacionais oprimidas eram um perigo presente e uma ameaça para o futuro que os adeptos do *status quo* precisavam erradicar, apelando para medidas extremas se quisessem sobreviver, ao passo que na monarquia sul-americana apenas a Praia de 1848-9 se apresenta como o último alento das sedições provinciais sucessivamente dominadas desde a Regência e, em verdade, é um efeito, não é bem a causa da ascensão dos conservadores a 29 de setembro. E ao reclamar o trabalho como garantia de vida "para o cidadão *brasileiro*", que se explicita melhor no acréscimo "o comércio a retalho só para os cidadãos brasileiros", os praieiros ainda estão muito perto do nativismo antilusitano da era colonial para fornecerem qualquer termo de comparação com aquele operariado parisiense que se viu sacrificado nas "jornadas de junho". Na exasperação desses melindres de nativos, não custa muito vislumbrar, ao contrário, certas sobrevivências arcaicas e arcaizantes, que ainda mais nitidamente se mostram nas rebeliões étnicas e quase tribais a que se entrega a cabanagem do Extremo Norte. Não significa isso dizer que em tais movimentos não possa haver toda uma série de reivindicações explicáveis e defensáveis de um ponto de vista "moderno", e sim, dissociá-los de manifestações surgidas de situações totalmente diversas, e que com elas só tem de comum o aspecto sedicioso. Da mesma forma ninguém irá dizer de rebeliões locais como as dos farrapos, vendas grandes ou santas-luzias que sejam assimiláveis à agitação autonomista de minorias nacionais que fervilharam na Europa de 1848. Ou que a demanda de algum ideal como remédio para as inquietações e misérias do tempo, que no Brasil se fez sentir especialmente durante a Regência, tivesse qualquer coisa a ver com a busca, entre muitos *ultras* europeus, de um porto mais seguro na volta ao *Ancien Régime*.

No Brasil, em todo caso, há limite natural para todo retrocesso – ou Regresso, como durante algum tempo se disse –, e desdenhar esse limite, que se situa em 1822, é renegar o próprio sentimento nacional, de que até os brasileiros mais retrógrados se mostram agora ciosos. E além disso parece inevitável identificar com a ideia do passado colonial, aqui como em todos os Estados americanos, a noção de Absolutismo, que entre eles continua a geralmente repugnar, numa época em que o absolutismo ainda resiste impávido na Europa Central e na Itália aos assédios da revolução, em que desperta estridentes fervores na península ibérica e em que os devotos franceses do regime velho repudiam ainda os compromissos da Restauração e da Charte. Essa aparente incompatibilidade dos povos americanos com o absolutismo não impede, é certo, que razões verdadeiras ou fictícias de paz e segurança cheguem a estimular, entre eles, tendências acentuadas para a instauração de despotismos, castrenses ou não, como vai sucedendo em particular entre as antigas colônias espanholas. Mesmo na antiga América portuguesa haverá quem tente animar d. Pedro II a assumir todos os poderes majestáticos como remate de uma democracia plebiscitária, acenando a propósito para o exemplo do imperador dos franceses.[6] Por avesso que parecesse o liberalismo de fachada que distingue a monarquia brasileira, sobretudo no Segundo Reinado, ao poder autocrático exercido sem rebuços e que apenas nos meios urbanos conseguia às vezes dissimular-se, ninguém duvidava que na força aparente dos pequenos potentados locais assentavam a postiça placidez e a dignidade exterior do exercício político.

Isso mesmo foi dito no Senado do Império pelo conselheiro Nabuco de Araújo, rebatendo discurso de seu colega fluminense Francisco de Paula Sayão Lobato, que sempre se mostrou infenso a qualquer mudança substancial de semelhante sistema que, no seu parecer, vacinava o país contra o mal das febres convulsivas que tinha constantemente à espreita, embora embaraçasse por todas as formas a expressão da vontade consciente e livre dos cidadãos. Em sua réplica pergunta Nabuco:

> Pois está muito distante da revolução o país que se diz livre, mas onde o cidadão não tem vontade individual? Há liberdade individual em nosso país, senhores? Há para nós que estamos aqui, há para os que se chamam de gravata lavada, mas o homem do povo é livre? Há liberdade no interior do país, onde o cidadão há de ser por força capanga ou vítima? [*Muitos e repetidos apoiados*] Há governo representativo em um país onde não é o povo mas o governo quem faz eleição?[7]

A presença da inextricável tessitura de embustes em que se firma, ao cabo, o poder central era inseparável da existência de poderes caudilhescos que se refugiavam em mil desvãos do sistema, como se, fiado cada qual na magia de seu prestígio, só esperam a ocasião boa de projetar-se num plano nacional.

Tolerados ou até alentados pela própria autoridade constituída, cônscias da legitimidade que lhe garante a investidura pelo direito divino ou pelo sufrágio dos povos, ainda quando simbolicamente exercido através de fórmulas tais como a da "unânime aclamação", há momentos em que essas forças caudilhescas se sentem capazes de desafiar o respeito – a superstição? – que as tivera sujeita à mesma autoridade. Circunstâncias ocasionais quiseram que no Brasil, bem ou mal, o princípio tradicional da legitimidade conseguisse resguardar-se contra esses elementos disruptivos, que nos países vizinhos, por exemplo, não encontraram barreira suficiente contra a sua ação. Se nelas não podia haver lugar para a invocação da "graça de Deus", por que repelir a aspiração à legitimidade, que é própria também de todos os cesarismos, implantados ou por uma sublevação das massas ou por uma simples quartelada, e que pode muito bem ser a legitimidade plebiscitária? Muito melhor não seria a do Império do Brasil, que, além da sanção divina, também comporta o plebiscito – "e unânime aclamação dos povos" – ainda que de modo figurado ou simbólico. Como se os nossos constitucionalistas de 1824, gente de pouca fé, não acreditassem na excelência ou na eficiência, por si só, da graça de Deus.

Um traço frequente nos modernos cesarismos, se é lícito esse termo, está em que se legitimam apenas por uma decisão revolucionária, com a qual se julgam tão aptos para ditar novas normas como o governo anterior, cuja normatividade esse decisionismo derrogou. Mas além disso também pretendem legitimar-se invocando a opinião pública, eventualmente corroborada pela ação das forças armadas, certos de que interpretaram o interesse e a vontade da nação e não a de grupos. É evidente que se trata aqui de expressão declamatória, pois o querer convalidar tal certeza através de um apelo, por exemplo, ao sufrágio popular expresso nas urnas é pretender enfraquecer a própria legitimidade que a revolução se atribuiu. Num país povoado de senhores e escravos, como o Brasil de 1848, talvez não fossem tão bons os argumentos que levarão Marx, no prefácio de 1869 ao *18 Brumário de Luís Napoleão* a zombar daqueles que na Europa Central apelavam então para a palavra cesarismo: os que se valiam assim de uma analogia histórica superficial esqueciam-se, diz, de que "na Roma antiga a luta de classes só se travava no interior de minorias privilegiadas, entre os ricos livres e os pobres livres, enquanto a massa produtiva da população, os escravos, apenas servia de pedestal inerte para esses combatentes".[8] Em todo caso não há como imaginar o monarca brasileiro a inclinar-se para a opinião de quem quer que pretendesse ver convertido seu poder irresponsável num poder despótico. Em d. Pedro I, que, segundo conhecida comparação de Oliveira Martins, era, como o mano Miguel, menos um Bragança do que um Bourbon de Espanha, ainda podiam ficar bem a imaginação indômita e o coração aventureiro, mas o filho da arquiduquesa Leopoldina era dotado de virtudes mais discretas e jamais concordaria em ser o homem a cavalo peculiar às ditaduras.

Se no Brasil de maio de 1848 a ascensão de um governo liberal pode ter sido forçada pela vinda de notícias assustadoras sobre a situação europeia, que aconselhariam contemporizações, e se, em setembro, o pensamento de que a ameaça estava finalmente conjurada e de que já era tempo de pôr ordem no país, fez com que os saquaremas fossem chamados de novo ao poder, após um ostracismo longo, ficaram nisso o fluxo e refluxo. O bom nome que subitamente ganham a palavra Ordem e o nome de partido da Ordem, com o qual se crismaram os ministeriais, pode ter sido importado da França, onde, no entanto, os homens da *Ordre* levantaram uma bandeira que serviu para amalgamar políticos e militares de vária origem amedrontados pela perspectiva da ressurreição dos jacobinos, mas se viram dispersivos com a eleição do príncipe-presidente. No Brasil o nome também podia ser aliás de inspiração portuguesa, dado que já havia "ordeiros" em Portugal dez anos antes, e estes tampouco teriam a ver com a Ordem francesa, como os cartistas lusitanos, ou seja, os que se agrupavam em torno da Carta constitucional outorgada em 1826 por d. Pedro IV com o movimento dos trabalhadores radicais britânicos, que abraçaram a chamada *Charter* do povo, usaram igual nome. No Brasil, a Ordem se apresentou como um antídoto necessário para salvar o país dos fermentos de dispersão que pareciam querer pôr em xeque a própria unidade nacional. Não é admirável, pois, que os chamados conservadores ou saquaremas se batessem agora por um poder acentuadamente centralizado.

A Ordem, ao lado disso, vale por um anátema lançado sobre aqueles que, em hora de perigos, não tiveram a prudência e a audácia de impedir a corrida para o desconhecido, fazendo parar o carro da revolução. De onde o nome de conservadores que abraçaram. Todavia não é absurdo perguntar se a ideia de um poder centralizado, que estava no cerne de seu programa, responde bem a uma posição abertamente contrarrevolucionária. Ao menos na Revolução Francesa, a ideia da nação "una e indivisível", que levou à supressão das antigas províncias e à sua subdivisão em departamentos, é proclamada com a mesma ênfase com que se pronunciam as palavras sacrossantas "Liberdade, Igualdade e Fraternidade". Isso mesmo será dito mais tarde entre os que no Brasil se intitulam conservadores, mas que repelem a pecha de retardatários. A modernidade desses conservadores estaria justamente no aferro com que adotam o ideal da centralização, ao passo que seus adversários ainda reclamam o federalismo, princípio que deitaria suas origens na Idade Média, aparentando-se ao feudalismo,[9] por menos que o queiram os nossos liberais. Com isso os conservadores podiam tomar nos Conselhos da Coroa o lugar antes ocupado pelos luzias com o ânimo belicoso de que deu tantas mostras a "patrulha" saquarema, embora devessem muito de seu bom êxito ao enfraquecimento e desgaste dos contrários; fazendo seu o lema da Ordem, já podiam mesmo pronunciar essa palavra com a briosa indignação que costuma ser apanágio das grandes reivindicações em favor das massas oprimidas.

Galgando enfim o poder, o ministério Olinda de 29 de setembro de 1848, e que mais tarde será conhecido como gabinete Olinda-Monte-Alegre (porque o primeiro presidente do

Conselho foi substituído a 8 de outubro de 1849, no posto, pelo ministro do Império e antigo regente, agora visconde e depois marquês de Monte Alegre), vai com ânimo para nele perdurar. Para isso precisava primeiramente desembaraçar-se de uma Câmara hostil e o imperador não teve dúvida em fazer-lhe a vontade. Assim, na sessão de 5 de outubro foi lido decreto adiando a Assembleia Geral Legislativa para 23 de abril de 1849, mas antes de vencer-se o prazo, a 19 de fevereiro, dissolveu-se a Câmara e convocaram-se novas eleições, ficando sem efeito, assim, o adiamento anterior. O ministério podia sustentar-se agora praticamente sem adversários. Em breve disporá de uma Câmara que só não será unânime, porque a oposição havia conseguido eleger Sousa Franco, voz intrépida porém solitária. Os poderosos de agora não podiam pensar em capitular, com efeito, diante daqueles que os perseguiram e maltrataram durante quatro anos e oito meses de ostracismo. Já não se falava em reformar ou revogar, por exemplo, a legislação que, defendendo o Império do caos, havia sido estandarte glorioso dos regressistas, pois equivaleria isso a um humilhante *mea culpa* e era como se deitassem fora, por imprestável, o que foi sua coroa de martírio. Não se falasse pois em bulir na lei de 3 de dezembro.

Assim pensavam a princípio os que não podiam ver um luzia sem imaginar barricadas e truculências jacobinas. Semelhante exasperação é, entretanto, das que só se sustentam com o inimigo bem presente e ameaçador, mas pouca gente, daí a pouco, acreditava numa ressurreição dos liberais, já que um mau jogador como Paula Sousa teve de deixar a liça. E que vantagem havia em manter a qualquer preço a legislação repressiva quando, a bem dizer, não havia o que reprimir? Essa reflexão servirá afinal para animar em parte considerável dos vencedores de setembro de 1848 a ideia de que não lhes adiantaria gastar energias no combate a moinhos de vento. Assim surgirá o congraçamento promovido sob a égide do gabinete do marquês de Paraná, de 6 de setembro de 1853, por iniciativa ou com o apoio decidido da Coroa. E em 1857, um antigo liberal, agora "conciliado", vai proclamar na casa temporária, diante de antigos conservadores, também absorvidos pelo clima da conciliação, a existência enfim de "acordo unânime" contra a confusão entre a justiça e a polícia.[10] E, com efeito, não há discordâncias no coro de aplausos que, saudando o orador, mostra o repúdio geral à lei de 3 de dezembro.

A aparente unanimidade não impede, aliás, que já no ano seguinte o visconde do Uruguai, neto de um francês girondino e nascido em Paris quando não se havia apagado ainda a lembrança dos furores revolucionários, erga a voz no Senado contra um novo projeto de reforma da malsinada lei. Jurista dos mais ilustres do Império, não são, contudo, razões de ordem jurídica o que verdadeiramente pesa em sua argumentação. Uruguai anda longe de julgar intangível a lei que ele próprio havia assinado quando ministro da Justiça do gabinete de 23 de março de 1841 e nem lhe repugna, no fundo, a ideia de uma revisão, mas não deseja uma revisão suscetível de ser apresentada como juízo condenatório do pensamento que a ditou e como uma espécie de sentença ofensiva à memória do grande patrono da lei e seu saudoso amigo, Bernardo Pereira de Vasconcelos.[11] Alegava que, apesar de tudo, a lei prestou bons serviços e atendeu a certas peculiaridades nacionais, o que bastou certamente para justificá-la, embora admitisse que muita coisa justificável na prática pode ser imperfeita de outro ponto de vista. O mesmo orador havia dito, em outra ocasião, que a considerava em desarmonia com "os princípios abstratos da ciência". Agora os motivos que a justificaram compadeciam-se mal com o mundo de abstrações e generalizações em que se compraz o saber jurídico, e deixar de reconhecer esse ponto equivalia a menoscabar os esforços meritórios do estadista que mais pelejou por impô-la. Isso foi dito diante de Francisco Diogo Pereira de Vasconcelos, o ministro que, no momento, patrocinava a revisão da lei de 3 de dezembro, conquanto irmão do "grande patrono" da mesma lei. Aliás o próprio Bernardo de Vasconcelos não foi o autor do mais antigo projeto de revisão dessa lei, datado de 1845 e logo seguido de outro mais radical, o de Urbano Sabino, José Antonio Marinho e Teófilo Otoni?

Reclamada por toda a imprensa, proclamada pelos governos e pelos representantes da nação, qualquer que fosse o partido a que pertencessem, a separação definitiva entre o judiciário e a polícia já não encontrava quem seriamente a contrariasse por volta de 1860. No ano anterior, o ministro da Justiça, visconde de Muritiba, que foi sempre homem do freio, havia inserido na *Fala do trono*, peça elaborada pelos gabinetes no poder, um tópico onde se fala na necessidade de melhorar a legislação no sentido do serem dadas garantias à liberdade e segurança individuais.[12] A lei de 3 de dezembro não vem expressamente nomeada nesse documento, mas se acha subentendida tanto na "fala" como no voto de graças aprovado. É verdade que a sugestão é feita com toda a cautela, frisando-se que a melhora proposta há de ser realizada, "mas sem prejudicar os princípios da ordem e a força da autoridade". Mesmo tais reservas irão desaparecer depois dos textos ministeriais, como se um consenso generalizado se tivesse formado em torno da ideia de que não se impõe ordem verdadeira recorrendo ao arbítrio, e que não se devem confundir autoridade e despotismo.

O fato é que, daí por diante, o desejo de ver retiradas do âmbito policial atribuições que são naturalmente da alçada dos juízes de direito torna-se estribilho obrigatório, nas *Falas do trono* e nos sucessivos programas ministeriais. Às boas intenções, porém, estão bem longe de corresponder os atos governamentais, de sorte que vão ser precisos ainda dez anos e mais para que se concretizem, sob um governo moderadamente conservador, o do visconde do Rio Branco. Com uma longevidade singular, garantida pela pessoa inviolável e sagrada do chefe de Estado, o ministério de 7 de março de 1871 terá como levar a bom termo e sem embaraços um esforço continuado. É significativo, no entanto, que a reforma longamente pleiteada vá competir, então, a um *ultra* impenitente, Francisco de Paula de Negreiros Sayão Lobato (visconde de Niterói), titular da Justiça. O qual, admitindo que aos delegados de polícia e aos subdelegados se retire a faculdade de processar até a pronúncia, transferindo-a aos juízes, quer, entretanto, que estes continuem a depender do Executivo e possam ser transferidos para outra comarca através de simples requisição do presidente de província. Vê-se por aí como se entendia a necessidade de ser assegurado o princípio da ordem e a força da autoridade.

O caso da reforma da lei de 3 de dezembro é um dos exemplos da morosidade extrema que foi distintivo constante da administração pública no Brasil ao tempo do Império. Outro exemplo é o que diz respeito às caçadas humanas, que, com o nome de recrutamento, não constituíram apenas fator de insegurança geral, mas acabaram por afetar de forma duradoura as relações de trabalho no país. As críticas ao sistema e aos malefícios dele resultantes foram frequentes, durante largo tempo na imprensa e na tribuna parlamentar, destacando-se particularmente as denúncias que apresentou o deputado Oliveira Junqueira em 1847 na Câmara, sobre a verdadeira calamidade que eram esses recrutamentos na Bahia, província que representava, mormente em tempo de eleições, quando muitos indivíduos se viam agarrados pelos agentes, e afastados, assim, das urnas, por suspeitos de ir votar contra o governo. Como consequência de semelhante abuso, muitas pessoas, e cada vez mais, por evitarem interrupções no trabalho, já fugiam de empregar homens livres nos serviços que dirigiam, de sorte que tudo passava a fazer-se pelas mãos dos escravos, que eram isentos do recrutamento. Isso acontecia tanto no caso dos ofícios mecânicos como, no sul da Bahia, no da navegação de cabotagem, uma vez que os proprietários dos barcos só cuidavam de meter seus escravos a bordo. Não podiam ser mais ominosas as condições de um país novo onde os pobres livres se viam fadados a desaparecer, extinguindo-se assim a gente que normalmente deveria constituir a força e o nervo da sociedade. "Não há para o trabalho senão escravos", dizia Junqueira, "e logo salta-se para deputados, juízes de direito, brigadeiros, oficiais de Marinha, médicos etc."

A seguir prosseguia num raciocínio que terá presente certamente um quarto de século mais tarde quando, ministro da Guerra do gabinete Rio Branco, tudo fará por modernizar as forças de terra do Império. "Quem há de fazer este nervo da sociedade, quem há de carregar com o tributo de sangue?", perguntava em 1847, e acrescentava: "Há de ser o exército composto de oficiais, de médicos, de bacharéis? É isto exército que se possa bater com o inimigo?".[13] Com efeito ao entrar para os Conselhos da Coroa o ministro Junqueira mostra-se coerente com as opiniões que tão vivamente manifestou na Câmara, e procede à reforma da lei do recrutamento, cuja necessidade não cessou de ser apregoada ao longo de vários decênios. Como no caso da reforma da lei de 3 de dezembro, a medida será bloqueada, não porque tivesse adversários obstinados, mas tão somente porque a rápida sucessão dos ministérios não deixa espaço para a mudança de costumes inveterados. Em outras palavras, a mobilidade no pessoal dirigente conduz à imobilidade na ação administrativa. Tanto mais quanto as mais sábias leis e que têm a favorecê-las um consenso geral, precisam esperar longo tempo até que medidas complementares tornem possível seu cumprimento, e assim se dá com a lei de 1874 que aboliu o velho sistema de recrutamento. Passados treze anos, a princesa Teresa da Baviera estranha, já ao agonizar a monarquia, que, na prática, uma reforma de tamanho alcance, como o novo princípio da conscrição, continuasse letra morta.[14] O motivo alegado para a demora era a falta de alojamentos e ainda a falta de gente para a coleta de dados estatísticos julgados indispensáveis ao feliz andamento da iniciativa. Por sua timidez diante de uma oposição inclemente, que se fazia sentir nas próprias fileiras conservadoras em que se alistava, mas também pela inexistência de uma infraestrutura capaz de suportar soluções atrevidas, o ministério de 7 de março de 1871 gastou todo o ânimo inovador com que subiu ao poder na promoção de meias medidas ou de medidas simplesmente protelatórias. Além dos exemplos lembrados, foi esse o caso da lei eleitoral, com o sistema dos terços, o da reforma da guarda nacional e, não menos, o da emancipação dos nascituros.

A instabilidade dos governos fazia-se sentir especialmente na esfera provincial, uma vez que os presidentes expedidos da Corte permaneciam no poder só durante o tempo necessário para assegurar-se a vitória da política do ministério. Cumpria-lhes mandar suas instruções às Câmaras com certa antecedência para formarem juntas de qualificação em cada município, angariar simpatias dos chefes locais em condições de possibilitar aquela vitória nos colégios eleitorais, dispor com largueza de postos da Guarda Nacional, nomear autoridades policiais de confiança para os diferentes distritos, destituir, se possível, e transferir outras, remover ou exonerar empregados públicos, segundo as conveniências políticas do momento e saber enfim manejar com eficiência a arma do recrutamento. Satisfeitos esses deveres do ofício, tratariam logo os presidentes de largar o posto ao seu substituto legal, em regra pessoa natural da mesma província ou nela domiciliada. Não é, pois, de admirar se, nos 67 anos de duração da monarquia, muitas províncias chegaram a ter mais de uma centena de presidentes, e há caso, como o de Minas Gerais, em que esse número chega a mais de 130, o que dá a média de quase dois presidentes cada ano.

Se o presidente nomeado tem assento na legislatura geral, e é o que geralmente acontece, só fica na província durante as férias parlamentares. Casos excepcionais são os daqueles que, nela residentes e não exercendo atividade pública na Corte, se acham na situação de desempenhar suas funções sem pausas constantes. Assim se dá, por exemplo, com João

Teodoro Xavier, que assumindo a presidência de São Paulo, em dezembro de 1872, nela permanecerá quase dois anos e meio. É certo que isso acontece sob o ministério Rio Branco, o qual, no longo tempo em que esteve no poder, não encontraria razões sérias para dispensá-lo do serviço. Pela [...]

[Aqui, o manuscrito é interrompido por duas páginas.]

Em tais condições, a situação antiga continua a prevalecer, com a diferença, porém, que as administrações provinciais se veem agora forçadas a justificar a necessidade do auxílio pedido, o que em muitos casos não era possível, mesmo quando o governo geral se mostrasse inclinado a prover suas necessidades e tivesse meios de fazê-lo. Seja como for, parece natural que se avalie o mérito dos delegados do ministério pelo bom ou mau sucesso de suas gestões junto ao Tesouro. Já em 1834, o ano do Ato Adicional, configura-se uma situação crítica ao mandar a Assembleia Provincial de Minas Gerais uma representação ao Ministério da Fazenda, alegando que a receita da dita província dá apenas para cobrir terça parte da despesa. Verdadeiramente alarmante é, pela mesma época, a situação de Sergipe, onde a despesa seria de 130 contos de réis e as rendas não passavam de 25 ou pouco mais. Para casos tais a lei tinha previsto o sistema dos suprimentos de verbas: pleiteada pelo presidente a soma necessária para a cobertura do *deficit*, e aceita a sua justificação, o gasto correria por conta das rendas gerais. Semelhante recurso havia sido previsto para casos de exceção, mas bem depressa a exceção passou a ser regra. E a essa regra só fugiram, de fato, três províncias, as do Rio de Janeiro, São Paulo e Rio Grande do Sul, que se deram o luxo de dispensar suprimentos.[15]

Muitas vezes a acusação de prodigalidade excessiva se elevou, ora contra presidentes e assembleias provinciais, ora contra o ministério que se mostrasse menos zeloso na defesa dos dinheiros públicos. Gastava-se em demasia no acessório, ficando para segundo plano o essencial. Em dado momento, parece que o grande alvo das críticas passou a situar-se nas construções das casas de espetáculos pomposas, que se tornariam como um ponto de honra para alguns governos de província, especialmente quando as assembleias e as populações das capitais eram movidas por um sentimento de emulação com as rivais mais próximas. Assim é que em janeiro de 1844 se baixou aviso admoestando o legislativo da Bahia porque um suprimento de 150 contos, requerido para atender-se a certos negócios de grande urgência, foi gasto na edificação de um teatro, onde se consumiam somas avultadas. Mas Pernambuco não quis ficar atrás, pois quase na mesma época estranharam-se no Conselho de Estado os esbanjamentos feitos na mesma província com o teatro Santa Isabel do Recife, cuja construção foi confiada a um engenheiro mandado vir expressamente da Europa, o francês Luís Vauthier, quando as sucessivas administrações locais não se cansavam de socorrer-se dos cofres da nação para as mais comezinhas despesas.

A possibilidade que tinham, ainda assim, alguns presidentes ou assembleias de granjear favores do poder central não só estimulava esses gastos tidos por suntuários como emperrava todas as tentativas feitas no sentido de se corrigirem os processos rotineiros de arrecadação. Em 1835 queixou-se em relatório o presidente Antonio Paulino Limpo de Abreu, de Minas Gerais, de que só pagava imposto ali quem quisesse pagar.[16] No entanto, por maior empenho que se pusesse em melhorar aqueles processos, surgiam sempre dificuldades para se obter equilíbrio satisfatório entre os gastos gerais e os provinciais. O primeiro passo para remediar o mal será dado quando ficar deliberado que o montante das remunerações dos juízes de direito passe a correr por conta do Ministério da Fazenda, com o que se evitarão sangrias consideráveis nos cofres provinciais. Em 1846 mantêm-se na lei orçamentária os suprimentos para as províncias, onde tal recurso já se havia convertido em norma corrente, mas reduzidos de 50%, com a especificação de que as somas pagas devem servir para o pagamento das pessoas empregadas nos serviços do culto.

Finalmente, a partir de 1847, serão efetuados pelo Ministério da Fazenda os pagamentos destinados à Guarda Nacional, justiças de primeira instância e culto.

Mesmo essa redistribuição não aliviará senão em parte a situação financeira escabrosa pela qual passavam as províncias em sua maior parte. Em muitos casos trataram as legislaturas de dar-lhes remédio apelando para impostos de exportação que foram objeto de muita crítica, uma vez que representavam uma invasão da esfera do poder central. Defendiam-se os adeptos de tal medida observando que o Ato Adicional, reservando ao governo geral a capacidade de legislar sobre impostos de importação, era omisso no que diz respeito aos de exportação, e não custava interpretar um silêncio como uma licença. Mas além disso o próprio fato de reservar-se o governo geral o direito exclusivo de taxar produtos importados estava sendo ignorado por várias províncias, de sorte que iam lançando impostos sobre artigos trazidos do exterior, de outra província e até de um município para outro. Tanto que, entre 1835 e 1861, nada menos de quinze legislaturas provinciais aprovaram medidas em tais sentidos.[17] Ora, se legislavam sobre o que lhes era expressamente vedado, como querer que deixassem de praticar o que lhes parecia tacitamente facultado?

Forçados os presidentes a um equilíbrio difícil entre o que deles se esperava, como agentes de confiança do governo que os nomeou, e as aspirações justas ou não dos governados, seu mister comparava-se, não raro, ao de quem se propusesse dar movimento a um hemiplégico. No exercício do posto precisariam primeiramente de gente merecedora de sua confiança e que, sabendo das necessidades locais, estivesse em condições de os ajudar. Com o escasso tempo de que ordinariamente dispunham, fazia-se difícil a boa escolha, e assim, mesmo que os guiasse o propósito de bem administrar, costumavam ser presa fácil de interesses particulares e, em suma, da pequena política. A regra, em todo caso, era ficarem atentos em primeiro lugar ao que ia pela Corte. A essa espécie pertenceria, por exemplo, Henrique Pereira de Lucena, mandado a presidir o Rio Grande do Sul em 1887, se merecer fé o testemunho de um estrangeiro que com ele e sua família privou na mesma época.[18] Tendo presidido anteriormente Pernambuco, sua província, assim como o Rio Grande do Norte e a Bahia, e vivendo, de ordinário, no Rio de Janeiro, jamais conseguiu, segundo o mesmo testemunho, acostumar-se com a vida no Sul e disso não fazia segredo. "Bandidos" e "doidos" eram os mimosos epítetos que dava aos naturais da província que agora presidia. Não só ele, mas todos os seus, viam no viajante um excêntrico, pois de outra forma como qualificar quem abandonara voluntariamente as amenidades da Corte para ir tiritar de frio naqueles confins do Império, perguntavam, esquecidos de que para seu interlocutor, um russo, o argumento não devia ser de grande peso.

O sentimento regionalista era um traço distintivo do presidente, mais do que a paixão político-partidária. Todos os grandes homens do país tinham vindo do Norte, a seu ver, isto é, de Pernambuco e quando muito da Bahia. A propósito, o nome que mais citava era o de Joaquim Nabuco, o qual, se pecava como liberal, redimia-se como pernambucano. Entretanto era missão nitidamente política a que devia cumprir Lucena, pois fora incumbido de ganhar para os conservadores, e para o ministério Cotegipe, o marechal de campo Manuel Deodoro da Fonseca. Se bem-sucedido, passaria o governo ao general e ganharia, ele próprio, para começar, um título de barão, uma pasta do ministério e uma senatória. É que faltava aos conservadores um soldado ilustre na Câmara vitalícia, desde o desaparecimento de Caxias. Assim como Pelotas foi representar no Senado a tradição de Osório, não poderiam os outros levar também Deodoro à Câmara alta, onde seria herdeiro do maior soldado do Império e do partido? Com esse intento acercou-se Lucena do militar, que ainda não conhecia pessoalmente, fizeram-se amigos e mesmo compadres, mas nem isso impedirá que, unido pouco depois ao vencedor de Aquidabã, o comandante de armas do Rio Grande se torne perigoso desafeto de Cotegipe, enquanto não se prepara para derrubar a própria monarquia. Lucena, por sua vez, terá de contentar-se, além do título de barão, com a presidência da Câmara temporária. A pasta no governo, com que tanto contou, não a terá, ao menos até a queda do Império. Com a República, sim, há de ser ministro, de fato primeiro-ministro, homenagem insigne que lhe prestará Deodoro, já que o regime por este instaurado não conhece semelhante figura, própria do sistema parlamentarista.

Para cumprir mandato de seu governo e de seu partido suportou o que lhe parecia um desterro, já que por vontade sua não deixaria o Rio, senão, talvez, pelo Norte, onde julgava estar o melhor do Brasil. Não pertencia rigorosamente à raça das aves de arribação – nome então aplicado aos que passavam longo tempo a viajar de província a província como agentes de confiança do poder central, sem se preocupar muito com a escolha – onde caberiam antes um Herculano Ferreira Pena, um Soares de Andréa, um Vicente Pires da Mota ou um Pedro Leão Veloso, os quais chegaram a ocupar quase ininterruptamente seis, sete e mais presidências. Que algum procurasse esses postos por motivos ainda menos edificantes do que, por exemplo, o simples desejo de mudar de ares, é possível, e podia assim suceder que essas aves de arribação se convertessem até em aves de rapina. O epíteto dado por Nabuco a alguns desses presidentes itinerantes faz pensar que não seria fenômeno extremamente raro. Um há a quem Francisco Otaviano de Almeida Rosa, em carta íntima ao general Polidoro, qualifica destemperadamente de "bandalho", "traste", e "ladrão que tem andado a saquear províncias com o título de presidente [...]".[19] O homem público assim dilacerado administrou bem ou mal, oito províncias num prazo de nove anos entre fevereiro de 1859 e abril de 1866, sossegando durante o longo domínio conservador principiado em julho de 1868. Não eram procedentes ou não eram clamorosas as acusações que a Leão Veloso fez o mavioso político, jornalista e diplomata, porque de outra forma o imperador, que tudo escutava, tudo lia e se preocupava tanto com a reputação dos homens públicos, não se dignaria escolhê-lo como sucessivamente o escolheu, para Senador, ministro e conselheiro de Estado. A irritação de Otaviano vinha então do fato de andar o político baiano, segundo lhe constava, a "fazer picardias" (não traz data a carta, mas é seguramente de 1866) contra um amigo comum, dele e de Polidoro, com a condescendência cúmplice de um ministro de Estado.

Ainda quando parecesse cego aos maus costumes de certos homens públicos, não era d. Pedro II insensível à maldade do sistema que podia comportar tais vícios. Toda gente sabia das denúncias feitas a este e àquele presidente de província que tiraram vantagens ilícitas do posto e que, bem ou mal fundadas, eram, em todo caso, de difícil comprovação. Sobretudo não havia quem ignorasse os defeitos do sistema de se confiarem as províncias a agentes furtivos de situações movediças, com a incumbência quase única de tratar da manipulação de sufrágios eleitorais. Para corrigir isso era preciso não hesitar em fazer fundas alterações na legislação, e houve quem cogitasse propor soluções nesse sentido. Uma das propostas consistiu, por exemplo, em retirar-se das presidências o caráter de delegações passageiras e sem futuro garantido para quem as exercia e criar, em vez disso, uma carreira administrativa especial. Exonerado um presidente, seria preferido para o ingresso num órgão que se chamaria Conselho das Presidências. A proposta que chegou a ser oferecida à Câmara em 1860 pelo conselheiro João de Almeida Pereira Junior, então ministro da Justiça, que tinha exercido uma presidência, a da província do Rio de Janeiro, mas por muito pouco tempo – exatamente três meses e três semanas –, visava de modo expresso a tornar estáveis essas delegações. Ao mesmo tempo, reconhecendo ser eminentemente político o lugar de presidente de província, não queria que se privasse um governo de ter como delegados seus pessoas que lhe merecessem confiança. Como esperar, porém, delegações duradouras de um poder central instável?

O autor do plano prevê e previne a seu modo as possíveis objeções a essa quadratura do círculo. Acredita que as dificuldades na execução de medida tão complexa bem poderiam ser ladeadas se as autoridades responsáveis seguissem uma recomendação que faz com toda lhaneza: a de não darem aplicação rígida à proposta que nela se contém no sentido de o acesso dos presidentes ser efetuado segundo o mérito e o bom préstimo deles, pois mérito e préstimo, em seu entender, são virtudes que, por si, não bastam para justificar a confiança do governo em seu agente.[20] Ora, é notório que o excesso de rigor na aplicação de dispositivos legais andou sempre longe de constituir especialidade das administrações brasileiras, e assim sendo, o que se haveria de esperar quando o relaxamento nessa aplicação fosse legalmente autorizado e até recomendado? Se de um lado o plano deixava de resolver satisfatoriamente o problema da inconstância das administrações das províncias, de outro criava uma burocracia complicada e onerosa, além de imperfeita, pois que a burla era prevista para quando ela não funcionasse em benefício dos interesses político-partidários que continuariam a ter, como sempre, a última palavra. Não vingará essa tentativa de casamento de contrários, por isso que a legislatura só vai alcançar agora menos de três meses de vida, e o próprio ministério, sob a presidência de Ângelo Ferraz, resignará antes mesmo de reunir-se a seguinte, eleita de acordo com o sistema de círculos de três deputados, pois já era de prever numerosa e aguerrida oposição.

Parece claro que os planos do conselheiro Almeida Pereira, longe de oferecer soluções novas para corrigir um dos lados mais vulneráveis do regime, o que em realidade propunham eram novos e intrincados problemas. No entanto, o que não lhes faltou na época e até posteriormente foi o interesse atento, quando não a aprovação manifesta, de alguns homens de Estado de alta responsabilidade. O próprio monarca, num papel que se guarda em Petrópolis, no arquivo do Museu Imperial, e que, datado de 14 de julho de 1868, o dia em que compareceu a São Cristóvão o visconde de Itaboraí, chamado a organizar um gabinete, teria sido preparado como uma espécie de lembrete de d. Pedro aos novos ministros, sugere uma "organização administrativa segundo projeto apresentado por Almeida Pereira quando ministro...". O projeto, além de certas teses de São Vicente já discutidas no Conselho de Estado, parecia-lhe mesmo reclamado "pelo bem do serviço público",[21] e a simples menção, ao seu lado, do nome de São Vicente, já é sugestiva de uma opinião altamente favorável a respeito. Parece que antes, porém, um estudioso das questões relacionadas com a administração provincial não deixara de observar que, instituída, com o plano de Almeida Pereira, a carreira de presidentes de província, a situação anterior em nada mudaria de essencial e ainda aumentariam de modo alarmante as despesas e os pensionistas, sem maior vantagem para o Estado.[22] Nem essa, nem outra qualquer proposta que insistisse em considerar as presidências como simples delegações dos ministérios, e entre elas têm lugar de realce as teses de São Vicente, estaria provavelmente em condições de corrigir o mal crônico do regime.

Levada às consequências extremas, a crítica só podia desaguar no princípio de que as províncias deviam ser presididas, não por fiéis delegados do governo geral, e sim por elementos escolhidos através do sufrágio popular. Mas seria lícito imaginar uma vitória desse princípio, vitória, em suma, da ideia federal que não acarretasse grave abalo nos próprios alicerces do regime? Tratava-se, com efeito, de um princípio subversivo das instituições e que só teria como conquistar os espíritos em horas de inquietação ou de dúvidas quanto ao futuro. Foi muito agitada outrora pelas gerações que fizeram a Independência e o 7 de abril, e voltam a sê-lo por aqueles que, inconscientemente ou não, vão abrir caminho para o 15 de novembro. Em horas remansosas não havia lugar para pensar-se em experiências novas e *talvez* fatais para o regime. Por outro lado, uma vez *negada a compatibilidade* entre inovações radicais e a monarquia, não custava aos que viam no excesso de centralização do poder a origem de todas as ruindades do regime renegar o mesmo regime para chegar à descentralização salvadora. Parece certo que republicanos da primeira hora, entre nós, só se convenceram da necessidade de mudança do regime quando se convenceram de que a monarquia, no Brasil, não era separável de um poder central forte. Até o deputado republicano Prudente de Morais, na célebre discussão que travou em 1885 com o seu colega liberal Joaquim Nabuco, admitiu a possibilidade de voltar a dar sua adesão à monarquia se ficasse provado que a monarquia comporta a federação.

O próprio imperador, quando sentiu perigar o futuro da dinastia, não se mostrou tão avesso a ideias que contrastavam vivamente com a centralização acentuada a que se tinham aferrado outrora Almeida Pereira e São Vicente. Quando, para suceder em meados de 1889 ao governo conservador de João Alfredo, acabou por chamar Saraiva, sabe-se que ouviu atento a exposição do "messias de Pojuca" sobre a necessidade urgente de medidas audaciosas, que chegavam a incluir a eleição dos presidentes de província pelas mesmas províncias, prescindindo-se até da designação pela Coroa. Não aprovou expressamente a proposta nem a desaprovou, talvez para pessoalmente não se comprometer muito com o risco de um salto no escuro. Insistiu, entretanto, com o chefe liberal para aceitar o convite que lhe fazia para formar o novo gabinete, mesmo em seguida à exposição das medidas audaciosas, e não foi difícil interpretar a insistência como anuência.

A ser indispensável a reforma, que a fizesse Saraiva. Esse, talvez, o pensamento íntimo de d. Pedro. A aparente desambição pessoal do conselheiro, seu bom-senso, sua probidade, a tal ponto o impuseram junto à Coroa que lhe valeram ser muitas vezes chamado de "vice-imperador", título que em tempos idos fora dado a Olinda. Como homem público, Saraiva tinha pouca paciência e era de fôlego curto. Seus desafetos, reais e dissimulados, acrescentavam que tinha pouco saber, mas isso por causa da desenvoltura com que certa vez confessou só ler mesmo a *Revue des Deux Mondes* e que não precisava mais do que isso. Resta indagar quantos dos seus críticos faria igual leitura e o confessaria com a mesma candura. Seja como for, o que ao estadista baiano não faltava eram tato e senso das oportunidades. Podia aceitar convite para formar ministério em situações perigosas, e talvez aceitasse até a indicação de seu nome pelo Conselho de Estado em 15 de novembro quando o sr. Silveira Martins pareceu imprudente. Uma recusa sua passaria por ato de covardia se os acontecimentos não se precipitassem, e ele sempre cultivou carinhosamente a boa reputação de que desfrutava. Em ocasiões diferentes, porém, evitava problemas embaraçosos, e recolhia-se então ao seu engenho de Pojuca, fora das intrigas da Corte. Não é impossível que sua exposição ao imperador sobre a necessidade de reformas políticas urgentes já encobrisse uma convicção íntima de que era passada a hora de fazê-las sob a tutela de quem governou de fato o país durante quase meio século, fingindo apenas reinar. O plano que ofereceu comportava uma sugestão para que o imperador abdicasse de boa parte das prerrogativas inalienáveis da Coroa, implicando a inspeção suprema dos negócios públicos. Ainda que só ficasse nisso, sem chegar ao ponto de admitir que o próprio monarca pudesse adiantar-se aos acontecimentos, fazendo ele próprio a mudança de regime antes que um punhado de militares a fizesse (e é o que consta de certa versão publicada mais tarde por Salvador de Mendonça, um republicano convicto, mas com acesso fácil no Paço), denota em seu autor um ânimo corajoso, que provavelmente não se encontraria em outro estadista do Império. Coragem também, ou apenas resignação abúlica diante de um gesto que o salvasse, ou ainda salvasse a monarquia, mostrou também d. Pedro, quando insistiu apesar de tudo no convite. Saraiva insistiu porém na recusa.

Seria temerário afirmar que o liberal baiano, meio cético acerca da estabilidade do regime, tivesse querido lembrar medidas afoitas e inaceitáveis para se desobrigar de as realizar ele próprio: ao imperador não custaria encontrar quem se dispusesse a fazer a reforma e com um arrojo que pareceria assentar mal em homem como Saraiva, mais velho do que ele quase três anos. Se era escusado querer buscar o reformador entre os da seita conservadora, fosse ele "alfredista" ou formasse na "junta do coice", que era o ramo intransigente dos Paulinos e dos Cotegipes, sabia-se que os liberais abraçavam geralmente o princípio da mais larga autonomia para as províncias. O homem finalmente chamado a São Cristóvão, visconde de Ouro Preto, jamais renegará o regime, coisa que mal se pode dizer do messias de Pojuca, conforme se há de ver ano e meio mais tarde, quando o conselheiro José Antonio Saraiva, antigo Senador do Império, se converte tranquilamente no cidadão Saraiva, Senador da República. Mas acontece ainda que o novo presidente do Conselho está bem longe de partilhar das convicções dos seus correligionários mais avançados, que cismam com uma espécie de monarquia federal, ressuscitando ideais que já andavam na ribalta em 1831. Ouro Preto não é, a bem dizer nunca foi, muito amigo das medidas radicais. Talvez se possa mesmo dizer sem exagero que, se tinha uma tendência constante, era a de defender com destemor novidades timoratas.[23]

O que ele agora se propõe não é tanto atender às aspirações da ala mais falante de seu partido que queria reformar as instituições no sentido de uma federação, como reformar-lhes um pouco a fachada, resguardando, porém o principal do *statu quo*, na esperança de forjar com isso argumentos capazes de mostrar a todos a sem-razão dos argumentos de um inimigo já bem à vista. Sem ter olhos para o motor irracional, irredutível a quaisquer tentativas de persuasão, que existe em todas as aspirações reivindicatórias de cunho coletivo, ele é tributário da superstição intelectualista, bem do seu século, para a qual as ideias ou antes a casca ideológica de tais aspirações, só com ideias se podem combater eficazmente. Outra fraqueza sua prende-se à posição eminentemente defensiva em que se coloca diante de um inimigo, na suave esperança de desarmá-lo, sem cuidar de ver o desgaste das mesmas instituições que queria ver preservadas a todo custo. O mal da tática defensiva estava, no caso, em que corria o risco de esgotar-se nessa porfia, sem atingir os alvos iniciais. A um deputado conservador que, à leitura na Câmara do programa do novo governo, exclamou que aquilo era o começo da república, retrucou, sereno: "Não! É a inutilização da república". Não seria lícito perguntar, no entanto, se não era a inutilização da monarquia liberal com que tanta gente vinha sonhando?

O que queria Ouro Preto, em suma, era que, para o futuro, passassem as nomeações dos presidentes de províncias a depender de listas tríplices de candidatos eleitos e que seriam submetidos à Coroa, exatamente como aconteceu sempre para a escolha dos Senadores. Dessas listas, os que não fossem nomeados passariam automaticamente a ocupar as vice-presidências.[24] Seria aparentemente limitada a atribuição, dada à Coroa, de nomear os delegados do governo geral nas províncias, naturalmente de acordo com as indicações do mesmo governo geral, mas quanto aos meios de que se valiam os ministérios para forçar resultados capazes de bem servir aos interesses de sua política, esses continuavam a não conhecer limites. Patentes eram os manejos usados na manipulação das listas tríplices para Senadores, e nada impedia que continuassem a servir de exemplo. A tentação de seguir modelo semelhante haveria de ser invencível, tanto mais quanto, para os grupos que se revezavam no poder, uma presidência de província era peça mais importante no jogo político-partidário do que um assento na insigne geladeira da Câmara vitalícia. O mal estava nas arbitrariedades sistematicamente associadas à prática do sufrágio, e muitos julgavam-no incurável, desde que se frustraram sucessivamente todas as reformas ou meias reformas tentadas para dar-lhe remédio. Nem entrava nas cogitações do momento o querer saná-lo. O que agora se reclamava eram medidas que pusessem cobro à tutela sufocante exercida pelos executivos centrais sobre as províncias, e o que vinham lembrar eram planos que quase nada mudavam. Para não dizer que não mudavam nada é mister lembrar que os de Ouro Preto já afagam ainda assim certos zelos localistas, pois o eleitor de província iria votar, presumivelmente, em um coprovinciano. Até isso, no entanto, tornava-se problemático sempre que preponderassem sobre o bairrismo dos eleitores os interesses da política geral, e ainda aqui é instrutivo o que acontecia com as nomeações para a senatória.

Melhor seria, naturalmente, que se apresentassem soluções para ambos os casos, o da eleição e o da centralização, que de alguma forma são correlatos onde se trate do aperfeiçoamento do regime. Na burla eleitoral é, com efeito, que costumava cevar-se a prepotência dos governos, e o recurso ordinário para corrigi-la consiste em fazer apelo a outra burla, ou seja, à chamada consulta à nação, que servia, ao cabo, para dar respaldo às substituições de ministério caprichosamente efetuadas, de um modo que, além de ferir, pelo abuso, as normas do regime parlamentar, por onde o país pretendia guiar-se, era estribado nos mesmos defeitos *do* sistema eleitoral, e tudo ia redundar, assim, em um círculo vicioso. Tais são os lados frágeis da política imperial e constituem, de fato, uma ameaça constante ao seu arcabouço. Em realidade, nenhuma das sugestões oferecidas, ora para desfazer o paradoxo curioso de um poder absorvente e ao mesmo tempo frágil, ora para garantir autonomia relativa às províncias, traduz a vontade firme de dar rumos novos à política geral do Brasil conservando a estrutura monárquica. O regime pode-se dizer que se ia ressecando com escassas possibilidades de ganhar vida nova.

Notas

Nota introdutória [pp. 7 - 11]

1. Sérgio Buarque de Holanda. *Capítulos de literatura colonial*. Organização e introdução: Antonio Candido. São Paulo: Brasiliense, 1991.
2. Cf. a "Introdução", de Antonio Candido, acima citada. Antonio Arnoni Prado, "Introdução"; in Sérgio Buarque de Holanda. *O espírito e a letra. Estudos de crítica literária, 1920-1959*. Organização, introdução e notas: Antonio Arnoni Prado. São Paulo: Companhia das Letras, 1996. 2 vols.
3. Cf. Pedro Meira Monteiro. *A queda do aventureiro. Aventura, cordialidade e os novos tempos em* Raízes do Brasil. Campinas: Ed. Unicamp, 1999; Robert Wegner. *A conquista do Oeste. A fronteira na obra de Sérgio Buarque de Holanda*. Belo Horizonte: Ed. UFMG, 2000; Thiago Lima Nicodemo. *Urdidura do vivido.* Visão do Paraíso *e a obra de Sérgio Buarque de Holanda nos anos 1950*. São Paulo: Edusp, 2008.
4. Retomamos, aqui, as considerações formuladas no Prefácio a *Caminhos e fronteiras*, edição das obras de Sérgio Buarque de Holanda (Companhia das Letras, 1994), e na Resenha de *Raízes do Brasil* (Companhia das Letras, 1995), publicada no *Jornal de Resenhas*, maio 1995; recolhidos os textos in Fernando A. Novais. *Aproximações, estudos de história e historiografia.* São Paulo: Cosac Naify, 2005.
5. Cf. Rosemarie Erika Horch. "Bibliografia de Sérgio Buarque de Holanda", in *Sérgio Buarque de Holanda, vida e obra*. São Paulo: Secretaria de Estado da Cultura, Universidade de São Paulo, 1988, pp. 121-61.

PARTE I

1. Para uma pré-história do Império do Brasil [pp. 15-38]

1. *Archivo diplomático da Independência, vol. 1º: Grã-Bretanha.* Rio de Janeiro: Lith-Typ. Fluminense, 1922, p. 161 ss.

2. *Fallas do throno desde o anno de 1823 até o anno de 1872, acompanhadas dos respectivos votos de graças da Câmara temporária.* Rio de Janeiro: Typographia Nacional, 1872, p. 15.

3. Ibid., p. 109.

4. O dito do francês vem registrado na novela de Balzac *Le bal des sceaux.* Cf. *La Comédie Humaine.* Paris: Bibliothèque de la Pléiade, vol. 1, 1951, p. 92. Partindo de um autor notoriamente monárquico e legitimista, a alusão dificilmente trairia intuitos depreciativos em relação ao penúltimo rei francês da casa de Bourbon.

5. "Correspondência do barão Wenzel von Mareschal", setembro-dezembro 1823, *RIGHB*, vol. 319, p. 329; Idem, abril-junho 1823, vol. 315, p. 306, e agosto-outubro 1824, p. 206.

6. *Narrativa dos serviços no libertar-se o Brazil da dominação portugueza; prestados pelo almirante conde de Dundonald etc.* Londres: James Rigway. 1859, p. 180 e passim.

7. William Tudor e Henry Clay. "Confidential", The National Archive; Washington D. C., Micro, rolo 8º, despacho nº 93.

8. Horace Say. *Histoire des relations commerciales entre la France et le Brésil.* Paris: Chez Guillaumin, Libraire, 1839, p. 59 e passim.

9. John Armitage. *The history of Brazil from the period of the arrival of the Braganza family in 1808 to the abdication of dom Pedro the First in 1831.* Londres: Amith Elder & Co., 2º vol., 1836, p. 130.

10. Cf. considerações de Karl Marx em um dos artigos que publicou em 1854 na *New York Daily Tribune*, onde, retomando e desenvolvendo uma ideia cara ao abade de Pradt, procura mostrar como a Constituição espanhola de 1812 reproduz os antigos *Fueros*, encarados, todavia, à luz da Revolução Francesa e adaptados às exigências da sociedade moderna. "Das Revolutionäre Spanien", Karl Marx, *Politische Schriften*, 2º tº. Stuttgart: Cotta Verlag, 1960, p. 706 e passim.

11. Ver a respeito Kenneth Maxwell, in *Conflicts and conspiracies: Brazil and Portugal, 1750-1808.* Cambridge: University Press, 1793. O autor apresenta-nos, com esse trabalho, uma tese em muitos pontos sugestiva mas que não chega a ser plenamente convincente.

12. Fernão d Oliveira. *Grammatica da linguagem portugueza.* 2ª ed., conforme a de 1536. Porto: Imprensa Portuguesa, 1871, p. 16.

13. Sérgio Buarque de Holanda. *Caminhos e fronteiras.* 2ª ed. Rio de Janeiro: José Olympio, 1975, p. 24 ss.

14. Amadeu Amaral. *O dialecto caipira.* São Paulo: Casa Editora "O Livro", 1920, p. 97.

15. José Bernardo Fernandes Gama. *Memórias históricas da província de Pernambuco,* tomo IV, Pernambuco, na Typographia de M. F. de Faria, 1848, p. 190.

16. Engel Sluiter. "Report on the State of Brazil, 1612", in *Hispanic American Historical Review,* vol. XXIX, novembro 1949, p. 549.
17. J. B. Fernandes Gama, op. cit., t. IV, p. 268 (nota).
18. *Diario das Cortes Geraes: Extraordinarias; Constituintes da Nação Portuguesa.* Lisboa: Impr. Nacional, vol 7, p. 243, sessão de 28 de agosto (1822). Nas referências ulteriores, o nome da presente publicação será abreviado para *DCGEC.*
19. *DCGEC*, vol. 7, p. 78 ss.
20. *DCGEC*, vol. 7, p. 202.
21. *DCGEC*, vol. 7, p. 223.
22. *DCGEC*, vol. 7, p. 216.
23. *DCGEC*, vol. 7, p. 289.
24. *DCGEC*, vol. 7, p. 292.
25. Idem, vol. 6, p. 313.
26. Idem, vol 7, p. 225.
27. *Gazeta do Rio*, nº 50, de 16 de maio de 1828.
28. Braz do Amaral. *História da Independência da Bahia.* 2ª ed. Bahia: Prefeitura do Município do Salvador, 1957, p. 194.
29. Os topônimos "Continente de Rio Grande de São Pedro" e "Continente do Sul" eram usados, entre outros, para designar a capitania e futura província do Rio Grande do Sul.

2. A nação e os partidos [pp. 39 - 69]

1. Michael Wallace. "Changing concepts of Party in the United States: New York, 1815-1828", in *The American Historical Review*, vol. 74, nº 2, XII, 1968, p. 453.
2. Martinus Hoyer. *Estudos de economia política.* Maranhão: Typ. do Paiz, 1877, p. 347.
3. Martinus Hoyer, op. cit., p. 352.
4. Sobre as ideias políticas de Timon, consulte-se Maria de Lourdes M. Janotti. *João Francisco Lisboa, jornalista e historiador.* São Paulo: Editora Ática, p. 24 ss.
5. Obras de João Francisco Lisboa. Lisboa: Typographia Mattos Moreira & Pinheiro, p. 195.
6. Justiniano José da Rocha. *Ação, reação, transação.* Rio de Janeiro: Typ. Impr. e Const. de J. Villeneuve & Comp., 1855, p. 53.
7. A carta de Jobim pode ler-se em Alcindo Sodré. "A ação política do Conselheiro Jobim", in *Anuário do Museu Imperial*, vol. XIV, Petrópolis, 1953, p. 113 ss.
8. Luís José de Carvalho Melo Matos. *Páginas d História Constitucional do Brasil 1840-1848.* Rio de Janeiro: B. L. Garnier, 1870, p. 118.
9. De um célebre panfleto de Firmino Rodrigues Silva, saído da primeira vez em 1847, sem nome de autor, consta que o nome "conciliação de embaçadela" surgiu entre adeptos do governo de 2 de fevereiro (1844), iniciador do "primeiro quinquênio liberal". Ver dr. Firmino Rodrigues Silva. *A dissolução do gabinete de 5 de maio.* 2ª ed., Rio de Janeiro: Francisco Rodrigues de Paiva, 1901, p. 44. A expressão embaçadela tem nos dicionários o significado de logro ou burla. "Primeira Conciliação" é como

lhe chama, porém, Joaquim Nabuco em *Um estadista do Império*, t. 1º, São Paulo: Companhia Editora Nacional, 1936, p. 58.
10. Sebastião Ferreira Soares. *Notas estatísticas sobre a produção agrícola*. Rio de Janeiro: Typ. Impr. e Const. de J. Villeneuve e Comp., 1860, p. 28 ss.
11. Sebastião Ferreira Soares, op. cit., p. 135.
12. Leslie Bethell. *The abolition of the Brazilian slave trade*. Cambridge: At the University Press, 1970, p. 389 ss.
13. Leslie Bethell, op. cit., p. 390.
14. Nesse e em outros pontos o estatístico brasileiro não convence que a exatidão nos cálculos matemáticos seja seu forte, pois o total de escravos a que deveria chegar pelas suas contas não é de 14 774, e sim 14 880 e fração. Registra-se isso para se acautelarem os que utilizem tal fonte, mesmo sabendo-se que as cifras que o autor apura não costumam distanciar-se em demasia do que pode resultar de investigações mais acuradas.
15. APB – ASIB – 2ª Sessão da 10ª Legislatura: 26 de agosto de 1858, Rio de Janeiro: Typographia Nacional, 1858, p. 253.
16. Barão de Paty do Alferes. *Memória sobre a fundação e costeio de uma fazenda*. 3ª ed. Rio de Janeiro: Laemmert, 1878, p. 23.
17. *Fallas do throno*. Rio de Janeiro: Typographia Nacional, 1872, pp. 539 e 543.
18. *A Reforma*, 24 de janeiro de 1879. Não consta da notícia, todavia, quando e onde foi feito esse pronunciamento, mas lê-se que Honório o "repetia por vezes".
19. Cf. Peter Eisenberg. *Modernização sem mudança*. Rio de Janeiro: Editora Paz e Terra, 1977, p. 34 ss.
20. Sebastião Ferreira Soares, op. cit., pp. 189 e 191.
21. Fernando Henrique Cardoso. *Capitalismo e escravidão no Brasil meridional*. São Paulo: Difusão Europeia do Livro, 1962, p. 225 (nota).
22. Ver Antonio Delfim Netto. "O problema do café no Brasil". Em Boletim nº 5 da Cadeira III, nº 1, da Faculdade de Ciências Econômicas e Administrativas da Universidade de São Paulo (exemplar mimeografado). São Paulo, 1959, p. 10.
23. Affonso d'E. Taunay. *História do café no Brasil*. vol. 4º, Rio de Janeiro: ed. do Departamento Nacional do Café, 1939, p. 155.
24. Isaiah Berlin. *Karl Marx: his life and environment*. Oxford: Oxford University Press, 1939, p. 229.
25. "Diário do imperador", p. 287.
26. [Barão de Javarí] *Organizações e programas ministeriais*. 2ª ed., Rio de Janeiro: Arquivo Nacional, 1962, p. 117.
27. "Diário do imperador", p. 287.
28. Willlam Hunter a John Forsyth, Rio de Janeiro, 23 de novembro de 1839. The National Archives, Washington D. C. Despachos dos Ministros dos Estados Unidos no Brasil, micr. 121, rolo 13.
29. Leslie Bethell. *The Abolition*... cit., pp. 234 e 318.
30. J. M. Pereira da Silva. *Memórias do meu tempo*. t. 1º. Rio de Janeiro: H. Garnier, Livreiro-Editor, p. 273.
31. F. Belisário Soares de Sousa. *O sistema eleitoral*..., cit., p. 116.

32. *Cartas de Francisco Otaviano* (coligidas, anotadas e prefaciadas por Wanderley Pinho). Rio de Janeiro: Civilização Brasileira, 1977, pp. 107 e 109.
33. Wanderley Pinho. *Cotegipe e seu tempo.* São Paulo: Companhia Editora Nacional, 1937, p. 579 ss.
34. José de Alencar. *O marquês de Paraná* (traços biographicos). Rio de Janeiro: Typographia do Diário, 1856, p. 27.
35. "De Caxias a Osório". Rio de Janeiro, 6 de novembro de 1858, Coleção General Osório, IHGB – Doc. 7511. Uma ideia do destempero pode colher-se da passagem que a seguir vai transcrita *ipsis litteris*: "Que fazer se as pastas da Guerra e da Marinha estão entregues a hum menino que he apenas Juiz de direito e que nada entende dessas couzas: pois o velhacão do tal coelho está de cu furado à mais de quatro meses, sem mais nada querer saber do que se passa na repartição da Guerra? E viva a Pátria!".
36. Albino dos Santos Pereira. *Typos políticos, VI. O conselheiro Souza Franco.* Rio de Janeiro: Typographia Perseverança, 1872, p. 27.
37. J. M. Pereira da Silva. *Memórias do meu tempo*, op. cit., t. 1º, p. 270.
38. Tito Franco de Almeida. *O conselheiro Francisco José Furtado.* São Paulo: Companhia Editora Nacional, 1944, p. 91, nº 43 (nota do imperador).
39. J. M. Pereira da Silva. *Memórias...*, cit., t. 1º, p. 270.
40. Amaro Cavalcanti. *O meio circulante nacional.* 2º vol. Rio de Janeiro: Imprensa Nacional, 1893, p. 261.
41. Henrique Augusto Milet. *O meio circulante e a questão bancária.* 2ª ed., Recife: Typographia do Jornal do Recife, 1875, p. 83.
42. Visconde de Mauá. "O meio circulante do Brasil". Em *Autobiografia.* Rio de Janeiro: Zelio Valverde – Editor, 1942, p. 319.
43. Dr. A. C. Tavares Bastos. *Cartas do solitário.* Rio de Janeiro: Typ. da Atualidade, 1863, p. 19.

3. Entre a Liga e o Progresso [pp. 70-108]

1. Erasmo [José de Alencar]. *Ao imperador – Cartas de Erasmo.* 3ª ed., Rio de Janeiro: Typ. de Pinheiro & Comp., 1866, p. 9.
2. *Aurora Fluminense.* Rio de Janeiro, 28 de novembro de 1831.
3. Noronha Santos. *Meios de transporte no Rio de Janeiro*, vol. 1º, Rio de Janeiro.
4. Raymundo Faoro. *Machado de Assis: a pirâmide e o trapézio.* São Paulo: Companhia Editora Nacional, 1974, p. 42 ss.
5. Teófilo Otoni. *A estátua equestre.* Rio de Janeiro: Typ. do Diário do Rio, p. 10.
6. O nome de Pogirum, que os índios do vale do Mucuri deram a Otoni, passou a designar também na Corte o tribuno liberal e seus sequazes. A palavra, segundo interpretação recente, quereria dizer "mãos brancas", e era alusiva às luvas com que Otoni se defendia, no Mucuri, das picadas de mosquitos. Cf. Paulo Pinheiro Chagas. *Teófilo Otoni: ministro do povo.* Rio de Janeiro: Livraria Editora Zelio Valverde, p. 196, nota.
7. A. C. Tavares Bastos. *Correspondência e catálogo de documentos.* Brasília: Senado Federal, 1977, p. 24.

8. Ver *Cartas de Francisco Otaviano*, coligidas, anotadas e prefaciadas por Wanderley Pinho. Rio de Janeiro: Civilização Brasileira, 1977, p. 121.
9. Tito Franco de Almeida, op. cit., p. 126 (nota de d. Pedro).
10. Wanderley Pinho. *Cotegipe*... cit., p. 667.
11. A correspondência está hoje no Arquivo do Barão de Cotegipe, depositado no Instituto Histórico e Geográfico Brasileiro e abrange um total de 74 cartas ao longo de mais de vinte anos. Apenas algumas peças estão parcialmente reproduzidas em Wanderley Pinho, op. cit., às pp. 665-9.
12. APB - CD, Sessão de 1855. Rio de Janeiro: Typ. Hippolito José Pinto & Cia, t. 1º, 1875, p. 79 ss. e t. 2º, pp. 14 e 17.
13. "Diário do imperador...", cit., pp. 114 e 283.
14. A. C. Tavares Bastos. *Correspondência*..., cit., p. 32.
15. "Diário do imperador...", cit., p. 104.
16. Idem, p. 66.
17. Dr. Albino dos Santos Pereira. *Typos políticos. V. O conselheiro Salles Torres Homem.* Rio de Janeiro: Typographia Perseverança, 1872, p. 19.
18. Wanderley Pinho. *Cotegipe*..., p. 672.
19. "Caxias a Osório, Corte, 19 de abril de 1862", Coleção General Osório, IHGB, Lata 228 – Doc. nº 7511.
20. "Diário do imperador...", cit., p. 97.
21. Idem, p. 100.
22. *Fallas do throno desde o anno de 1823 até o anno de 1872, acompanhadas dos respectivos votos de graças.* Rio de Janeiro: Typographia Nacional, 1872, p. 545 ss.
23. J. M. Pereira da Silva. *Memórias*..., cit., t. 1º, p. 297.
24. "Diário do imperador...", cit., p. 106.
25. Idem, p. 113.
26. Sobre os problemas relativos à ascensão e queda do gabinete de 24 de maio, veja-se o "Diário do imperador...", cit., pp. 106-15.
27. Albert Soboul. *1789*. Paris: Éditions Sociales, 1973, p. 50.
28. Guizot. *Mémoires pour servir à l'histoire de mon temps*. t. 3º. Paris: Michel Lévy Frères, Libraires-Éditeurs, 1860, p. 271.
29. Teófilo Otoni. *Circular dedicada aos snrs eleitores de senador pela província de Minas Geraes.* Rio de Janeiro: Typ. do Correio Mercantil, 1860, p. 17.
30. *O Constitucional*, de 17 de julho de 1862. Apud Nelson Laje Mascarenhas. *Um jornalista do Império.* São Paulo: Companhia Editora Nacional, 1961, p. 263.
31. Joaquim Nabuco. *Um estadista do Império: Nabuco de Araújo*, 1º t. São Paulo: Companhia Editora Nacional, 1936, p. 355 ss.
32. Guizot. *Mémoires*..., cit., p. 187.
33. Os dados aqui utilizados acerca da constelação político-partidária portuguesa são fundados principalmente nas informações sumárias de A. H. de Oliveira Marques, *História de Portugal*, t. 2º. Lisboa: Palas Editores, 1976, p. 75 ss., assim como nos verbetes "Históricos", "Progressista (Partido)", "Regeneração" etc., de Joel Serrão (diretor), *Dicionário de história de Portugal*, vols. 1º a 4º. Lisboa: Iniciativas Editoriais, 1963-71.
34. J. M. Pereira da Silva. *Memórias*..., cit., pp. 127 e 149.

35. Caxias ao Barão de Cotegipe, 22 de junho de 1862. Arquivo do barão de Cotegipe, IHGB, Lata 60, Doc. 26. Não tendo sido aproveitada por Wanderley Pinho, como outras ao mesmo destinatário, em seu livro sobre Cotegipe, reproduziu-se a carta, aqui, do manuscrito original.
36. Caxias a Osório, 30 de outubro de 1862, Coleção General Osório, IHGB, Lata 228, Doc. 7511.
37. Tavares Bastos a Saraiva, Rio, 25 de outubro de 1862, A. C. Tavares Bastos. *Correspondência...*, cit., p. 38.
38. "Diário do imperador...", cit., p. 210.
39. A. Brasiliense. *Os programas dos partidos e o Segundo Império*. São Paulo: Typographia de Jorge Seckler, 1878, p. 15 ss.
40. "Diário do imperador...", cit., p. 169.
41. A. C. Tavares Bastos. *Correspondência...*, cit., p. 37.
42. Wanderley Pinho. *Cotegipe...*, cit., p. 673.
43. "Diário do imperador...", cit., pp. 27 e 79-80.

4. Por graça de Deus... [pp. 109 - 42]

1. Roberto Mendes Gonçalves. *Um diplomata austríaco na corte de São Cristóvão* (*à margem do diário do barão de Hübner*). Rio de Janeiro: Conselho Federal de Cultura, 1970, pp. 47 e 133.
2. Georges Raeders. *D. Pedro II e o conde de Gobineau* (*correspondência inédita*). São Paulo: Companhia Editora Nacional, 1938, pp. 330 e 593.
3. Visconde de Taunay. *Homens e cousas do Império*. São Paulo: Companhia Melhoramentos de S. Paulo, 1924, p. 124.
4. Visconde de Taunay. *Pedro II*. São Paulo: Companhia Editora Nacional, 1933, p. 229.
5. Luís José de Carvalho Melo Matos. *Páginas de história constitucional...*, cit., p. 316.
6. Alcindo Sodré. "A ação política do conselheiro Jobim", cit., p. 11 ss.
7. Cf. a respeito o que já está dito no presente estudo em páginas anteriores.
8. Timandro. *O libelo do povo*, p. 70.
9. Tito Franco de Almeida. *O conselheiro Francisco José Furtado*, p. 38, nº 24.
10. *Discurso pronunciado pelo exmo. sr. ministro da Justiça na sessão de 6 de setembro de 1869*. Senado do Império, p. 3.
11. "Diário do imperador...", cit., p. 290.
12. Cf. p. infra.
13. "Diário do imperador...", cit., p. 175.
14. Joaquim Nabuco. *Um estadista do Império*, t. 1º. São Paulo: Companhia Editora Nacional, 1936, p. 479. Uma versão ampliada do mesmo episódio aparece em Baptista Pereira, *Figuras do Império e outros ensaios*. São Paulo, 1931, p. 63 ss. Leiam-se entretanto as reservas que lhe opõe Heitor Lyra em *História de dom Pedro II*, vol. 1º, 2ª ed., Livraria Itatiaia Editora Ltda.

15. Joaquim Nabuco. *Um estadista do Império*. t. 1º, p. 479.
16. "Ferraz a Saraiva. Cachoeira, 8 de agosto de 1865", Coleção Conselheiro Saraiva, IHGB.
17. André Rebouças. *Diário e notas autobiográficas*. Rio de Janeiro: Livraria José Olympio Editora, 1938.
18. "Carta do marquês de Caxias a sua esposa d. Ana Luiza. S. Borja, 28 de setembro de 1865". Biblioteca Nacional, Sessão de Manuscritos: Cofre.
19. Dr. Alcindo Sodré. "O sentido político das visitas de d. Pedro I, Pedro II e conde d'Eu na Bahia". *Anais do Primeiro Congresso de História da Bahia*, 3º vol. Cidade de Salvador: Tipografia Beneditina Ltda., 1950, p. 256 ss.
20. Rodrigo Octavio. *Minhas memórias dos outros*, 1ª série. Rio de Janeiro: Livraria José Olympio Editora, 1934, p. 27.
21. R. Magalhães Junior. *D. Pedro II e a condessa de Barral através da correspondência íntima do imperador, anotada e comentada*. Rio de Janeiro: Editora Civilização Brasileira S/A., 1956, p. 177.
22. Ezekiel Stanley Ramirez. *As relações entre a Áustria e o Brasil: 1815-1889*. São Paulo: Companhia Editora Nacional, 1968.
23. Suetonio [Antonio Pacheco Ferreira Viana]. *O Antigo Regímen: homens e coisas*. Capital Federal: Cunha & Irmão, 1896, pp. 175 e 199. Embora deva tachar-se de altamente parcial contra o regime derrubado a 15 de novembro de 1889, alguns dos fatos por ele narrados são certamente verídicos. Filho que era de um ministro de Estado sob d. Pedro II, dispunha o autor, por isso, de fontes de informação fidedignas acerca do "antigo regime brasileiro".

24. *Cartas do imperador d. Pedro II ao barão de Cotegipe*. São Paulo: Companhia Editora Nacional, 1933, p. 113.
25. "Notas de d. Pedro II ao projeto de reforma eleitoral". Arquivo do Museu Imperial, Petrópolis: Maço XXXIV, Doc. 8373.
26. Cf., por exemplo, Salvador Pires de Carvalho e Albuquerque Junior. *Repertório de incompatibilidades contendo leis, decretos e decisões relativas às incompatibilidades resultantes da acumulação de diversos cargos públicos e do parentesco dos funcionários entre si*. Rio de Janeiro: B. L. Garnier – Livreiro Editor, 1875: tópicos relativos a senador, deputado geral, deputado provincial, às pp. 58, 64, 252, assim como toda a seção onde se trata do eleitor, à p. 79 ss.
27. "Diário do imperador...", cit., p. 17.
28. R. Magalhães Junior. *D. Pedro II e a condessa de Barral*, cit., p. 338.
29. Idem, p. 291.
30. Idem, p. 15.
31. R. Magalhães Junior. *D. Pedro II e a condessa de Barral*, cit., p. 289.
32. "Fé de Ofício", visconde de Taunay. *D. Pedro II*. São Paulo: Companhia Editora Nacional, 1933, p. 201.
33. Georges Raeders. *D. Pedro II e o conde de Gobineau*, p. 611.
34. Heitor Lyra. *História de d. Pedro II. Declínio*. Belo Horizonte: Livraria Itatiaia Editora Ltda., p. 81.
35. Thereze Prinzessin von Bayern. *Meine Reise in den Brasilianischen Tropen*. Berlim: Verlag von Dietrich Reimer, 1897, pp. 425 e 427. Também p. 410.

36. Terminado só no último dia de setembro de 1799 (e publicado em 1800 no *Almanaque das musas*), à canção do sino já se referia o autor como em andamento, em carta a Goethe de 7 de julho de 1797. V. J. W. Goethe. *Briefwechsel mit Friedrich Schiller*. Zurique: Artemis Verlag., 1950, p. 376.
37. "Contribuições para a biografia de d. Pedro II". *RIHGB*, tomo especial. Rio de Janeiro, 1925, parte 1ª, p. 119.
38. Georges Raeders. *D. Pedro e o conde de Gobineau*, cit., p. 356.
39. Leia-se esta passagem de carta à Barral: "Já escrevi a Você sobre este ponto de minha sabença. Eu não posso falar como eles, e por isso emprestam-me vaidade, que deveras não tenho". R. Magalhães Junior, op. cit., p. 324.
40. Visconde de Taunay. *D. Pedro II*. São Paulo: Companhia Editora Nacional, 1933, p. 233.
41. Francisco de Assis Vieira Bueno. *Autobiografia*. Campinas: Typ. a Vapor Livro Azul, 1899, p. 60.

PARTE II

1. Crise do regime [pp. 145-60]

1. Francisco Iglesias. "Vida política (1848-1868)", *História geral da civilização brasileira*, tomo II, *O Brasil monárquico*; 4º volume, *Reações e transações*. 2ª ed., São Paulo: Difel/Difusão Editorial, 1967, p. 112.
2. *Opinião Liberal*. Rio de Janeiro, 7 de março de 1868.
3. Bem elucidativa de tal situação, encarada, é certo, de um prisma de conservadores é certa correspondência mandada de Ouro Preto, e inserta no *Correio Mercantil* do Rio de Janeiro, a 29 de setembro de 1867, e que, apesar de prolixa, merece ser, no essencial, reproduzida, pela claridade que jorra sobre o assunto aqui versado. Datada de 27 de julho do mesmo mês e ano, diz coisas como estas, por exemplo:

> Quem nos governa? Em 1862, os ambiciosos do partido conservador, unindo-se com os liberais da mesma plana, formaram um partido a que denominaram – liga – ou progresso. Qual o seu programa? O país jamais o soube, forjaram-se muitos, nenhum foi aceito! O programa pois ficou ostensivamente resumido na própria denominação do partido – progresso. Mais tarde alguns liberais que tinham aderido à liga, retiraram-se desgostosos, voltando a seus antigos arraiais. Ficaram subsistindo três partidos: o partido da ordem – conservador; o partido da liberdade – liberal; o partido do progresso – progressista.
>
> Estes supúnhamos governar o Brasil desde aquela data até hoje... Assim o entendiam todos. Mas o snr. Zacarias, presidente do Conselho de Ministros, tem declarado ultimamente no Senado e na Câmara que o governo é liberal e que o partido a que pertence é liberal! Que é pois feito do partido progressista? Não foi este que subira em 1862? Não é do seu seio que têm saído os ministros que hão composto os cinco gabinetes progressistas? Não é dele que saiu há pouco o atual ministério? Como pois é o partido liberal que está no governo? Será que o partido progressista se tornou liberal? Não, porque será absurdo inconcebível mudar tão depressa um

partido que apenas vive há cinco anos! Será o partido liberal que assumiu o governo do país? Não, porque este partido se acha dignamente representado na oposição, quer na imprensa, quer na tribuna. Não, porque o snr. presidente do Conselho não é e nunca foi um liberal, assim como o ministério não é. Não, porque a maioria parlamentar é progressista. Será o partido Conservador? Não, os conservadores aí jazem proscritos, negligenciados pelos homens do governo! Os conservadores nem cúmplices são nas desgraças que enlutam a pátria. Quem nos governa é um pugilo de ambiciosos e especuladores sem princípios, nem fé, que, a pretexto de engrandecer o país, uniram-se para à custa da ruína da pátria saciarem a ambição desregrada que os devora, assim como o mineiro que rasga a terra para tirar-lhe das entranhas o ouro e os minerais que a enriquecem. É um bando de corsários que apresaram de surpresa a nau do Estado e vão pelos mares da pátria assolando fortunas particulares, os cofres públicos, com a obliteração do que é nobre, moral, patriótico, arvorando para isso a bandeira que lhes convém... Em sua derrota devastadora arvoraram ontem a bandeira progressista, arvoram hoje a liberal e arvorarão amanhã a conservadora, conforme tem convindo ou convirá a seus interesses. E não é só o ministério, conforme a presa que miram, conforme os agentes de que hão mister. E o que têm feito os homens no sentido da liberdade? Aniquilam todos os dias a Constituição liberalíssima que nos rege, suspendem as garantias liberais da guarda nacional, pretendem escravizar o país mobilizando-a, coagem impunemente o voto, atropelam a lei, massacram o cidadão brasileiro e dizem-se liberais! Liberais por quê? Porque uma vaidade fofa, a loucura de Eróstrato, fê-los arremessar no meio do país a bomba da emancipação do elemento servil, cuja explosão há de ser medonha, principalmente agora, quando o Brasil luta com dificuldades horrorosas, que os espíritos refletidos não podem achar meio de *solver* convenientemente. Querem acabar com o servilismo da condição e pela corrupção, e pelo despotismo procuram plantar no país o servilismo do caráter.

4. Américo Brasiliense. *Os programas dos partidos no Segundo Império*; 1ª parte. São Paulo: Tipografia de José Seckler, 1878, p. 14
5. *Cartas de Francisco Otaviano*, coligidas, anotadas e prefaciadas por Wanderley Pinho. Rio de Janeiro: Civilização Brasileira, 1977, p. 187 ss.
6. "Bilhete de d. Pedro II com comentário de Zacarias, 14 de julho de 1868". Coleção do Conselheiro Zacarias. Arquivo do Museu Imperial, Petrópolis.
7. Atas do Conselho de Estado. Obra comemorativa do Sesquicentenário da Instituição Parlamentar, vol. VIII (1868-73). Brasília, DF: Centro Gráfico do Senado Federal, 1978, p. 50 ss.; Ata de 18 de julho de 1868.
8. APB – CD, Sessão de 1868, t. 1º, 1878, p. 176.
9. Alberto Rangel. *Gastão d Orleans.* São Paulo: Companhia Editora Nacional, 1936, p. 195.
10. James L. Crouthamel. *James Watson Webb, a biography.* Middleton, Connecticut: Wesleyan University Press, 1969, p. 187.
11. General James Watson Webb ao hon. William H. Steward, Rio de Janeiro, 22 de julho de 1868, The National Archives, Washington, D.C., Micr. 121, rolo 36: Despachos dos Ministros dos EUA no Brasil.
12. Captain Richard Burton. *Letters from the Battlefields of Paraguay.* Londres: Tinsley Brothers, 1870, p. 370.

13. Em comunicação de 23 de agosto ao governo do imperador dos franceses, com o timbre de "reservado", diz Roquette que, em conversa havida com o ministro da Grã-Bretanha, Buckley Matthews, que, tendo servido antes em Buenos Aires, conhecia bem os desvãos da política platina, pôde decifrar o enigma. Segundo tal versão, o general Washburn, enquanto esteve à frente da missão diplomática americana em Assunção, chegou a atuar como uma espécie de agente comercial de Solano López, de quem se tornaria depois inimigo declarado. Em tais condições, o vaso de guerra em que Washburn viajara antes, em férias, teria levado também peças de ouro e prata para a aquisição de armas para o Paraguai, devendo perceber o diplomata comissão de tantos por cento. Informado do caso e sabedor de que a *Wasp* deveria servir a fins semelhantes, o próprio Caxias teria resolvido, por conta própria, sustar a viagem. Guillaume de Roquette ao marquês de Moustier, Rio, 23 de agosto de 1868, Archives des Affaires Etrangères. Paris (Quai d Orsay), t. 42, "Brésil", p. 98 ss.

14. Samuel Eliot Morison. *The Oxford history of the American people.* Nova York: Oxford University Press, 1965, pp. 736 e 739.

PARTE III

[Capítulo I] [pp. 163-75]

1. *Discursos pronunciados na Câmara dos snrs. deputados nas sessões de 23 de janeiro e 7 de fevereiro de 1843 pelo ilmº e exmº sr. conselheiro Paulino José Soares de Sousa*, p. 13.

2. Tito Franco de Almeida. *O conselheiro Francisco José Furtado*, p. 34, nota 22.

3. F. W. Maitland. *The constitutional history of England*, p. 396. Observa ainda Maitland, em nota à mesma página, que ao primeiro-ministro, por uma decisão da Coroa de dezembro de 1905, se deu precedência, logo depois do arcebispo de Cantuária, nos atos públicos. Tal decisão, diz, não constitui um cargo, simplesmente atribui o direito de precedência à personalidade que ocupa uma posição particular.

4. "Diário do imperador d. Pedro II". *AMI*, vol. XVII, p. 181 ss.

5. Joaquim Nabuco. *Um estadista do Império*, vol. 1º, p. 125.

6. IHGB, "Conferência com S. A. (Paço Isabel) a 14 de janeiro de 1888", Arquivo do Barão de Cotegipe, L. 91, Doc. 28.

7. "Diário...". *AMI*, vol. XVII, p. 209.

8. José Antonio Pimenta Bueno. *Direito público brasileiro*, p. 315.

9. Tavares Bastos. *A Província*, p. 131, nota 1.

10. Visconde de Uruguai. *Estudos práticos sobre a administração das províncias*, t. 1º, p. 247 ss.

11. Francisco Iglesias. *Política econômica do governo provincial mineiro (1835-1889)*, p. 182: "No estado em que nos achamos pode afirmar-se que paga impostos quem o quer pagar, escrevia o presidente em 1835". O presidente era Antonio Paulino Limpo de Abreu, futuro visconde de Abaetê.

12. Visconde do Uruguai. *Estudos práticos sobre a administração das províncias*, t. 1º, p. 301.

[Capítulo II] [pp. 176 - 210]

1. L. J. de Carvalho Melo Matos. *Páginas d'história constitucional do Brasil 1840-1848.* Rio de Janeiro: B. L. Garnier, 1870, pp. 258 ss.
2. Sobre os verdadeiros pendores políticos de Alves Branco fala o testemunho insuspeito do visconde de Uruguai, um dos cardeais conservadores, em seus *Ensaios sobre o direito administrativo*, t. 2º, Rio de Janeiro: Typographia Nacional, 1862, p. 20, onde se lê: "O senador Alves Branco, uma das cabeças mais profundamente conservadoras que tenho conhecido, de quem somente pelas suas alianças nos tempos em que eu militava, não fui amigo político...".
3. Cf. Wanderley Pinho. *Cotegipe e seu tempo.* São Paulo: Companhia Editora Nacional, 1937, p. 140.
4. Benedetto Croce. *Storia d'Europa nel secolo decimonono.* Bari: Editori Laterza, 1965, p. 152.
5. No mesmo panorama ainda é possível situar a efêmera república romana de 1849, seguida da fuga de Pio IX, que vai esperar em Gaeta o socorro de franceses, austríacos e napolitanos que o restituirão ao trono pontifício. Depois dessa experiência, o papa "liberal" de antes de 1848 se converterá no papa do *Syllabus* e da Infalibilidade.
6. Cf. p. infra.
7. *Discurso pronunciado pelo exmº sr. conselheiro José Thomaz Nabuco de Araújo na sessão do Senado de 3 de agosto de 1869*, p. 11.
8. Karl Marx. "Der Achtzehnte Brumaire des Louis Bonaparte". *Politische Schriften*, 1º vol. Stuttgart: Cotta-Verlag, p. 270.
9. Cf. p. infra.
10. Gabriel Rodrigues dos Santos. *Discursos parlamentares.* Rio de Janeiro: Typographia Paula Brito. 1863, p. 770 ss.
11. José Antonio Soares de Sousa. *A vida do visconde do Uruguai.* São Paulo, 1944, p. 188 ss.
12. *Fallas do throno desde o anno de 1823 até o anno de 1872, acompanhadas dos respectivos votos de graças da câmara temporária.* Rio de Janeiro: Typographia Nacional, 1872, p. 506.
13. APBCD, sessão de 1847, t. I, Rio de Janeiro, 1880, p. 253.
14. Therese Prinzessin von Bayern. *Meine Reise in den Brasilianischen Tropen.* Berlim: Verlag von Dietrich Reimer, 1897, p. 431.
15. Visconde do Uruguai. *Estudos práticos sobre a administração das províncias no Brasil*, t. 1º, Rio de Janeiro: B. L. Garnier, Livreiro Editor, 1865, p. 247 ss.
16. Francisco Iglesias. *Política econômica do governo provincial mineiro (1835-1889).* Rio de Janeiro: Instituto Nacional do Livro, p. 182.
17. Visconde do Uruguai, op. cit., t. 1º, p. 301.
18. Alexander Jonin. *Durch Südamerika*, 1º vol. Berlim: Verlag Siegfried Cronbach, 1895, pp. 146 e 211.
19. "De Francisco Otaviano a Polydoro", s. l. e s. d. Arquivo do General Polydoro da Fonseca Quintanilha Jordão, ANRJ, Gaveta 20, Doc. 62.

20. Caetano José de Andrade Pinto. *Atribuições dos presidentes de províncias.* Rio de Janeiro: B. L. Garnier, 1865, p. 9 ss.
21. "Sobre medidas legislativas, 14 de julho de 1868". Arquivo do Museu Imperial, Doc. 6995, M. 142.
22. Caetano José de Andrade Pinto, op. cit., p. 11.
23. Cf. a esse propósito os sucessos do chamado "motim do vintém" na p. 125.
24. Visconde de Ouro Preto. *Advento da ditadura militar no Brasil.* Paris: Imprimerie F. Pichon, 1891, p. 174 ss.

APÊNDICES

Posfácio
Evaldo Cabral de Mello

Concluída a leitura destes *Capítulos de história do Império*, cumpriria indagar qual é a sua relação com a obra anterior de Sérgio Buarque de Holanda, intitulada *Do Império à República*, publicada como o sétimo volume do tomo II, intitulado *O Brasil monárquico*, da coleção História Geral da Civilização Brasileira, dirigida pelo historiador paulista. Como recordou Sérgio Buarque em entrevista a Richard Graham, *Do Império à República* deveria ter constituído inicialmente capítulo final de *O Brasil monárquico*, mas "cresceu e cresceu. Entusiasmei-me e descobri que vários tópicos precisavam ser melhor desenvolvidos".

Do Império à República apareceu em 1972, mas no decurso dos anos seguintes Sérgio Buarque resolveu expandi-lo em dois volumes. O primeiro, *O pássaro e a sombra*, deveria chegar até a crise política de 1868; e o segundo, *A fronda pretoriana*, até o golpe militar que implantou a República entre nós – a primeira de uma série de intervenções castrenses, que pontuaram a história do século recém-terminado. Os turiferários de plantão forjaram, aliás, uma explicação engenhosa: a de que o Exército estaria apenas exercendo o poder moderador que a Constituição de 1824 confiara ao imperador. Como ele não existisse nas Constituições republicanas, o comando militar se via, contra a vontade, na contingência periódica de chamá-lo a si. O golpe de 1964 destruiu finalmente essa versão. O problema consistiu em que, no período republicano, o poder moderador não foi sempre utilizado com a moderação com que o empregara d. Pedro II, "o manso déspota" de um verso irreverente.

O pássaro e a sombra e *A fronda pretoriana* eram títulos que o autor já utilizara em capítulos de *Do Império à República*. Por ocasião da citada entrevista, quando Sérgio Buarque escrevia a parte referente à Guerra do Paraguai, que não chegou até nós, ele já redigira cerca de 450 páginas datilografadas. O falecimento do autor naquele mesmo ano de 1982 veio interromper o projeto. O datilograma em que se baseia a presente edição dos *Capítulos* apresenta o problema assinalado por Fernando Novais no prefácio: "Nenhum desses textos deixa entrever ser a forma acabada dos trabalhos do autor, não só pelas numerosas correções à mão (que não visam apenas questões de datilografia), mas também e sobretudo por repetições, sequência nem sempre clara, numeração às vezes obscura etc. Também não foi possível apurar a sequência temporal de sua elaboração". Na realidade, os três blocos de texto identificados agora publicados parecem corresponder a diferentes estágios de redação.

Para estabelecer a conexão entre esses *Capítulos* e a obra anterior, cabe invocar o quadro cronológico de *Do Império à República*. Ela demarra com a crise de 1868, quando d. Pedro II, sob a pressão das divergências entre Caxias e o presidente do Conselho e das suas repercussões na política do Império, praticou o segundo "estelionato", isto é, a troca da situação liberal pela conservadora sem eleições gerais que a legitimassem. (O primeiro, como recordaria Saldanha Marinho, tivera lugar vinte anos antes.) Os dois parágrafos iniciais de *Do Império à República* e de "Crise do regime" nestes *Capítulos* são basicamente os mesmos, apenas alterados. Mas nos *Capí-*

tulos Sérgio Buarque revisita os acontecimentos e as personalidades envolvidas no julho de 1868, em especial a escolha de d. Pedro II do novo presidente do Conselho (Itaboraí) e a intervenção que o embaixador americano pretendeu ter no episódio.

No primeiro e no segundo livros de *Do Império à República*, Sérgio Buarque opera uma pausa que lhe permite recuar até os últimos anos 1850 e aos primeiros 1860, com o fim da Conciliação e a ascensão ao poder da Liga de conservadores moderados e de liberais históricos. Só então retorna à crise de 1868, tratando, no livro terceiro (*Reformas e paliativos*), quarto (*Da "Constituinte constituída" à lei Saraiva*) e quinto (*A caminho da República*), do período que propriamente lhe cabia abordar na coleção que dirigia, a crise do regime, de 1868 a 1889. É provável, aliás, que, ao ampliar *Do Império à República*, o historiador não tencionasse mudar substancialmente esses livros terceiro, quarto e quinto, reservando sua faina de revisão ao volume que deveria constituir *O pássaro e a sombra*.

Em todo caso, é inegável que, como indica o esboço intitulado "Para uma pré-história do Império do Brasil", Sérgio Buarque tinha a intenção de abordar a Independência. É de lamentar que se trate apenas de um fragmento de dezenove páginas, de vez que Sérgio Buarque foi um dos raríssimos historiadores que não se prostraram embevecidos diante da pretensa sabedoria política do reinado de d. João VI e do Império do primeiro Pedro. Na contribuição que redigiu para o primeiro volume de *O Brasil monárquico*, sob o título de "A herança colonial. Sua desagregação", ele alertara o leitor contra a tendência predominante a encarar a independência e a unidade nacionais como o dom da transferência da Corte portuguesa para o Rio ou como uma espécie de "destino manifesto" do Brasil, assim como o dos Estados Unidos havia consistido em anexar os vastos territórios que se estendem do Mississippi ao Pacífico.

Segundo Sérgio Buarque, se o processo de emancipação só se encerra verdadeiramente em 1831 com o Sete de Abril, que lhe conferiu o indispensável "selo nacional", a sorte da unidade penderá na balança até a repressão da Revolução Praieira (1848) e o primeiro "estelionato", que chamara os saquaremas de volta ao poder. "Essa unidade, que a vinda da Corte e a elevação do Brasil a Reino deixaram de cimentar em bases mais sólidas, estará a ponto de esfacelar-se nos dias que imediatamente antecedem e sucedem a proclamação da Independência." Advertência particularmente oportuna, pois, como já indicaram as recentes comemorações da chegada da família real, a celebração dos duzentos anos da Independência ameaça também carnavalizar-se – e carnavalizar o passado é desinformar o país do que ele tem de coletivamente mais precioso.

Pode-se também supor que Sérgio Buarque se propusesse igualmente a tratar da Regência. Espécie de ensaio geral da República, como assinalou Joaquim Nabuco, a Regência tornou-se o enteado da historiografia imperial, que, na sua indignação bem-comportada de udenista mineiro, não quer entendê-la. A ideologia monárquica, sua concepção do Bem e do Mal, faz com que ainda pese o mais injusto dos anátemas sobre os anos mais vibrantes e ignorados de todo o nosso Oitocentismo, a ponto de ainda não se dispor de um livro decente sobre o período, que não se limite às suas, aliás saudáveis, turbulências regionais. Foi então que, após o engessamento da nação entre a repressão da Confederação do Equador e a abdicação do primeiro imperador, o Brasil mostrou que ainda estava vivo – e que ainda bulia.

Nos *Capítulos*, Sérgio Buarque deu prioridade à redação das páginas relativas à etapa que se estende da Conciliação a 1868, ou seja, que corresponde aos dois primeiros livros de *Do Império à República*. É plausível que ele se propusesse a ampliar o exame do assunto não só em função de leituras posteriores das fontes do Segundo Reinado como também insatisfeito com o tratamento por vezes superficial que seus colaboradores de *O Brasil monárquico* haviam dispensado aos desdobramentos políticos do período. Isso, porém, não o impediu de incursionar pelo primeiro quinquênio liberal (1843-8), que se encerra, como a Liga nos anos 1860, pela substituição de um gabinete liberal por um conservador.

"A nação e os partidos" é basicamente uma análise da Conciliação como praticada pelo marquês de Paraná e pelos ministérios que o sucederam. Sérgio Buarque oferece a esse respeito uma interpretação original. A Conciliação é vista por vezes como uma integração, ao sistema central de poder, das oligarquias regionais, que haviam sido marginalizadas pelo exclusivismo saquarema dos anos 1848-53. Para Sérgio Buarque ela constituiu sobretudo a primeira manifestação (em termos de prática governamental, não de mera reflexão política) da velha fobia brasileira pelo sistema de partidos, fobia que desembocará nas tendências militaristas e autocráticas dos fundadores da República. "Entre a Liga e o Progresso" examina o período entre a queda do gabinete Ferraz, a vitória da Liga ("a primeira vez em que se viu, no Brasil, um governo regularmente derrubado, embora com a diferença de um voto apenas, por moção de desconfiança na casa temporária") e o último ministério Olinda. "Por graça de Deus..." não reata, porém, com a sequência ministerial, mas se ocupa sobretudo dos métodos políticos e da personalidade de d. Pedro II, podendo ser lido em conexão com o capítulo "O poder pessoal", de *Do Império à República*.

A concepção que perpassa através destes *Capítulos* e também através de *Do Império à República* é a mesma: a instabilidade das nossas instituições monárquicas, ideia passível de chocar os bem-pensantes que idealizam a monarquia em remanso bonançoso. Escusado aduzir que se trata de uma análise eminentemente crítica do funcionamento do Império, a contrapelo de praticamente quase toda a historiografia do período. Para Sérgio Buarque, a crise de 1868 deixa bem à mostra o que existe de frágil e quebradiço no pomposo arcabouço do que eu chamaria o nosso *sistema* imperial se nele entrasse alguma coisa de sistemático. O certo é que a capacidade de formação de um núcleo relativamente estável de poder, apto a garantir aquele mínimo de continuidade na ação administrativa, esgrimida por alguns nostálgicos como a virtude indelével das monarquias, foi sempre de extrema deficiência no Império do Brasil.

Encarada à luz do seu tempo, a monarquia não foi mais estável do que a república, vivendo também aos trancos e barrancos das suas aberturas e dos seus fechamentos. A diferença entre elas reside em que a instabilidade imperial se acha disfarçada, em nível nacional, pelo rodízio incessante dos gabinetes e pela intervenção direta do imperador, que substitui a seu talante (não havia outro) as situações partidárias; e em nível provincial, pela fugacidade das administrações. Sérgio Buarque recorda a esse respeito o já se haver comparado a função das substituições ministeriais do tempo do Império à dos "motins políticos que sacodem de modo mais ou menos endêmico tantas repúblicas de fala castelhana, vizinhas nossas". Ao retratar o Brasil real, a bagunça republicana teve ao menos o mérito da autenticidade.

Infelizmente, os historiadores como os indivíduos em geral também sucumbem àquela permanente ilusão de ótica, a de acreditarem que, como nas coplas de Jorge Manrique à morte do pai, "todo tempo passado foi melhor". O monarquista de hoje que pudesse ressuscitar o habitante de uma das grandes cidades do Império pasmaria em encontrá-lo aspirando à placidez colonial dos tempos do Rei Velho, isto é, de d. João VI, da mesma maneira como o carioca atual se refugia em Paraty. (O antídoto contra tal impulso passadista é simplesmente ir caminhar nas ruas de Paraty, que, exercício dos mais incômodos, nos faz suspirar pelo asfalto.) O historiador tem a obrigação profissional de resistir a tais devaneios para tentar entrever, na aparentemente mais pacífica das eras, o coeficiente de dramatismo que lhe é congenial.

Em *Do Império à República*, Sérgio Buarque ocupara-se da inoperância da máquina imperial, analisando a reforma eleitoral dos primeiros anos 1880, que culminou na farsa gigantesca pela qual a adoção do sufrágio direto produziu um corpo eleitoral mais restrito que o da época do sufrágio indireto em duas etapas, que, por sua vez, fora um arcaísmo herdado do regime municipal português. Nos *Capítulos*, ele volta a esmiuçar o tema, a começar pela reforma da lei de 1841, que dera competências judiciais à polícia. Embora nos anos 1860 prevalecesse o consenso acerca da urgência da revisão, esta só será levada a efeito (e atenuadamente) pelo gabinete Rio Branco. Outra instância da "morosidade extrema que foi distintivo constante da administração pública no Brasil ao tempo do Império": a reforma do recrutamento militar. As denúncias contra os excessos cometidos à sombra da lei datam ao menos de 1847, mas a necessária correção seria "bloqueada, não porque tivesse adversários obstinados, mas tão somente porque a rápida sucessão dos ministérios não deixa espaço para a mudança de costumes inveterados". Quando finalmente consagrada em 1874, ela não "pegou".

A reforma da administração provincial, que feria o nervo exposto da centralização (o processo de escolha dos presidentes de província pelo poder central), nunca pôde ser realizada, malgrado ser debatida no Parlamento desde 1860. Nos últimos anos do regime, nem mesmo d. Pedro II se mostrava avesso à ideia de aplicar aos presidentes não o sufrágio direto havia há pouco consagrado para a Câmara, mas o princípio tímido que vigia na eleição para o Senado, o da indicação imperial sobre lista tríplice dos nomes sufragados. Entretanto, tratava-se de uma reforma que poderia ter beneficiado o regime, se acreditarmos na versão segundo a qual os próprios republicanos só se teriam persuadido da necessidade de República ao constatarem a impossibilidade de separar a monarquia de "um poder central forte", como no malogro em 1885 o ambicioso projeto de reforma apresentado por Nabuco visando à federalização do Império. Segundo Sérgio Buarque, a essa incapacidade intrínseca de autorreforma por parte do sistema imperial não fugiu sequer o gabinete reformista por excelência, o de Rio Branco, que foi também o mais duradouro (1871-5), mas "gastou todo o ânimo inovador com que subiu ao poder na promoção de meias medidas ou de medidas simplesmente protelatórias", como no caso da adoção do princípio do terço no sistema eleitoral, da reorganização da guarda nacional e da emancipação do ventre escravo.

Aliás, em nível provincial, a instabilidade do regime é ainda mais deletéria, manifestando-se sem peias e, à maneira de um bumerangue, reforçando a centralização. Aí estavam as "aves de arribação" mandadas do Rio para enquadrar as eleições gerais no figurino dos desejos ministeriais; e que em breve regressavam à Corte com o mandato de deputado na algibeira da casaca. No decurso da história monárquica, "muitas províncias chegaram a ter mais de uma centena de presidentes, e há caso, como o de Minas Gerais, em que esse número chega a mais de 130, o que dá a média de quase dois presidentes cada ano". Em 45 anos, o Maranhão teve 75 presidentes, sete meses e onze dias de média no exercício do cargo. Que pena para o Maranhão que Sarney já não fizesse então carreira política por lá! Na República, o problema é o inverso: a longevidade das dominações oligárquicas. Assinala Sérgio Buarque que "uma estimativa para todas as províncias durante todo o tempo em que durou a monarquia mostrará como gira em torno de sete meses a média de duração de cada presidência". Naquelas que detinham os maiores colégios eleitorais do país, essa média não equivalia sequer a um semestre; e "onde é reduzido o eleitorado, dá-se exatamente o oposto". Seja na Corte, seja nas capitais de província, "a mobilidade no pessoal dirigente conduz à imobilidade na ação administrativa". Que melhor epitáfio para o regime defunto?

Estes *Capítulos* também encerram uma lição de método para os historiadores brasileiros. A tendência dessa categoria profissional é a de exclamar, diante da primeira edição dos seus livros, como o escultor da Antiguidade: "Para, és perfeito!". A solução da facilidade, aquilo que os franceses chamam expressivamente de *fuite en avant*, é deixar como está, tanto a substância como a forma do que escrevem, mas algumas vezes porque a obscuridade pode dar a impressão de profundidade, em outras por desdém pelo que consideram beletrismo. Sérgio Buarque reescreveu *Raízes do Brasil* e, também, se não me engano, *Monções*. Numa decisão que os historiadores idosos sabem quanto custa de esforço obstinado, ele dispôs-se, aos setenta e tantos anos, a reescrever *Do Império à República*; e isso quando os autores ainda não dispunham de computador, mas, na melhor das hipóteses, da máquina de escrever, como no seu caso, hábito provavelmente contraído na juventude de jornalista.

Não há livro de história que não exija (e por vezes aos brados) ser melhorado e aprofundado. Não se trata de perfeccionismo ocioso. Ocorre apenas que desde a anterior edição da sua obra, o historiador se defronta com a desesperante constatação de que a formulação de certos trechos ou de parágrafos inteiros deixou de satisfazê-lo. Isso pode acontecer por vários motivos, como a disponibilização de fontes até então desconhecidas (a publicação da correspondência de Francisco Otaviano), o enriquecimento da literatura subsidiária (o aparecimento do livro de Leslie Bethell sobre o fim do tráfico de africanos), ou a releitura das fontes já conhecidas (como a ata da sessão do Conselho de Estado que debateu a substituição do terceiro ministério Zacarias). Não há primeira ou segunda leitura que esgote os documentos; eles sempre lhe dirão algo de novo, costumava garantir Georges Duby.

Cronologia

11 de julho de 1902 – Jornalista, historiador, sociólogo e crítico literário, Sérgio Buarque de Holanda nasceu na cidade de São Paulo. Concluiu o curso primário na Escola Caetano de Campos, o secundário no Ginásio de São Bento.

1924 – Com Afonso Arinos de Melo Franco e Prudente de Moraes Neto publicou a revista *Estética*. Colaborou com regularidade no *Jornal do Brasil* e na *Revista do Brasil* (2ª fase).

1925 – Formou-se na Faculdade de Direito do Rio de Janeiro.

1928-1930 – Permaneceu na Alemanha como correspondente dos Diários Associados.

1936 – Inaugurando a Coleção Documentos dirigida por Gilberto Freyre, publicou *Raízes do Brasil*, seu primeiro livro.

Criada a Universidade do Distrito Federal, passou a integrar seu quadro docente como professor da Faculdade de Filosofia, lecionando as disciplinas de História da América e Cultura Luso-Brasileira.

1937-44 – Chefiou a Seção de Publicações do Instituto Nacional do Livro.

1944 – A partir da atuação como crítico no *Diário de Notícias* (1943-1944) lançou *Cobra de vidro*, reunindo parte de seus textos críticos.

1945 – Escreveu *Monções*, obra dedicada à história de São Paulo.

1946-58 – Dirigiu a Divisão de Consultas da Biblioteca Nacional.

1946-47 – Presidiu a Associação Brasileira de Escritores, Rio de Janeiro.

1950 – Presidiu a Seção Regional de São Paulo da Associação Brasileira de Escritores.

Participou do Primeiro Seminário Internacional de Estudos Luso-Brasileiros, em Washington.

1953-54 – Lecionou na Universidade de Roma, Itália, na cadeira de Estudos Brasileiros.

Ainda em 1954 participou da série "Rencontres Internationales de Genéve", onde proferiu conferência com o tema "L'Europe et le Noveau Monde".

1955 – Regressou da Itália e foi eleito vice-presidente do Museu de Arte Moderna de São Paulo.

1956 – Foi chamado para lecionar a cátedra de História da Civilização Brasileira na Faculdade de Filosofia da Universidade de São Paulo.

1957 – Publicou *Caminhos e Fronteiras*.

1958 – Ingressou na Academia Paulista de Letras, na vaga de Afonso de Escragnole Taunay.

1959 – Lançou a 1ª edição de *Visão do Paraíso* (Livraria José Olympio Editora).

Participou do Colóquio Luso-Brasileiro em Salvador.

1962-64 – Dirigiu o Instituto de Estudos Brasileiros da Universidade de São Paulo.

1963 – Na Universidade do Chile organizou seminário de História do Brasil, onde ministrou curso sob o título "Três Lecciones Inaugurales - Buarque, Romano, Savelle", com a participação dos professores Ruggiero Romano e Max Savelle.

1965 – Viajou para os Estados Unidos a convite do governo norte-americano e percorreu várias universidades, participando de seminários e realizando conferências. Entre 1965 e 1967 retornou aos Estados Unidos como professor visitante na Universidade de Indiana e da New York State University.

1966 – Participou do Colóquio Luso-Brasileiro nas Universidades de Harvard e Columbia.

1967-73 – Integrou o Comitê de Estudo das Culturas Latino-Americanas a convite da Unesco, participando de reuniões em Lima (nov./dez. de 1967), Costa Rica (agosto de 1968) e Cidade do México (setembro de 1973).

1969 – Mesmo aposentado, não abreviou sua atuação intelectual, permanecendo à frente de coleções como a História Geral, da Civilização Brasileira, a História do Brasil e a História da Civilização (Coleção Sergio Buarque de Holanda).

Lançou a 2ª edição de *Visão do Paraíso* (Companhia Editora Nacional, volume 333 da Coleção Brasiliana, dirigida por Américo Jacobina Lacombe).

1975 – Publicou *Velhas Fazendas*.

1978 – Participou da fundação do Centro Brasil Democrático, do qual foi vice-presidente até o ano de 1982.

1979 – Lançou *Tentativas de Mitologias*.

1980 – Recebeu os prêmios "Juca Pato", da União Brasileira dos Escritores, e "Jabuti", da Câmara Brasileira do Livro.

24 de abril de 1982 – Faleceu em São Paulo, casado com Maria Amélia Alvim Buarque de Holanda, com quem teve sete filhos: Heloísa Maria, Sérgio, Álvaro Augusto, Francisco, Maria do Carmo, Ana Maria e Maria Cristina.

1986 – Publicada a sua obra póstuma *O Extremo Oeste*.

Índice remissivo

ESTA OBRA FOI COMPOSTA EM BODONI PELO ESTÚDIO O.L.M. E IMPRESSA
EM OFSETE PELA GEOGRÁFICA SOBRE PAPEL PÓLEN SOFT DA SUZANO PAPEL
E CELULOSE PARA A EDITORA SCHWARCZ EM MAIO DE 2010